Groucho Marx

Schule des Lächelns

Fischer Taschenbuch Verlag

Berechtigte Übertragung von Ursula von Wiese

Sämtliche Fotos dieses Bandes
hat Jürgen Menningen aus seiner Sammlung
zur Verfügung gestellt.

32.–33. Tausend: Januar 1990

Veröffentlicht im Fischer Taschenbuch Verlag GmbH,
Frankfurt am Main, Mai 1981

Titel der amerikanischen Originalausgabe:
»Groucho and Me«
Erschienen bei: Bernhard Geis Ass., New York 1959
© Groucho Marx, 1959
Lizenzausgabe mit freundlicher Genehmigung
des Sanssouci Verlag AG, Zürich
Für die deutschsprachige Ausgabe:
© Sanssouci Verlag AG, Zürich 1961
Umschlagentwurf: Jan Buchholz / Reni Hinsch
Foto: Sammlung Menningen
Satz: Fotosatz Hümmer, Waldbüttelbrunn
Druck und Bindung: Clausen & Bosse, Leck
Printed in Germany
ISBN 3-596-23667-3

Inhalt

Erstes Kapitel

Wozu schreiben, wenn man Witze telegraphieren kann?

Die Schwierigkeit beim Schreiben einer Selbstbiographie besteht darin, daß man nicht mogeln kann. Schreibt man über einen andern Menschen, so kann man die Wahrheit von hier bis Finnland dehnen. Wenn man über sich selbst schreibt, merkt man bei der geringsten Abweichung sofort, daß es zwar unter Dieben Ehrbegriffe geben mag, daß man aber selbst einfach ein widerwärtiger Lügner ist.

Obwohl es allgemein bekannt ist, finde ich es an der Zeit, zu verkünden, daß ich in sehr frühem Alter geboren wurde. Ehe ich es bereuen konnte, war ich viereinhalb Jahre alt. Da wir jetzt beim Thema des Alters angelangt sind, wollen wir es übergehen. Es ist unwichtig, wie alt ich bin. Wichtig hingegen ist, ob genügend Leute dieses Buch kaufen werden, so daß es sich rechtfertigt, wenn ich die Überreste meiner rasch schwindenden Eitelkeit dafür verwende, es zu schreiben.

Alter ist kein besonders fesselndes Thema. Jeder kann alt werden. Man braucht zu diesem Zweck nur lange genug zu leben. Es belustigt mich immer, wenn die Zeitungen das Bild eines Mannes bringen, der es schließlich auf hundert Lebensjahre gebracht hat. Meistens ist er ein ziemlich zusammengeschlagenes Individuum, das unweigerlich mehr nach zweihundert Jahren als nach der Jahrhundertgrenze aussieht. Die Presse begnügt sich nicht damit, eine Photographie dieser gebrechlichen, hohlen Schale zu bringen. Das uralte Orakel muß sich auch noch über das Geheimnis seiner Langlebigkeit äußern. »Ich habe alle meine Freunde überlebt«, krächzte es, »weil ich nie eine Matratze benutzte, sondern immer auf dem Fußboden schlief, jeden Morgen zum Frühstück rohe Hühnerleber zu mir nahm und täglich zweiunddreißig Gläser Wasser trank.«

Ein schönes Geschäft! Zweiunddreißig Gläser Wasser am Tag. Diese Sorte ist an der Wasserknappheit in Amerika schuld. Ganze Vermögen hat man im trockenen Westen bei dem Versuch ausgegeben, Meerwasser in etwas zu verwandeln, das gefahrlos geschluckt werden kann, und dieser alte Knacker mußte, anstatt wie die übrige Menschheit täglich acht Glas Wasser zu trinken, jeden Tag zweiunddreißig Gläser hinter die Binde gießen, das heißt so viel Wasser, daß vier normale Menschen ewig davon leben könnten.

Ich begreife noch immer nicht, warum ich mich von meinem Verleger dazu überreden ließ, diese Aufgabe in Angriff zu nehmen. Man gehe nur

»Animal Crackers« (1930).

einmal in einen Buchladen und werfe einen Blick auf die Berge von Büchern, die kürzlich veröffentlicht wurden und nun verkauft werden sollen.
Die meisten stammen aus der Feder von Berufsschriftstellern, die gut
schreiben und etwas zu sagen haben. Trotzdem werden die meisten dieser
Bücher heute in einem Jahr zum halben Preis zu haben sein. Wenn dieses
hier durch irgendein Wunder ein Bestseller werden sollte, wird die Steuer
den größten Teil des Geldes schnappen. Ich glaube zwar nicht, daß diese
Gefahr groß ist. Warum sollte irgend jemand die Gedanken und Ansich-
ten von Groucho Marx kaufen? Ich habe keine Anschauungen, die einen
Pfifferling wert sind, und kein Wissen, das irgendeinem Menschen nützen
könnte.
Die Bücher, die sich gut verkaufen lassen, sind Kochbücher, theologische
Bände, Leitfäden und wiederaufgewärmte Tatsachen des amerikanischen
Bürgerkrieges. Ihr Motto lautet: »Behalte einen Bürgerkrieg im Kopf.«
Titel von der Art *Wie man durch Leid glücklich wird, Koche dich ins Herz
deines Gatten* und *Wie General Lee den Herzog bei Gettysburg besiegte*
werden in Millionen von Exemplaren abgesetzt. Wie kann ich es jemals
mit ihnen aufnehmen?
Vom Kochen verstehe ich nichts. Wenn meine jeweilige Köchin davon-

stürzt und ruft: »Machen Sie Ihren Kram in der Küche allein!« rettet mich nur die Tatsache vor dem Hungertod, daß ich von meiner letzten Reise nach Winnipeg noch einen ganz schönen Vorrat an Dörrfleisch habe. Oh, ich habe einige Freunde, die sich eine Küchenschürze mit lustigen Sprüchen umbinden können, und die dann in vierzig Minuten ein Gericht hervorzaubern, das Brillat-Savarin veranlassen würde, sich in seiner Bouillabaisse herumzudrehen; aber meine Sache ist die Kocherei nicht. Wenn ich versucht hätte, ein Kochbuch zu schreiben, wären ungefähr drei Exemplare verkauft worden.

Immerhin spielte ich tatsächlich mit dem Gedanken, ein Kochbuch herauszugeben. Die Rezepte sollten die üblichen sein: Wie man trockenen Toast, Schnellkaffee, Kopfsalatherzen und Nußschokolade-Küchlein herstellt. Doch als besonderes Anziehungsmittel wollte ich, ohne Aufschlag, auf dem Einband ein Spiegelei anbringen. Ich glaube, viele Menschen, die Literatur hassen, hingegen Spiegeleier lieben, würden dieses Buch kaufen, wenn der Preis erschwinglich wäre. Im ersten Augenblick mag man das einen verrückten Gedanken finden, aber viele Dinge, die zuerst blödsinnig schienen, haben sich als wesentliche Beiträge zum Wohlergehen der Menschheit entpuppt.

Man nehme zum Beispiel Mäusefallen. Mäuse wurden stets mit Fallen gefangen. Noch vor ein paar Jahrhunderten mußte ein Mann, wenn er eine Maus fangen wollte (und viele Männer wollten das), mit einem Stück Käse, das er sich zwischen die Zähne klemmte, zu einem Loch im Winkel der Küche schleichen. Daher stammt übrigens der Ausdruck »Halt die Klappe«, der von der Ehefrau gewöhnlich kurz vor dem Zubettgehen geäußert wird.

Vielleicht sollte ich, um dieses Buch verkäuflich zu gestalten, nicht nur das vorhin erwähnte Spiegelei dazugeben, sondern als weiteres Anziehungsmittel (ohne Aufschlag) zu jedem Exemplar hundert Pfund Saatkorn beifügen. Nicht neunzig Pfund, wohlgemerkt, nicht achtzig Pfund, sondern einhundert Pfund. Woher ich das Korn nehmen werde? Diese Frage habe ich erwartet. Ich werde es mir vom Bauern beschaffen. Seit Jahren wird dem großen Publikum klargemacht, daß es mit der Landwirtschaft im argen liegt und daß die Bauern ein schweres Dasein fristen.

Der Grund, warum die Bauern so viele Zuwendungen erhalten, ist darin zu suchen, daß der Städter, wenn er sich einen Bauern vorstellt, im Geiste einen mageren, sehnigen Tölpel vor sich sieht, der von Kartoffeln, abgerahmter Milch und Schweinsfüßen lebt und mit seinem Esel hundert Kilometer von nirgendwo entfernt in einer baufälligen Hütte haust. Aber was für einen Zweck hat es, wenn ich das zu beschreiben versuche? Echte Schriftsteller haben es längst sehr hübsch dargestellt.

Diesen Bauerntyp mag es vor vielen Jahren gegeben haben, aber heute ist der Bauer der bestgeschützte Bürger in der ganzen Volkswirtschaft. Als Städter kann ich beteuern, daß zwischen dem Stadtbewohner und dem Bauern keine Liebe besteht (es sei denn, der Bauer habe eine Tochter).

Jedes Jahr steht der Staat vor dem gleichen Problem – wie er das überschüssige Getreide absetzen soll. Man hat alles versucht: Speicherung in Schlachtschiffen, Aufbewahrung in Silos (in der Hoffnung, daß die Ratten und Eichhörnchen einen Teil abtragen werden); man hat sogar versucht, es den Alkoholschmugglern gratis abzutreten. Aber das Whiskygeschäft geht nicht mehr wie früher. Die Alkoholschmuggler wollen jetzt Kartoffeln anpflanzen, weil die Amerikaner zu Wodka übergeschwenkt sind. Also, dieses Problem des Staates kann sehr leicht gelöst werden. Man braucht das Getreide, das mein Buch so bitter nötig hat, nur mir zu geben.

Die ewige staatliche Fürsorge für den Landwirt hat zur Folge, daß die übrige Bevölkerung zu kurz kommt. Warum tut man nichts für den Verleger und den Autor? Warum schafft man die Literaturkritiker nicht ab, die mit drei feingedrechselten Sätzen den Verkauf eines jeden Buches abwürgen können? Hat man jemals von einem Bauernkritiker gehört, der hervorgetreten ist und gesagt hat: »Das Getreide des Bauern Schnodgras ist nicht von gleicher Qualität wie seine letztjährige Ernte.« Oder: »Noch eine solche Jahresernte wie diese, und er wird Abzugskanäle fürs Altersheim graben.«

Die Verleger haben in der Regierung keinen Abgeordneten, der ihre Interessen vertritt. Sie haben einen Überfluß an Büchern, die sie gern vergraben würden, aber es fehlt ihnen das Geld, um das Erdloch zu kaufen, in dem sie eingebuddelt werden könnten.

Aus all diesen Gründen ist es an der Zeit, daß die Bauern einmal etwas fürs Volk tun. Wenn sich also der Verleger, der mich zu dieser Arbeit verführt hat, einmal zu einer Tat aufraffen könnte, anstatt gemütlich Wodka zu schlürfen, sollte er sich eiligst aufmachen und der Regierung sowie den Bauern Daumenschrauben anlegen. Wenn es meinem Verleger gelingt, das kostenlose Saatkorn zu erhalten, könnte dieses Buch leicht der große Erfolg des Jahres werden. Man stelle sich nur einmal vor, was man für seine lausigen vier Dollar erhalten wird – ein Spiegelei, einen Sack Getreide und die gesammelte Weisheit von Groucho Marx. Man vergesse auch nicht, daß dieses Buch dann nicht nur in Buchhandlungen verkauft werden müßte. Man könnte es auch auf dem Markt, in Lebensmittelgeschäften, in Restaurants und in Samenhandlungen zum Verkauf anbieten.

Heutzutage müssen die Dinge kommerzialisiert werden. Man kann nicht einfach ein Buch schreiben und dann erwarten, daß das Publikum hinläuft und es kauft, wenn es kein Klassiker ist. Ich könnte einen Klassiker schreiben, wenn ich wollte; aber ich möchte lieber für die kleinen Leute schreiben. Es liegt mir nichts daran, daß man, wenn ich über die Straße gehe, mit dem Finger auf mich zeigt und sagt: »Schau dir den da an, er hat gerade einen Klassiker geschrieben!« Nein, mir wäre es lieber, wenn bewundernd gesagt würde: »Was für ein Schundschriftsteller! Aber wer sonst würde jedem Exemplar seines Buches ein Spiegelei und einen Sack Getreide beigeben?«

Es heißt, jeder Mensch habe ein Buch in sich. Das ist ungefähr so richtig wie die meisten Verallgemeinerungen. Man nehme zum Beispiel: »Morgenstunde hat Gold im Munde.« Daran ist viel Quatsch. Die meisten Reichen, die ich kenne, stehen gern spät auf, und sie nehmen es gewaltig übel, wenn man sie vor drei Uhr nachmittags stört. Wer steht bei Tagesanbruch mit den Hühnern auf? Polizisten, Feuerwehrleute, Straßenkehrer, Autobusschaffner, Warenhaus-Angestellte und andere mit schmalem Einkommen. Marilyn Monroe sieht man nicht um sechs Uhr früh aufstehen. Die Wahrheit ist, ich sehe Marilyn überhaupt zu keiner Stunde aufstehen. Ich bin sicher, wenn man die Wahl hätte, würde man lieber zuschauen, wie Frau Monroe um drei Uhr nachmittags aufsteht, als Zeuge sein, wie der tüchtigste Straßenkehrer der Stadt um sechs Uhr aus dem Bett hüpft. Leider kann man der Versuchung, über sich selbst zu schreiben, nicht widerstehen, zumal wenn man von einem geschickten Verleger angestachelt wird, der schlauerweise einen Köder benutzt hat, der aus einem elenden Vorschuß von fünfzig Dollar und einer Kiste billiger Zigarren besteht. Es fing alles ganz unschuldig an. Vor vielen Jahren begann ich, beeinflußt durch die berühmten Tagebücher von Samuel Pepys, ein Tagebuch zu führen. Übrigens glaube ich, daß die Tagebücher von Peeps oder Peppies oder Pipes heute viel bekannter wären, wenn man allgemein wüßte, wie sein Name ausgesprochen wird. Schon oft war ich in einer mondänen literarischen Gesellschaft versucht, über Pepys' Tagebücher zu diskutieren, aber stets schwebte ich in Unsicherheit, wie sein Name richtig auszusprechen ist. Darum stand ich klugerweise jeweils von dem literarischen Thema ab und verlegte mich auf sportliche oder filmische Gefilde. Das sind unerschöpfliche Themen, von denen man nicht leicht loskommt. So fällt es mir auch jetzt schwer, mich von Marilyn Monroe loszureißen, aber ich möchte ein paar unfreundliche Worte über den Elenden sagen, der nur flüchtig in Büchern blättert. Man kennt ihn in literarischen Kreisen, und sicher hat ihn schon mancher in einer Buchhandlung gesehen. Er liest in der Zeitung die Besprechung eines neuen Buches, die recht schmackhaft klingt. Gewappnet mit dieser kurzen Orientierung, betritt er beiläufig einen Buchladen, schnappt sich ein Exemplar des betreffenden Werkes, und wenn er geschickt diagonal zu lesen versteht, hat er es in einer halben Stunde durchgeblättert. Dann verdrückt er sich unauffällig durch die Nebentür, so daß er an einem anderen Tage zurückkommen und einem weiteren angestrengt arbeitenden Autor zur Verarmung verhelfen kann.

Wenn der Buchhändler so töricht ist, höflich zu fragen, womit er dienen könne, bittet dieser Duckmäuser – wohl wissend, daß er in der Falle sitzt – um Franganis »Geschichte der Chinesischen Mauer« oder um ein ähnliches ausgefallenes Werk, das kein Buchhändler heutzutage führt. Der Mensch findet nichts dabei, für ein Paar Beinkleider vier bis fünf Dollar zu bezahlen, aber er besinnt sich lange, bevor er sich von der gleichen Geldsumme trennt, wenn es gilt, sie für ein Buch zu erlegen.

Dieses Werk begann als Autobiographie, doch ehe ich's mich versah, merkte ich, daß es nichts dergleichen zu werden versprach. Es ist fast unmöglich, eine wahrheitsgemäße Selbstbiographie zu schreiben. Vielleicht haben es Proust, Gide und ein paar andere gekonnt; die meisten Biographien aber nehmen darauf Bedacht, den Autor vor der Leserschaft zu verbergen. In fast allen Fällen kaufen die Leser einen diskreten Band, in dem die Tatsachen geschickt verschleiert oder im Dunkel gelassen sind. Tatsache bleibt, daß bei den meisten Autobiographien nicht sehr viele Tatsachen bleiben. Neunzig Prozent sind zu neunzig Prozent Dichtung. Wenn stets die Wahrheit beschrieben würde, gäbe es nicht genügend Gefängnisse, um alle diese Selbstbiographen aufzunehmen. Das Lügen ist zu einer der größten Industrien geworden.

Nehmen wir zum Beispiel die Beziehung zwischen Eheleuten. Auch wenn sie ihre Goldene Hochzeit feiern und einander millionenmal »Ich liebe dich« gesagt haben, sowohl vor andern als auch unter vier Augen, ist es doch klar, daß sie nie wirklich die Wahrheit ausgesprochen haben, die eigentliche, tiefe Wahrheit. Ich meine nicht oberflächliche Dinge wie »Deine Mutter ist ein widerliches Stück!« oder »Warum schaffen wir uns keinen teuren Wagen an statt der Zinnbüchse, in der wir herumfahren?« Nein, ich meine die geheimen Gedanken, die ihnen durch den Kopf gehen, wenn sie mitten in der Nacht aufwachen und eingebildete Dinge an der Wand sehen.

Wenn es zwei Menschen, die fünfzig Jahre lang eine glückliche Ehe geführt haben, gelingt, ihre innersten Gedanken für sich zu behalten, wie kann man dann von einer Autobiographie, die theoretisch von Tausenden gelesen werden soll, etwas anderes als eine lange Liste von Halberfindungen erwarten?

Soweit ich mich erinnere, sind die Vorfälle, die ich erzählen werde, größtenteils wahr; aber eigentlich kennt mich der Leser am Schluß keineswegs besser als in dem Augenblick, wo er die erste Seite vorgenommen hat. Ich will nicht behaupten, daß dies ein Unglück ist. Meiner Ansicht nach ist der Leser nur zu beglückwünschen. Ich will damit bloß sagen, daß er keine blasse Ahnung hat, was in mir vorgeht. Man vergesse nicht: »Jeder

Mensch ist eine Insel für sich.« (Vielleicht stimmt das Zitat nicht ganz, aber ich habe keine Zeit, es nachzuschlagen. Um drei Uhr soll ich massiert werden, und außerdem geht mir das Papier bald aus.)

Ich glaube, man könnte eine tatsächliche, ehrliche und wahrheitsgemäße Autobiographie schreiben, aber sicherheitshalber müßte sie nach dem Tode veröffentlicht werden. Ich könnte bestimmt ein sensationelles Buch schreiben, wenn ich willens wäre, meine innersten Gedanken und Gefühle über das Leben im allgemeinen und mich im besonderen zu enthüllen. Doch was für einen Nutzen hätte ich von einem Buch, das nach meinem Tode herauskäme? Selbst wenn es sich als ein Bestseller entpuppte und später in gekürzter Form in der Zeitschrift »Das Beste« erschiene, hätte ich nichts davon. Solange also keine Möglichkeit besteht, »es mitzunehmen«, muß ich dem Leser hier reinen Groucho-Ersatz bieten. Man täte besser daran, einfach das Lexikon zu lesen oder Obstbäume zu beschneiden.

Zweites Kapitel

Wer braucht Geld? (Wir brauchten es wirklich)

Man zähle ein paar Jahre zu oder ab – ich wurde um die Jahrhundertwende geboren. Ich sage nicht, um welches Jahrhundert es sich handelt. Jeder darf einmal raten.

Wir hatten einen übervölkerten Haushalt in unserer Villa im New Yorker Osten. Außer den fünf Brüdern – Chico, Harpo, Groucho, Gummo und Zeppo, dem Alter nach aufgeführt – gab es da meine Eltern (in Tat und Wahrheit waren sie schon vor uns dort), die Eltern meiner Mutter, eine Adoptivschwester und einen ständigen Strom armer Verwandter, der Nacht und Tag durch unser Haus floß.

Sie kamen, um zu lachen, sie kamen, um zu essen, sie kamen, um sich Rat zu holen. Wer für das Essen bezahlte, weiß ich nicht. Es müssen die verschiedenen Märkte gewesen sein, denn wir zogen so häufig wie eine Zigeunerkarawane von einem Yorkviller Bezirk zum anderen. Damals konnte man mit allen Siebensachen für zehn Dollar umziehen, und das war viel billiger, als die Rechnungen zu bezahlen. Jedenfalls schien es immer für jeden genug zu essen zu geben.

Weshalb unsere Besucher auch kommen mochten, sie kamen immer zu meiner Mutter, nie zu meinem Vater. Sie gab ihnen Ratschläge für ihr Liebesleben, wo sie Arbeit finden konnten, und wie sich Ungemach vermeiden ließ. Sie organisierte Anleihen, wenn sie Geld brauchten. Wie sie das fertigbrachte, war für mich eine stete Quelle des Staunens, aber unweigerlich gelang es ihr. Sie flickte Ehen, die in die Brüche zu gehen drohten, und sie schwatzte alle nieder, denen wir Geld schuldeten, den Hauswirt, den Gemüsehändler, den Metzger. Ihre Manöver waren ein Triumph der Geschicklichkeit, Rechtsverdrehung und Phantasie.

Mein Vater war Schneider, und manchmal verdiente er sage und schreibe achtzehn Dollar in der Woche. Er war aber kein gewöhnlicher Schneider. Sein Rekord als der unfähigste Schneider, den Yorkville jemals hervorgebracht hat, ist nie erreicht worden. Das könnte sogar teilweise auf Brooklyn und Bronx zutreffen.

Die Behauptung, daß Papa Schneider sei, wurde nur von ihm aufgestellt; niemand sonst teilte diese Ansicht. Bei seinen Kunden war er als »verpaßter Sam« bekannt. Er war meines Wissens der einzige Schneider, der es ablehnte, ein Zentimetermaß zu benutzen. Ein Zentimetermaß könnte für einen Leichenbestatter gut und recht sein, erklärte er, aber nicht für einen Schneider, der über das unfehlbare Auge eines Adlers verfüge. Seines Erachtens war ein Zentimetermaß reiner Quatsch und dummes Zeug, und er sagte immer, an einem Schneider, der einen Mann messen müsse, könne nicht viel sein. Papa brüstete sich damit, daß er imstande war, die Maße eines Mannes abzuschätzen, indem er ihn einfach betrachtete, und dann einen perfekt sitzenden Anzug zu bauen. Die Ergebnisse seiner Schätzungen waren ungefähr so richtig wie Chamberlains Voraussagen über Hitler.

In unserer Gegend wimmelte es von Papas Kunden. Man erkannte sie leicht auf der Straße, denn sie gingen alle mit einem kürzeren und einem längeren Hosenbein herum, einem längeren und einem kürzeren Ärmel oder mit einem Rockkragen, der nicht wußte, wo er ruhen sollte. Infolgedessen hatte mein Vater niemals dieselben Kunden zweimal. Dies bedeutete, daß er fortwährend auf der Lauer nach neuen Aufträgen liegen mußte, und wenn unsere Gegend immer mehr von Herren bevölkert wurde, die einen verpaßten Anzug trugen, mußte er Bezirke suchen, wo sein Ruf noch nicht hingedrungen war. Er streifte weitumher – in Hoboken, Passaic, Nyack und noch weiter. Da sein Ruf zunahm, war er gezwungen, sich immer weiter von der Heimatbasis zu entfernen, um neue Opfer in die Falle zu locken. In vielen Wochen belief sich sein Fahrgeld höher als sein Einkommen. Und seine Hühneraugen und Fußblasen, die mein Lieblingsonkel, der begabte Dr. Krinkler, pflegte, übertrafen beides.

Wie meine Mutter zurechtkam, ist ein unerklärliches Geheimnis. Alexander Hamilton mag ja der größte Finanzminister gewesen sein, aber ich hätte ihn gern gesehen, wenn er die Aufgaben meiner Mutter hätte bewältigen müssen, und ich bezweifle, ob es ihm so geschickt wie ihr gelungen wäre.

Es ist erstaunlich, wie tüchtig ein Mensch auf dem einen Gebiet und wie untüchtig er auf einem anderen sein kann. Mein Vater hätte Koch werden sollen. Gewöhnlich kochte er für uns alle. Jeder ist diesem Menschenschlag ja schon einmal begegnet. Er konnte aus zwei Eiern, etwas altbackenem Brot, ein paar Gemüsen und einem Stück billigem Fleisch einen Schmaus machen, der sich für Götter geeignet hätte, vorausgesetzt, daß es noch welche gibt.

Wie die meisten Frauen kochte meine Mutter höchst ungern, und sie lief meilenweit weg, um die Küche zu meiden. Aber das kulinarische Können meines Vaters ermöglichte es meiner Mutter in späteren Jahren, ein paar schöne Geschäfte zu tätigen. Wenn wir unsere Varieté-Nummer fertig hatten, bestand Mutters schlauester Schachzug darin, den Agenten zu einem Essen einzuladen, das Papa gezaubert hatte. Nach dieser Mahlzeit war der Agent immer so milde gestimmt, daß Mutter mit ihm zu ihren Bedingungen verhandeln konnte.

Eine Tante von mir bekam von ihrem damaligen Gatten eine Tochter. Nach einem Blick auf das Kind sauste er nach Kanada und ward nie mehr gesehen. In Wirklichkeit hatte das Mädchen eine recht hübsche Gestalt, wie man sich in jener unschuldigen Zeit ausdrückte, und auch alle übrigen notwendigen Bestandteile, um einen Mann zu umgarnen. Zu den Bekannten, mit denen mein Vater Karten zu spielen pflegte, gehörte ein Spengler namens Appelbaum. Er war ungefähr vierzig Jahre alt und eingefleischter Junggeselle. Er liebte die Frauen, hegte aber eine heftige Abneigung gegen die Ehe. Meine Mutter liebte dieses Mädchen, das Sally hieß, und sie war sich darüber klar, daß Sally niemals durch ihre eigene Tatkraft oder ihre Reize einen Mann finden würde. Als geborene Kupplerin machte sie sich ans Werk. Sie hatte Appelbaum eines Tages kennengelernt, als er bei uns Karten spielte. Infolge eines seltsamen Zufalls war Sally ebenfalls zugegen. Appelbaum wurde überredet, zum Abendbrot zu bleiben. Mein Vater hatte an diesem Tage etwas recht Gutes gekocht, und nach vielem Geschmatze und Gerülpse wurde Appelbaum von meiner Mutter unterrichtet, Sally habe das ganze Essen mit ihren zarten Händchen gekocht.

Danach kam Appelbaum oft, und stets war Sally da, um das Ragout meines Vaters aufzutragen. Es war eine schöne Atmosphäre für einen Junggesellen – eine kostenlose Mahlzeit, der später am Abend ein Kartenspiel mit meinem Vater und einem anderen Hausbewohner folgte. Appelbaum verließ das Haus nicht nur mit Verdauungsstörungen, sondern häufig auch mit ein oder zwei Dollar aus der Tasche meines Vaters, obwohl sich Papa diesen Verlust kaum leisten konnte. Eines Abends, als Appelbaum in besonders schwermütiger Stimmung war, sagte meine Mutter: »Bernhard« (so hieß er nämlich), »haben Sie eigentlich jemals daran gedacht, sich zu verheiraten? Ein Junggeselle lebt nicht, er existiert bloß. Er sollte eine nette, gemütliche kleine Wohnung haben. Und wenn ein Mädchen wie Sally für ihn kocht, könnte er ein idyllisches Leben führen.«

Appelbaum wußte nicht genau, was »idyllisch« bedeutete, aber meine Mutter wußte es ebensowenig. Sie war zufällig eines Tages auf das Wort gestoßen, als sie eine Werbung für eine Weltreise las.

In diesem Augenblick kam Sally ins Zimmer; sie schwenkte die Hüften und zwinkerte ein wenig. Meine Mutter eilte zu ihr und flüsterte ihr mit heiserer Stimme zu: »Scher dich! Ich glaube, ich habe ihn soweit!« So ähnlich reden Fischer, wenn sie einen Riesenfisch angehakt haben. Bei der Anspielung aufs Heiraten glich Appelbaums Ausdruck dem eines angehakten Fisches. Als meine Mutter sah, daß sie ihn an der Leine hatte, drillte sie ihn wirklich. Ein Verteidiger hätte nicht beredsamer und überzeugender sein können. Bevor der Abend um war, hatte sie ihm das matte Versprechen entlockt, daß er einwilligen wolle, das Mädchen nach der Wahl meiner Mutter zu heiraten.

Die Hochzeit fand in Bronx in Shafers Kasino statt, und eine beträchtliche Menge – größtenteils meine Verwandten – nahm daran teil. Die Trauung war ihnen an sich gleichgültig, aber die kostenlose Fütterung, die der Zeremonie folgen sollte, brachte sie mit fliegenden Fahnen herbei. Unsere Familie war mit ungefähr fünfzig Angehörigen vertreten. Appelbaum kam allein. Offenbar schämte er sich der ganzen Transaktion und wollte nicht, daß seine Freunde Zeugen seiner Niederlage wurden. Ich stelle mir vor, daß mir dieses Kasino recht schäbig erscheinen würde, wenn ich es heute sähe. Damals aber hatte es in meinen Augen die ganze Majestät von Schloß Windsor und den Gärten von Versailles zusammen.

Endlich tauchte der Rabbiner auf, und die Zeremonie begann. Der Rabbiner (ein richtiger Schmierenschauspieler) ließ eine endlose, langweilige hebräische Predigt vom Stapel. Da Harpo und ich von der Rednerkunst angeödet wurden, hauptsächlich weil wir nichts davon verstanden, verzogen wir uns auf die Herrentoilette, um die Zeit bis zum Essen totzuschlagen. Aus irgendwelchen Gründen, an die ich mich nicht mehr erinnere, fanden wir es lustig, auf der einen Toilette zusammen auf und ab zu springen. Ich bin kein Fachmann für solcherlei sanitäre Anlagen, aber meiner Überzeugung nach waren sie nicht dafür gebaut, dem Knabengewicht von schätzungsweise zweihundert Pfund zu widerstehen. Plötzlich brach das ganze Ding auseinander, als ob es aus Käse bestünde, und ein kleiner Niagarafall ergoß sich aus den Rohren. Wir wußten nicht, was wir tun sollten, so verließen wir schleunigst die Stätte unseres Wirkens und mischten uns wieder unter die Hochzeitsgäste.

Irgendwie bekam der Besitzer des Kasinos sehr schnell Wind von der Katastrophe. Kurz darauf stürzte er aus seinem Büro und schrie: »Aufhören mit der Trauung! Aufhören mit der Trauung!« Nachdem sich der Lärm gelegt hatte, rief er: »Irgend jemand hat in der Herrengarderobe eine Toilette zerbrochen! Wenn ich den Übeltäter finde«, fügte er wütend hinzu, »bringe ich ihn um!« Dann wandte er sich an meine Mutter, die alle Verhandlungen mit ihm geführt hatte, und sagte, daß die Trauungszeremonie nicht beendet werden könnte, wenn man ihm nicht achtunddreißig Dollar für die Toilette vergütete. Aus war es mit der Hochzeit! Es ist zwar schon lange her, und vielleicht bilde ich es mir nur ein, aber wenn ich mich richtig erinnere, war dies das einzige Mal, wo ich in den Augen des Bräutigams einen Hoffnungsstrahl wahrnahm.

Furchtlos ergriff meine Mutter irgend jemandes Hut und veranstaltete eine Sammlung. Obwohl wir unserer fünfzig waren, brachte die Menge nur siebzehn Dollar auf. Appelbaum, der durch die Zeremonie, das Honorar des Rabbiners, die Saalmiete und das Essen ohnehin schon halb zugrunde gerichtet war, legte widerstrebend die fehlenden einundzwanzig Dollar zu. Die Trauung ging dann weiter, und Sally und Appelbaum lebten glücklich bis an ihr Ende. Diese Geschichte ist wahr, auch das Happy-End. Lediglich die Namen habe ich geändert, um mich vor einer Strafanzeige zu bewahren.

Kurz nach Appelbaums Hochzeit kam mein Vater eines Tages hochgemut nach Hause. Er hatte schließlich einen dicken, reichen Konditor namens Stookfleisch überredet, für Ostern einen Anzug zu bestellen. Der übliche Preis für seine geschneiderten Mißbildungen betrug zwanzig Dollar, aber Stookfleisch wog dreihundertfünfzig Pfund, und so hatten sie sich endlich auf achtundzwanzig Dollar geeinigt. Da mein Vater in diesem Falle sehr viel Stoff brauchte, war ihm klar, daß er bei dem Handel nichts verdienen würde; aber dieser Konditor war in Süßigkeiten- und Eiskremkreisen führend, und Papa wußte, daß er, wenn er seinen Kunden zufriedenstellte, möglicherweise sämtliche wohlhabenden Metzger, Gemüsehändler, Brauer und Ladenbesitzer östlich der Fünften Avenue kapern konnte. Er war so entschlossen, sich dieses lukrative Geschäft nicht entgehen zu lassen, daß er drei Dollar für einen tüchtigen Schneider anlegte, der ihm beim Maßnehmen dieses Menschengebirges helfen sollte. Stookfleisch hatte eine vorherige Anprobe, und zu Papas Verwunderung mußte an dem Anzug sehr wenig geändert werden.

Am Samstag war der Anzug fertig und wurde sorgfältig in eine Schachtel verpackt. Mit der Verheißung, ein kostenloses Eiskremsoda zu erhalten, wurde ich beauftragt, ihn am Sonntagmorgen frühzeitig abzuliefern, damit Stookfleisch an der Osterparade auf der Ersten Avenue teilnehmen konnte. Vergnügt schlenderte ich mit der kostbaren Schachtel unter dem Arm zu Stookfleischs Konditorei und zu dem Schokoladeeis, für das ich mich zu guter Letzt entschieden hatte. Nachdem ich es mir zur Hälfte einverleibt hatte, vernahm ich das Gebrüll eines verwundeten Tieres. Über mir dräute dieser mächtige, dicke Riese, angetan mit dem oberen Teil des Anzugs, den mein Vater so sorgsam geschneidert hatte. Unten trug er seine Unterwäsche. »Was zum Teufel hast du mit meinen Hosen angefangen?« trompetete er. Widerwillig, aber hastig ließ ich die halbverzehrte Leckerei im Stich, sprang zur Türe und rannte den ganzen Weg nach Hause.

An der Wohnungstüre wurde ich von meinem Vater empfangen, der voller Vorfreude strahlte. »Nun«, fragte er eifrig, »wie hat Stookfleisch der Anzug gefallen? Ich wette, noch nie hat er ein Paar Hosen gehabt, die ihm so gut sitzen.«

»Papa, du magst recht haben«, antwortete ich, »aber es waren gar keine Hosen dabei.«

»Was soll das heißen, es waren keine Hosen dabei? Gestern waren Hosen in der Schachtel, und sie sind bestimmt nicht von selbst weggelaufen!«

Mein Vater hatte recht. Sie waren nicht von selbst weggelaufen. Sie waren herausgenommen worden. Natürlich richtete sich der Verdacht auf Chico.

Wenn irgend etwas im Hause fehlte – die Schere, die mein Vater beim Zuschneiden benutzte, die silberne Uhr, die Gummo zu seiner Bar Mizwa bekommen hatte, der Stock mit dem Silberknauf, den mein Großvater beim Spazierengehen trug –, wies der Finger des Verdachts sogleich auf Chico und eine Pfandleihe an der Dritten Avenue. Die fehlenden Gegenstände verrieten unweigerlich, daß die Dinge in dem Spielsalon in Harlem für Chico in finanzieller Hinsicht wieder einmal schlecht standen.

Wenn heute eine Nation Geld braucht, zapft sie einfach das Finanzministerium in Washington an. Für Chico aber gab es keinen solchen finanziellen Hafen. Die einzige Möglichkeit, rasch zu Bargeld zu gelangen, bestand für ihn darin, eines der erbärmlich wenigen Besitztümer im Hause Marx zu versetzen. Dank Chicos Emsigkeit enthielt die Pfandleihe an der Dritten Avenue bisweilen mehr Besitztümer der Familie Marx als die Marxsche Wohnung.

Papa wußte genau, wo er die fehlenden Hosen zu suchen hatte. Am Montagmorgen hingen Herrn Stookfleischs geräumige Beinkleider fröhlich im Schaufenster der Pfandleihe, und drinnen im Laden schloß mein Vater ein neues Geschäft ab. Er erklärte sich einverstanden, dem Pfandleiher im Austausch für Stookfleischs fehlende Hosen ein anderes Paar zu nähen.

Nachdem ich die Wut des Konditors beschrieben hatte, brachte keiner im Hause den Mut auf, den unteren Teil des Anzugs abzuliefern. Um das Unglück voll zu machen, wollte Stookfleisch weder den Rock noch die Hose mehr, da die Osterparade vorbei war. Ein paar Tage später schickte er den Rock zurück.

Papas Traum, die Kaufleute östlich der Fünften Avenue zu kapern, endete mit einem finanziellen Alpdruck. Und wer war schuld daran? Niemand sonst als dieser König der Spieler, Chico. Papa blieb auf, um die Heimkehr seines ältesten Sohnes abzuwarten, wild entschlossen, ihm die Hand an die Kehle zu legen. Aber Chico, kein Dummkopf, schlich hinterrücks über die Feuerleiter hinauf. Mein Vater, hin und her gerissen zwischen Rachedurst und Müdigkeit, schlief schließlich auf einem Stuhl bei der Wohnungstür ein. Als er am folgenden Morgen erwachte, war Chico bereits zu erfreulicheren Gefilden abgezogen.

Der riesige Anzug hing monatelang unerwünscht im Schrank. Keiner von Papas Kunden konnte ihn tragen. Niemand konnte ihn tragen außer Stookfleisch. Eines Tages brachte mein Vater, als er knapp an Bargeld war, den Anzug wieder zu der Pfandleihe und versetzte ihn für zehn Dollar. Zwei Wochen lang hing er dort im Schaufenster. In der dritten Woche watschelte ein dicker Herr in den Laden und erkundigte sich nach dem Anzug. Der Pfandleiher, der inzwischen erkannt hatte, daß man ihm da ein totes Pferd angehängt hatte, ließ den Anzug für acht Dollar ab. Und der glückliche Käufer? Der Leser hat es erraten: es war der prominenteste Konditor aus der Gegend östlich der Fünften Avenue – Stookfleisch.

Papas Verdienst als Schneider schwankte zwischen achtzehn Dollar wöchentlich und gar nichts. Ich weiß nicht, ob er sich deswegen jemals Sorgen machte. Jedenfalls zeigte er nie etwas davon. Er war ein glücklicher Mensch, voller Lebensfreude, die er aus seiner Heimat Elsaß mitgebracht hatte. Er lachte gern. Häufig lachte er über einen Witz, den er nicht verstand, und wenn er ihm dann erklärt wurde, lachte er nochmals von vorn. Er liebte das Pinochle-Kartenspiel mit einer Leidenschaft, die die meisten Männer dem Ruhm, dem Reichtum oder einer Dame vorbehalten. Er zog es vor, mit Harpo oder Chico zusammen zu sein, weniger mit mir, denn beide spielten ausgezeichnet Pinochle, wohingegen ich hoffnungslos war. Ich habe nie irgendwelche Begabung für Kartenspiele gehabt. Gelegentlich geriet ich in die Lage, zu hohen Einsätzen Poker zu spielen, aber jedesmal ging ich als Verlierer daraus hervor. Nach dreißig Minuten angespannter Sammlung schweifen meine Gedanken ab, und ich beginne Witze zu reißen oder über Politik zu reden. Ich stellte immerhin sehr bald fest, daß Kartenspielen eine grimmige Angelegenheit ist und nicht das richtige Gebiet für Humor.

Es enttäuschte meinen Vater, daß ich es langweilig fand, einen Abend mit Kartenspiel zu verbringen. Es gab so viel fesselndere Dinge zu tun – mit Mädchen am Abend auf der Veranda zu sitzen, im Quartett singen, lesen, in ein billiges Theater gehen. Pinochle war etwas für ältere Herrschaften und Spielernaturen.

»Julius«, sagte mein Vater etwa, »wenn du dich nicht zu einem guten Pinochlespieler entwickelst, wirst du niemals ein richtiger Mann werden.« Darin mag er recht gehabt haben. Ich wurde nie ein richtiger Mann. Aber ich bezweifle, daß Pinochle etwas damit zu tun hatte.

Papa bekam die Schneiderei mitunter satt, und dann verlegte er sich auf einen so grandiosen Plan, daß jeder, der meinen Vater kannte, wissen mußte, daß dieses Projekt zum Scheitern verurteilt war.

Einige Jahre später – die Familie Marx war inzwischen nach Chicago übergesiedelt –, baute er einem Gepäckträger namens Alexander Jefferson einen Anzug, einem begabten Manne, dem es mittels zweier auswechselbarer Würfel gelungen war, fünfzig Dollar anzuhäufen. Herr Jefferson versicherte meinem Vater, daß es nicht sein regelrechtes Gewerbe sei, Crap zu spielen, sondern daß er von Beruf Gepäckträger sei; aber er fügte hinzu, daß er nicht abgeneigt sei, sein ganzes Vermögen von fünfzig Dollar hineinzustecken, wenn ihm ein ungewöhnlich reizvoller Vorschlag gemacht würde.

Mein Vater, stets bereit für irgendeinen wunderbaren Glücksfall, teilte Herrn Jefferson eines Tages mit, er sei beim Durchblättern der letzten

Fachzeitschrift der Schneider auf die Anzeige für eine neue Hosenbügelmaschine gestoßen. Sie arbeitete sozusagen automatisch und konnte mit einem Mindestmaß an menschlicher Hilfe zweihundert Hosen am Tage bügeln. Damals wurden Hosen immer von Hand gebügelt. Kein Hosenbügler war imstande, selbst wenn man ihn mit Benzedrin angefüllt hätte, mehr als fünfzig Paare im Tag zu bügeln. Entflammt von den fünfzig Dollar des Gepäckträgers, rief mein Vater begeistert: »Wir wollen diese Maschine kaufen und alle selbständigen Hosenbügler aus dem Sattel heben. Schauen Sie, wie einfach die Sache ist. Alle verlangen für ein Paar fünfundzwanzig Cent. Wir werden sie für zwanzig bügeln! Warten Sie, zweihundert zu zwanzig Cent – das macht vierzig Dollar am Tag, das macht ohne den Sonntag, zweihundertvierzig Dollar in der Woche!« In seinem rosigen Traume dahinschwebend, fuhr er fort: »Dabei wird es aber nicht bleiben. Wir werden überall in Amerika Filialen eröffnen, und wenn wir den amerikanischen Markt beherrschen, werden wir Europa überlaufen!«

Jefferson, der fünfzig Dollar in bar besaß, war natürlich vorsichtiger als mein Vater. Er fragte: »Herr Marx, wieviel kostet die Maschine?«

»Achthundert Dollar. Aber was hat das zu bedeuten? Wir werden sie im Nu abbezahlt haben. Die Anzahlung beträgt nur hundert Dollar und die Monatsrate auch bloß hundert. Nach Europa werden wir uns den Orient erschließen!«

Mein Vater wußte es nicht, aber damals trug man im Orient immer noch Kimonos.

Trotz Papas wilder Begeisterung war es Herrn Jefferson immer noch zuwider, sich von seinen fünfzig Dollar zu trennen. »Schön, Herr Marx, wenn Sie die Sache für gut halten, will ich meine Ersparnisse hergeben. Aber vorher möchte ich Ihre fünfzig Dollar sehen.«

Mein Vater hatte das von Jefferson nicht erwartet, und er nahm es übel. Vielleicht hätte er es nicht übelgenommen, wenn es nicht Tatsache gewesen wäre, daß er keine fünfzig Dollar besaß. Er hatte beim Pinochle dreizehn Dollar gewonnen, die er sicher verwahrte und vor meiner Mutter sorgsam verborgen hielt. Aber dreizehn Dollar waren von den notwendigen fünfzig weit entfernt. Um König der Hosenbügelindustrie zu werden, brauchte er noch siebenunddreißig Dollar.

Ausgerechnet Chico vertraute er sein Problem an, der sich natürlich sofort bemühte, die dreizehn Dollar zu entlehnen. Als ihm das mißlang, brachte er seine übliche Lösung aller Probleme vor. »Heute abend findet in einem Spielsaal an der South State Street ein großes Crapspiel statt. Wenn du mich für dich würfeln läßt, können wir aus deinen dreizehn Dollar mit ein bißchen Glück fünfzig machen.« Das Glück war Chico tatsächlich hold, und mein Vater hatte nun die notwendigen fünfzig Dollar für Herrn Jefferson, das heißt seinen Anteil der Anzahlung für die Bügelmaschine.

Zwei Wochen später wurde die Wunderbügelmaschine aufgestellt. Draußen winkten stolz auf einem schaukelnden Schild die Namen Marx und Jefferson. Heute stellen diese Namen politische Begriffe dar, die so weit voneinander getrennt sind wie die durchschnittlichen Eheleute; aber für diese Firma Marx und Jefferson bedeuteten sie nichts anderes als Ruhm und Vermögen.

Die Maschine war genauso, wie die Anzeige sie geschildert hatte. Sie war fast menschlich, aber viel schneller. Sie konnte in fünfzehn Sekunden ein Paar Hosen bügeln, und sie stand in eifriger Bereitschaft für die Hosenlawine da, die bald auf sie niederprasseln sollte. Die Automation sollte die Hosenbügelindustrie bis in die Grundfesten erschüttern.

Nur etwas war übersehen worden: Kunden. Es zeigte sich, daß die meisten Leute Reinigungs- und Bügelgeschäfte in ihrer eigenen Gegend hatten, und sie schienen keine Lust zu haben, ihre Hosen straßenweit zu schleppen, um einen schäbigen Nickel zu sparen.

Ich besuchte den Laden in der zweiten Woche, um die Maschine in Betrieb zu sehen. Das Lokal war so ruhig und friedlich wie ein kleines mexikanisches Dorf während der Siestastunden. Keiner der Teilhaber war da. Im Hintergrund des Geschäfts fand ich einen kleinen Negerjungen, der mit einem Kreisel spielte. »Wo ist Herr Jefferson?« fragte ich ihn.

»Mein Vater?« gab der Junge zurück. »Er hat wieder eine Stelle als Gepäckträger angenommen. Er sagte, Herr Marx solle die Maschine bedienen.«

»Und wo ist Herr Marx?«

»Herr Marx sagte, wenn jemand nach ihm fragt, so wäre er im Zigarrenladen zu finden, wo er Pinochle spielt.«

Am ersten des nächsten Monats schickte die Firma einen Lastwagen, der die Wundermaschine entführte. Mein Vater kehrte als trauriger und klügerer Mann zum Schneiderhandwerk zurück. Nein, nicht klüger, nur trauriger, denn seine dreizehn Dollar waren für immer hin. Er hätte sie ebensogut Chico geben können.

Drittes Kapitel

Gemütlich ist's, daheim zu sein

Soweit ich mich zurückerinnern kann, lebten meine Großeltern bei uns in jeder Yorkviller Wohnung, in der wir zufällig gerade hausten. Sie waren in Deutschland Artisten gewesen – mein Großvater Bauchredner und meine Großmutter Jodlerin, die zur Begleitung an den Saiten einer Harfe zupfte. Er hieß Lafe Schoenberg und sie Fanny. Als er fünfzig Jahre zählte, wanderten sie nach Amerika aus.

Lafe wurde hunderteins Jahre alt, womit er allen Regeln der Langlebigkeit ein Schnippchen schlug. Er rauchte täglich zehn lange schwarze Zigarren, die er sich aus den Überresten einer Tabakfabrik drehte. Zwischen den Zigarren rauchte er eine Pfeife, die Düfte verbreitete, als ob alte dicke Unterwäsche in einem feuchten Keller verbrannt würde. Wenn er allein sein wollte, brauchte er nur mit seiner Pfeife ein Zimmer zu betreten. Ein Zug aus seinem Miniatur-Verbrennungsofen, und die Insassen rannten nach frischer Luft. Von seiner Pfeife konnte jedes Stinktier im Lande etwas lernen. Wir versteckten sie oft, aber er war immer imstande, ihre Spur nach dem Geruch aufzunehmen.

Lafe trank täglich einen halben Liter Whisky, allerdings keinen unter Zollverschluß lagernden Bourbon, sondern ein Gebräu aus den Rückständen einer kleinen Brennerei, die überglücklich war, das Zeug loszuwerden. Bis zu seinem fünfundneunzigsten Altersjahr trug Lafe niemals eine Brille. Er war so aufrecht und gerade wie eine Telegraphenstange und fast ebenso groß.

Da weder mein Großvater noch meine Großmutter Englisch konnte, bekamen sie in Amerika kein Engagement. Aus irgendwelchen sonderbaren Gründen schien so gut wie keine Nachfrage nach einem deutschen Bauchredner und einer fremdsprachig jodelnden Harfenistin zu bestehen.

Lafe war sehr enttäuscht von dem Empfang, der ihm in der Neuen Welt zuteil wurde, und widerstrebend beschloß er, den Artistenberuf aufzugeben. Unerklärlicherweise wählte er eine Laufbahn, die vom Varieté so weit wie möglich entfernt war. Obwohl er noch nie in seinem Leben einen Regenschirm instand gesetzt hatte, beschloß er nach langer Überlegung, Schirmflicker zu werden. Nach der Zahl der Regenschirme, die er reparierte, muß es das trockenste Jahr in der Geschichte der New Yorker Meteorologischen Anstalt gewesen sein. Während eines vollen Jahres reparierte er genau sieben Schirme für sage und schreibe zwölf Dollar fünfzig. Das war gewiß keine große Summe, jedenfalls nicht genug, um einen

Mann und seine Frau in Luxus leben zu lassen. Lafe leckte seine Wunden und faßte den Entschluß, das Schirmflickergewerbe aufzugeben und eine neue Laufbahn anzutreten. Die neue Laufbahn bestand darin, nie mehr ein Tagewerk zu tun, bis er neunundvierzig Jahre später starb.

Nach der Ankunft in Amerika pflegte meine Großmutter jeden Tag Harfe zu spielen und zu singen. Während die Berichte von den Ergebnissen des Schirmflickergewerbes eingingen, hörte der Gesang allmählich auf. Nach einer Weile wurde die kleine Harfe im Schrank verstaut, und man vernahm sie nie wieder, bis Harpo sie eines Tages entdeckte. Einige Saiten fehlten, und sie hatte keine Pedale für die halben Töne; doch für einen Jungen, dessen einziges Musikinstrument bisher eine Zehncent-Blechpfeife gewesen war, hatte diese billige kleine Harfe im Vergleich die ganze Majestät eines Konzertflügels. Mit der Zeit entlockte Harpo meiner Mutter genügend Geld, um die fehlenden Saiten zu ersetzen. Bald konnte er ein einfaches Lied spielen, natürlich sofern es keine halben Töne hatte.

Eines Tages verschwand die Harfe. Harpo war außer sich und durchsuchte unsere Wohnung dutzendmal. Er durchstöberte das Treppenhaus, die Straßen, die ganze Gegend. Die Harfe war so geheimnisvoll verschwunden, als ob sie von unsichtbaren Händen entführt worden wäre.

Die Harfe aber war tatsächlich von unsichtbaren Händen entführt worden, aber wir wußten auf Grund früherer Erfahrungen nur allzu gut, daß die unsichtbaren Hände Chico gehörten.

Harpo war untröstlich. Ohne seine geliebte Harfe war die Welt einfach ein leerer Planet. Meine Mutter gab Vater kurze und eindeutige Anweisungen: »Sam, geh zu der Pfandleihe an der Dritten Avenue. Dort wirst du die fehlende Harfe irgendwo finden.«

Nach langem Feilschen schloß mein Vater mit dem Pfandleiher einen Handel ab. Im Austausch für die Harfe versprach er ihm, ihm ein Paar seiner berühmten, schlechtsitzenden Hosen zu schneidern. Später am Tage brachte er das Instrument frohlockend heim und tat es an seinen alten Platz im Schrank. Hierauf machte er sich daran, Chico eine gesalzene Tracht Prügel zu verabreichen. Chico hatte zu seinem Glück eine Elefantenhaut; die Hiebe, die er gelegentlich bekam, schienen ihn von seiner immerwährenden verzweifelten Suche nach Betriebskapital nicht abzuhalten. Chico war an drei Orten zu Hause: In der Pfandleihe, im Spielsalon und in unserer übervölkerten Wohnung. In die Wohnung kam er nur zum Essen und Schlafen.

Von jeher hat es mich wundergenommen, wie es möglich ist, daß ein Elternpaar so viele verschiedene Sprößlinge in die Welt setzen kann. Chico zum Beispiel hatte ein Hirn wie eine schnelle, genaue Rechenmaschine. Er konnte im Kopf Rechenaufgaben schneller lösen als ich mit Bleistift, Papier und Rechenschieber. Sein Kopf arbeitete wie das Hirn der russischen Schachwunderkinder, die mit zwölf Jahren nachlässig zwischen einem Dutzend Fachleuten herumschlendern können und sie dann mit ein paar magischen Zügen verzaubert, verwirrt und vernichtet zurücklassen. Mit seiner Naturbegabung für Mathematik hätte Chico den Fußstapfen Euklids oder Einsteins folgen können, doch wie uns allen sagte ihm das Gelehrtendasein nicht zu. In der Schule hatte er zwar immer vortreffliche Zeugnisse, aber es fehlte ihm das lebendige Interesse. Seine Interessen lagen auf einem ganz anderen Gebiet, sie galten den Pferden, die in Belmont und Pimlico galoppierten, dem Bridge-, Poker- und Pinochle-Spiel zu Einsätzen, die stets höher waren, als er sich leisten konnte. Wenn nirgends etwas in Betrieb war, legte er Patience und wettete gegen sich selbst.

Als wir klein waren, wohnten wir an der Dreiundneunzigsten Straße und vergnügten uns mit den üblichen Kinderspielen wie Völkerball, Himmel und Hölle, Nachlaufen und dergleichen. Chico stellte sehr bald fest, daß die gleichen Spiele auch auf der Vierundneunzigsten Straße gespielt wurden, dort aber um Geld. Infolgedessen sahen wir, außer zu den Mahlzeiten und zur Schlafenszeit, von Chico sehr wenig. Es wird mir ewig unverständlich bleiben, wie er Zeit zum Klavierüben fand. Um es interessanter zu gestalten, wettete er vermutlich mit sich selbst, ob er bei den Tonleitern die richtigen Tasten treffen würde.

Harpo war der solide Mann der Familie. Er hatte alle guten Eigenschaften meiner Mutter geerbt – Güte, Verständnis und Freundlichkeit. Ich hatte alles übrige geerbt. Damals betätigte sich Harpo als Botenjunge für eine Metzgerei, und der brachte für die Fleischwaren, die er herumschleppte, sehr wenig Anteilnahme auf. Seine Gedanken weilten meilenweit entfernt von Rindsbraten, Kalbsbraten und Hammelragout. Er dachte an Beethoven, Mozart und Bach.

Wenn Chico Klavier übte, saß Mutter immer mit einem Besenstiel neben ihm, um sicherzugehen, daß er seine zugemessene halbe Stunde erfüllte. Nachdem diese Zwangsarbeit beendet war, verschwand Chico. Sobald der Klavierschemel leerstand, schlüpfte Harpo herein und setzte sich darauf, um Akkorde und Läufe zu üben. Harpo hätte den Unterricht nehmen sollen, aber jede Stunde kostete fünfundzwanzig Cent, und für beide reichte das Geld nicht.

Obwohl wir sehr wenig Geld hatten, fuhren wir nach Europa, als ich fünf Jahre alt war. Meine Mutter stammte aus einem Dorf in Deutschland, das Donum hieß und ungefähr dreihundert Einwohner hatte, darunter vier Kühe, die manchmal von einem Nachbardorf herbeistreunten.

Eine Tante kam mit ihren zwei kleinen Töchtern mit. Sie waren sechs und acht Jahre alt. Meine Mutter hätte uns gern alle mitgenommen, aber sie hatte das Geld von ihrer Kusine gepumpt, und es genügte nur für zwei Kinder. Da sie sich nicht parteiisch zeigen wollte, rief sie uns alle zusammen und erklärte uns, daß nur zwei mitfahren könnten. Sie fügte hinzu, daß beide Zurückbleibenden eine Eisenbahn für drei Dollar bekommen würden. Harpo und Gummo wählten mit ihrem üblichen Scharfsinn die Eisenbahn. So schifften wir uns, meine Mutter, Chico und ich, die beiden kleinen Mädchen und ihre Mutter, auf einem plumpen Schiff ein, das man nur deshalb Passagierdampfer nennen konnte, weil es hundert arme Fahrgäste trug.

Damals war meine Mutter sehr jung und sehr hübsch, und ein junger Bursche, der fünfzig Pferde nach Deutschland brachte (wahrscheinlich um Salami daraus machen zu lassen), verfolgte sie unablässig rings auf dem Schiff. Sie war glücklich verheiratet und wollte von ihm oder sonst einem nichts wissen. Überdies roch er immer nach Pferd. Es gibt nichts Ingrimmigeres als einen abgewiesenen Verehrer; demzufolge kam er in der Nacht vor der Ankunft in Bremen in unsere Kabine, weckte uns, gab jedem eine Tafel Schokolade und sagte, auf dem obersten Deck finde ein Maskenball statt und meine Mutter wünsche, daß wir nackt hinaufkämen. Wir waren noch klein und ziemlich verschlafen, aber als er uns mit der Schokolade vor der Nase herumwedelte, zögerten wir nicht. Wir riefen etwelche Sensation hervor, als wir die Gesellschaft beglückten.

Mutter hatte hellblondes Haar und jene Stundenglasfigur, die man damals für selbstverständlich hielt. In meiner Kindheit sprachen Männer (und auch Knaben) bewundernd oder sonstwie von den Beinen einer Frau. Heute ist das Bein als erotisches Sinnbild sozusagen verschwunden. Man sieht die Beine zwar – ja, man sieht sie besser denn je –, aber sie bilden kein Gesprächsthema mehr. Die Betonung hat sich von der Partie unterhalb der Knie zur vollerblühten Büste verschoben. Sie braucht nicht einmal echt zu sein. Ob sie unter dem Kleid oder der Bluse Gummi oder Segeltuch oder beides ist, entscheidend scheint nur zu sein, daß das hinter der Bluse Vorhandene in unverständlichem Maße hervorragt. Diese weibliche Täuschung ist wahrscheinlich an mehr Scheidungen im ersten Ehejahr schuld als die Unfähigkeit des Gatten, seine Frau so zu erhalten, wie sie nach Ansicht ihrer Mutter berechtigt wäre, als das Aufeinanderprallen völlig verschiedener Temperamente oder alle jene anderen Unstimmigkeiten, die junge Ehepaare zum Psychoanalytiker und zum Scheidungsgericht treiben.

Als sich meine Mutter dem mittleren Alter näherte, entwickelte sich die unvermeidliche Verbreiterung, begleitet vom Ergrauen des goldenen Haares. Damals gab es erst wenige Schönheitssalons, und sie wurden nur von den Wohlhabenden aufgesucht. Meine Mutter begann Wasserstoffsuperoxyd anzuwenden, um das verräterische Grau zu verbergen; aber da sie alle Hände voll damit zu tun hatte, fünf Buben aufzuziehen und einen Haushalt zu führen, fehlte es ihr sowohl an der Zeit als auch an Geduld, um die Sache richtig zu machen. Infolgedessen benutzte sie das Wasserstoffsuperoxyd schnell und zufällig. Oft waren ihre Haare auf der einen Seite goldgelb, auf der anderen gesprenkelt grau. Eines Tages verbannte sie voller Ärger über die erfolglose Arbeit das Wasserstoffsuperoxyd in den Abfallkübel und kaufte sich eine strahlendgoldene Perücke.

Wie die meisten Frauen jener Zeit trug meine Mutter ein Korsett. Wenn meine Eltern eingeladen waren, bedeutete es einen Höhepunkt des Abends, Vater zuzusehen, wie er in verzweifeltem und manchmal vergeblichem Bemühen an den Korsettbändern zerrte, um Mutters zunehmend üppige Gestalt in ein Korsett zu zwängen, das immer zwei Nummern zu klein war. Wenn dann das letzte Band geknüpft und ihre goldene Perücke aufgesetzt war, zogen sie vergnügt ab, um bei irgendwelchen Bekannten den Abend mit Zweicent-Pokerspiel zu verbringen. Sobald das Spiel in vollem Schwunge war, eilte meine Mutter ins Badezimmer, und wenn sie ein paar Minuten später zurückkehrte, war das Korsett nachlässig in Zeitungspapier gewickelt, aus dem die Strumpfbänder fröhlich hervorbaumelen. Ein paar Runden später verschwand sie abermals. Diesmal wurde die Perücke entfernt. Erst dann war sie für einen Kampf mit der Göttin Fortuna wirklich bereit.

Ich fragte sie einmal: »Mama, warum trägst du eigentlich das enge Korsett und die dumme Perücke? Sie sind unbequem, und außerdem weiß doch jeder, daß es Schwindel ist.«

»Das verstehst du nicht, Julius«, antwortete sie. »Wenn eine Dame abends ausgeht, möchte sie nett und anständig aussehen.«

»Gewiß, Mama, aber sowie du bei deinen Freunden im Hause bist, legst du Perücke und Korsett ab.«

»Natürlich«, gab sie zurück. »Ich lege sie ab, weil sie unbequem sind. Aber schau doch, wie nett und anständig ich aussehe, wenn ich ankomme!«

Ich vermochte dieser Logik nicht zu folgen, aber für sie war sie sinnvoll.

Viertes Kapitel

Auf einem Ast meines Stammbaums

Sicher ist es kein großes Geheimnis und auch nicht sehr wichtig, aber für die Nachwelt und die Ewigkeit lautet mein richtiger Name Julius Henry Marx. Der ursprüngliche Grund, weshalb ich mit diesem Namen behaftet wurde, war durchaus logisch; doch wie die meisten Dinge, die sich in meiner Familie ereigneten, entwickelte sich die Sache nicht wie geplant.

Die meisten Eltern nennen ihren Sohn Julius, weil sie den berühmten römischen Staatsmann, General und großen Liebhaber bewundern. Einige nennen ihren Sohn Julius, weil sie zu Hause zufällig eine Platte von Julius La Rosa haben, der *Love Me Tonight* singt. Wie John Ruskin einmal sagte, ist der zweite der genannten Gründe entschieden vernünftiger. Es ist besser, ein Kind nach einem lebenden Sänger zu nennen als nach einem toten General.

Ich wurde aus praktischeren Gründen Julius getauft. Gegen Ende des neunzehnten Jahrhunderts gab es in meiner Familie einen Onkel Julius. Er war ein Meter fünfundfünfzig in seinen Socken mitsamt den Löchern und allem übrigen. Er hatte einen braunen Vollbart, dicke Brillengläser und eine Glatze von der Größe eines Buchweizenkuchens. Meine Mutter brachte irgendwie in Erfahrung, daß Onkel Julius reich wäre, und sie erklärte Vater, daß es sich als glänzende Strategie erweisen würde, ihn zu meinem Paten zu machen.

Im Augenblick meiner Geburt befand sich Onkel Julius im Hintergrund eines Zigarrenladens an der Dritten Avenue und bot auf Teufelkommraus. Als er die Nachricht erhielt, daß er mein Pate geworden war, warf er alles hin, auch zwei Asse, die er *in petto* hatte, und eilte zu unserer Wohnung.

In einer Rede, die vor Rührung so feucht war, daß er von seinen eigenen Brillengläsern geblendet wurde, sagte er, er sei überwältigt von dieser Gefühlsgeste unsererseits, und deutete an, daß meine Zukunft – eine rosige Zukunft – unwiderruflich mit der seinen verbunden sei. Am Schluß seiner Ansprache, immer noch unfähig, durch seine beschlagenen Linsen zu sehen, gab er meinem Vater einen Kuß, händigte meiner Mutter eine Zigarre aus und lief dann zum Pinochle-Spiel zurück.

Zwei Wochen später hielt er mit Pappkoffer und allem übrigen seinen Einzug. Im Verlauf der Zeit entdeckte meine Mutter, daß Onkel Julius nicht nur ohne Kapital zu sein schien, sondern auch, was noch schlimmer war, Vater vierunddreißig Dollar schuldete.

Vater erbot sich, ihn hinauszuwerfen; aber Mutter fand das verkehrt. Sie sagte, sie habe von vielen Fällen gelesen, in denen reiche Männer ein elendes Leben führten und dann nach ihrem Tode den Erben ein ungeheures Vermögen hinterließen.

Nun, er blieb bei uns, bis ich heiratete. Bis dahin bewohnte er das beste Zimmer im Hause und schuldete Vater vierundachtzig Dollar. Kurz nach meiner Hochzeit räumte Mutter schließlich ein, daß Onkel Julius ein großer Irrtum gewesen sei, und trug Vater auf, ihn hinauszufeuern. Aber Onkel Julius löste alles, indem er den Geist aufgab und mich zu seinem Erben machte. Sein Besitztum bestand, wie die Testamentseröffnung ergab, aus einem Billardball, den er in einem Spielsalon stibitzt hatte, einer Schachtel mit Leberpillen und einer Hemdbrust, die ein Oberhemd vortäuschte.

Den zweiten Vornamen Henry erhielt ich, weil meine Mutter eine gefühlsmäßige Bindung an einen Fünfdollarschein hatte, den ihr mein Onkel Henry geliehen hatte. Nach einer Weile wurde es Onkel Henry klar, daß es ein Kinderspiel wäre, aus einer weißen Rübe rotes Blut zu pressen, im Vergleich zu der Anstrengung, die erforderlich gewesen wäre, seinen Fünfer zurückzubekommen. Viele Jahre vergingen. Eines Tages, als meine Geburt unvermeidlich schien, sagte er: »Minnie, wenn es wieder ein Junge ist, nenne ihn nach mir, und dann streiche ich die Fünfdollarschuld. Ich weiß, ich bekomme mein Geld ohnehin nie zurück.«

Es wird eine Zeit geben, in der man neue Regeln über die Namensgebung aufstellt. Dann werden die wehrlosen, arglosen Säuglinge nicht mehr dem Zufall ausgeliefert sein.

Sogar Pferde und Hunde werden mit mehr Logik getauft. Ich weiß, es ist zu spät, aber ich würde viel lieber Rintintin Marx heißen als den Spitznamen tragen, den man mir angehängt hat. Man vergleiche nur einmal diesen illustren Namen mit Julius Henry Marx. Ein prosaischerer Name ließe sich kaum finden. Wenn der geneigte Leser mit irgendwelcher Intelligenz gesegnet wäre (was ich bezweifle, sonst wäre er nicht so töricht gewesen, dieses Buch zu kaufen – oder gehört er am Ende, was noch schlimmer wäre, zu jenen literarischen Freibeutern, die dieses Exemplar von einem treuen Freund ausgeliehen haben, der mir genügend zugetan ist, um das Buch zu kaufen?), wenn der Leser also intelligent wäre, würde er mir beipflichten.

Mein Lieblingsonkel war ein Original namens Dr. Carl Krinkler, ein schöner Mann mit eisengrauem Haar und blauen Augen. Er trug immer eine kleine schwarze Tasche, und wenn man ihn nicht kannte, hätte man ihn für einen sehr teuren Spezialisten auf dem Gebiet seltener Krankheiten halten können. In Wirklichkeit war er Hühneraugenoperateur. Eine Praxis konnte er sich nicht leisten, aber er besuchte uns in regelmäßigen Abständen, und nachdem er bei einer Mahlzeit schmarotzt hatte, öffnete

»Horse Feathers« (1932).

er seine kleine schwarze Tasche und schnitt die Hühneraugen und Schwielen sauber weg, die sich mein Vater beim Pflastertreten auf der Suche nach neuen Kunden zugelegt hatte. Das Honorar des Arztes war nicht hoch. Fünfundzwanzig Cent für beide Füße. Und für meinen Vater, den die Fußschmerzen plagten, lohnte sich die Behandlung.

Im Spätherbst, wenn das Laub zu fallen begann und die Nächte lang und kalt wurden, hörten Onkel Carls Besuche auf, und wir sahen ihn nicht mehr bis zum Frühling. In einem Frühjahr aber tauchte er nicht auf. Fünf Jahre verstrichen, ehe wir wieder von ihm hörten. Da kam eine Postkarte aus einem mittelgroßen Gefängnis im Norden des Staates New York, und darauf stand lediglich: »Bald bin ich draußen.«

Als wir ihn wiedersahen, erzählte er uns die ganze Geschichte. Demnach hatte er im Dienst einer Brandstifterbande gestanden. Es war seine Aufgabe gewesen, ein Zündholz an Ferienhotels zu halten, denen es in finanzieller Hinsicht nicht allzu gut ging. Aus praktischen Gründen ließ sich das nur im Winter machen, wenn die Hotels leerstanden. Er war recht stolz auf seine Leistungen und brüstete sich damit, daß er im Verlauf der Jahre einen beträchtlichen Teil alter Hotelpaläste in Schutt und Asche gelegt hatte. Er bereute seine Laufbahn nicht, fügte jedoch hinzu, es sei Pech gewesen, daß er geschnappt worden war, weil er gerade beschlossen hatte, sich von der Bande zu lösen und sich selbständig zu machen. Er hatte den Plan gehabt, die Ebene von Catskills zu verlassen und in die Adirondack-Berge zu ziehen, wo die Hotels größer und die Belohnung dementsprechend höher waren.

Ich sah ihn viele Jahre nicht wieder. In dieser Zeit war er Kassierer in einem Restaurant am Broadway. Vielleicht hatte er sich gebessert. Vielleicht wollte er nur seine Zeit abwarten. Ich weiß es nicht. Aber in Anbetracht seiner Vergangenheit hätte ich ihn an jedem anderen Ort eher erwartet als an der Kasse eines anderen Menschen. Während ich meine Rechnung bezahlte, spürte er wohl, was mir durch den Kopf ging. Als ich der Türe zustrebte, rief er mich zurück und flüsterte mir zu: »Weißt du, Julius, wenn die Polizei mich nicht geschnappt hätte, wäre es mir längst möglich gewesen, einen guten Teil der Adirondack-Berge niederzubrennen.«

Na ja, so ist das Leben. Der amerikanische Staatsmann Sherman tat genau das gleiche, als er durch Georgia marschierte, und heute gilt er in vielen Teilen des Nordens als ein Held. Carl Krinkler eiferte Sherman nach und verbrachte fünf Jahre im Kittchen.

Ich habe nun von drei Onkeln erzählt, die alle nette Menschen waren, aber in ihrem Beruf jämmerlich versagten. Ich kann geradesogut alles bekennen und gestehen, daß ich auch einen Onkel hatte, der sich als erfolgreich erwies. Es war der Bruder meiner Mutter. Er heiß Shean und sang mit einem Partner namens Gallagher ein Lied, das heute so sehr ein Teil von Amerika ist wie Baseball. Wer sich nicht an den berühmten Refrain *»Absolutely, Mr. Gallagher; positively, Mr. Shean«* erinnert, der soll mir zehn Dollar in Briefmarken schicken. Er wird dafür von mir nichts zurückbekommen. Er schicke mir nur zehn Dollar in Briefmarken.

Al Shean war Hosenbügler in einem Schwitzkasten in der New Yorker Altstadt gewesen. Er sang gern, und er sang gut. Aber in der Hosenfabrik sang er allzu viel. Er hatte ein Quartett gegründet, und wenn sich die Mitglieder bei der Arbeit trafen, fanden sie sich in schönster Harmonie. Nichts behagt einem Hosenbügler weniger, als Hosen zu bügeln, und wenn Als Quartett in inniger Harmonie trillerte und schmetterte, hörte alle Büglerei auf. Infolgedessen hörte auch die Anstellung meines Onkels auf. Der Fabrikbesitzer, der Al und Musik haßte (in dieser Reihenfolge), feuerte ihn schließlich hinaus und riet ihm, zur Bühne zu gehen, wenn er singen wollte.

Dies ist entschieden ein allgemeines Verfahren, das ich angewendet habe, um zu erzählen, wie ich zur Bühne kam. Ursprünglich wollte ich Arzt werden. Aber Onkel Als Erfolg brachte meine Mutter zur Überzeugung, daß die Bretter, die die Welt bedeuten, einen angenehmen und lukrativen Beruf zu bieten hätten, und daß ich die Gefilde der Medizin und den Eid des Hippokrates lieber vergessen sollte, aus dem einfachen Grunde, weil sie noch nie von Hippokrates gehört hatte.

Onkel Al war ein schöner Mensch, und wenn er uns besuchte, gab es Betrieb. Wir wurden alle in verschiedene Geschäfte gejagt, um die Dinge zu kaufen, die er gern zu sich nahm. Ich mußte gewöhnlich Kümmelkäse besorgen. Harpo rannte nach dem Heidelbeerkuchen. Chico als der älteste holte das Bier. Er mußte den Weg zwei- bis dreimal machen, aber sooft er durch die Drehtür eintrat, stibitzte er genügend Leckerbissen, daß sich die Sache lohnte. Am Ende des Essens erhielt jeder Neffe von Onkel Al einen Dollar. Da mein wöchentliches Taschengeld nur fünf Cent betrug, bedeutete dieser geschenkte Dollar Luxus für viele Wochen.

Heutzutage sehen Bühnenkünstler keineswegs anders aus als die übrige Menschheit, damals aber bildeten sie eine Gruppe für sich. Zum Beispiel hatte mein Onkel, wenn er uns besuchte, langes Haar, das ihm in den Nakken wallte, Koteletten, einen Frack, einen Spazierstock mit Goldknauf und einen Zylinder.

Wenn Onkel Al dann das Haus verließ, scharte sich auf dem Vorplatz eine beträchtliche Menge zusammen. Beim Abschied pflegte er eine Handvoll Nickel in die Luft zu werfen und zuzusehen, wie die Kinder sich darum balgten.

Das war Glanz! Warum sollte ein Mensch Arzt werden wollen, um den Klagen der Invaliden und Hypochonder zu lauschen, wenn er durch die Tätigkeit auf der Bühne einen Zylinder haben konnte und so viel Geld im Überfluß, daß er dem Volk Kupfermünzen zuwerfen konnte?

Also ade, Hippokrates, du mit deiner kleinen schwarzen Tasche, deinem Hörrohr und deinen lateinischen Rezepten. Das Theatervirus kreiste in meinen Adern und brachte mir Visionen von Zylindern, Fräcken und Kupfermünzen. Was konnte man sich mehr wünschen?

Fünftes Kapitel

Meine Jugend – die ich gern hergebe

Das Geld fand in meiner Kindheit den Weg nicht leicht zu mir. Mein Taschengeld betrug wöchentlich fünf Cent, die ich sorgfältig verwaltete. Eine weitere gute Einnahmequelle verstand ich auszuschöpfen. Ein Brot kostete einen Nickel, aber wenn es einen Tag alt war, konnte man es für vier Cent kaufen; deshalb bemühte ich mich immer darum, Brot holen zu dürfen. Ich kaufte dann das altbackene Brot und steckte das ersparte Kupferstück ein. Viele Jahre später gestand mir meine Mutter, sie hätte sich durch das altbackene Brot, das ich heimbrachte, nie täuschen lassen, aber da sie mein Einkommen nicht kürzen und auch meinen Erfindungsgeist nicht eindämmen wollte, sagte sie nie etwas davon. Jahrelang aß meine Familie altbackenes Brot, und ich sackte jede Woche ungefähr einen Nickel ein. Damals ahnte ich es nicht, doch ich leistete meiner Familie einen Dienst, denn heute hat uns ja die ärztliche Wissenschaft darüber belehrt, daß es sehr schädlich sein kann, dauernd frisches Brot zu essen.

Die damaligen Karamellen, Kieferbrecher genannt, kosteten vier Stück einen Cent. Ich weiß nicht, woraus die Kieferbrecher bestanden, aber an einer Kugel hatte man zwei Stunden zu lutschen, ehe sie endgültig verschwand. Nach der Art, wie sie sich der Auflösung widersetzten, vermute ich, daß sie aus Farbe, Zucker und minderwertigem Beton bestanden. Sie waren etwa so groß wie ein Golfball, und kein Mund, der des Filmkomikers Joe E. Brown vielleicht ausgenommen, war groß genug, um mehr als eine Kugel zu fassen.

An einem kalten, schneereichen Tage hatte ich mir vier Kieferbrecher gekauft, einen in den Mund gesteckt und die drei übrigen sorgsam in meiner Mütze verwahrt. Ich weiß, ein solches Versteck für Süßigkeiten muß seltsam erscheinen, aber für diese Strategie hatte ich praktische Gründe. Wenn zum Beispiel ein Junge daherkam und um einen Kieferbrecher bat, sagte man: »Bedaure, ich habe keinen mehr.« War er dann immer noch argwöhnisch, so erlaubte man ihm, alle Taschen zu durchstöbern. Keiner dachte jemals daran, unter der Mütze nachzusehen.

An diesem Tage kam ein großer, starker Bengel aus einem rauheren Bezirk daher und sagte, als er meine dicke Backe sah: »He, du, gib mir einen Kieferbrecher.«

Wie gewöhnlich entgegnete ich: »Bedaure, ich habe keinen mehr.«

»Du lügst«, fuhr er mich an. Da er viel größer war als ich, zog ich es vor, die Beleidigung zu überhören.

»Schön«, gab ich zurück, »wenn du mir nicht glaubst, kannst du mich ja durchsuchen.«

Als er meine Taschen durchwühlte, bemerkte ich frohlockend: »Siehst du wohl? Ich sagte dir ja, ich habe keinen mehr.«

In seiner Wut über den Mißerfolg riß er mir rachedurstig die Mütze vom Kopf und warf sie zu Boden. Zu meinem Entsetzen rollten die drei kostbaren Kieferbrecher in den Schnee. Er las sie flink auf, steckte sich einen in den Mund und die beiden anderen in die Tasche. Dann holte er aus und versetzte mir einen gewaltigen Kinnhaken. Eine Zeitlang schlief ich friedlich im Schnee, so kalt wie ein auf Eis gelegter Fisch. Als ich zu mir kam, war der Junge weg, und mein Kinn tat mir weh.

Dieser unerwartete Hieb war mir eine wertvolle Lehre. Sooft ich hierauf Kieferbrecher besaß, behielt ich einen im Mund und versteckte die andern drei in meinem Schlafzimmer unter der Matratze, bis ich sie brauchte.

In meiner Kindheit bot sich mir noch eine Gelegenheit, zu Bargeld zu kommen. Wir hatten in der Schule einen Lehrer, der ein richtiger Snob war. Die meisten Lehrer brachten sich ihr Mittagessen mit und ergaben sich darein, ihr mageres Futter aus einer Tüte oder einer Schuhschachtel im Schulhof zu verzehren. Nicht so Bertram Smith. Er war zu fein, um aus dem Papier zu essen. Jedes Jahr wurde ein glücklicher Knabe mit der Aufgabe beehrt, für Smith Leckerbissen zu besorgen. Abgesehen von der normalen Abneigung, welche die meisten Schüler für ihre Lehrer hegen, war Smith wegen seines Hochmuts und seiner anmaßenden Einstellung zu allem in und rings um die Schule verhaßt. Er kleidete sich viel besser als die übrigen Lehrer, den Rektor eingeschlossen. Wie er das fertigbrachte, weiß ich nicht, aber da ich jetzt älter und lebenserfahrener bin, vermute ich, daß er sich von einer älteren Dame aushalten ließ.

Jedenfalls war ich der glückliche Knabe, der schließlich für den zweifelhaften Vorzug, fünf Tage in der Woche sein Essen zu holen, auserwählt wurde. Von einem Lohn oder einer Vergütung war keine Rede. Er hatte mir damit ein Ehrenamt übertragen, und meine Pflicht war es, dementsprechend dankbar und vergnügt auszusehen.

Bertram Smith schätzte ungewöhnliche und exotische Dinge. Mir blieb nur eine Stunde für die Mittagspause, und in dieser Zeit mußte ich mein Eierbrot und einen Apfel oder mein Wurstbrot und eine halbe Orange hinunterschlingen, damit die knappe Frist reichte, um alle die entfernten Lokale aufzusuchen, zu denen er mich täglich schickte – deutsche, griechische, spanische, koschere und türkische Restaurants. Jeden Tag, ob Regen oder Sonnenschein, mußte ich diese fremdländischen Gerichte heranschleppen. Manchmal waren die Schüsseln heiß und unförmig, aber nie hörte ich von diesem aufgeschwemmten Schlemmer jemals ein Wort des Dankes.

Am Ende des Semesters, als ich vom hastigen Verschlingen meines Mittagessens und von der Jagd nach seinen Genüssen mager und blutarm war, händigte mir Smith widerwillig einen Dollar aus. Ich hatte von 20 Dollar geträumt, aber da ich seinen Ruf kannte, zehn erwartet. Er rief mich ins Lehrerzimmer, drückte mir einen Dollarschein in die Hand und schob mich schnell zur Türe. Ich hatte mit den zehn Dollar, die ich nicht be kam, große Dinge geplant. Ich wollte mir für neun Dollar einen Anzug kaufen und mit dem restlichen Dollar meiner Mutter etwas besorgen, das wir dringend brauchten, nämlich eine Kaffeekanne. Wir besaßen eine Kaffeekanne, die jedoch so alt war, daß ihr Boden an drei Stellen leckte. Wenn sie in der Küche nicht sorgsam bewacht wurde, löschte sie oft die Gasflamme aus. Ich erinnere mich, dreimal geschah es, daß Mitglieder meiner Familie, überwältigt von dem ausströmenden Gas, in halbbewußtlosem Zustand aus der Küche getragen werden mußten. Jedenfalls brachte ich es nicht zu dem Neun-Dollar-Anzug, aber ich kaufte meiner Mutter eine funkelnagelneue Kaffeekanne für einen Dollar. Und ich kann stolz sagen, daß von diesem Tage an bis zu dem Tage, an dem ich die Bühnenlaufbahn antrat, kein Mitglied meiner Familie mehr in unserer Küche eine Gasvergiftung erlitt.

Bis zu meinem zwölften Lebensjahr bildete meine bedenkliche finanzielle Lage das einzige schlichte Problem meines Daseins. Dann aber kam eine neue Dimension hinzu – Junge, Junge, wie war ich dafür bereit!

Liebe ist ein herrlich Ding. Ich weiß nicht genau, was das heißt, aber Lyriker müssen auch leben. Vielleicht heißt es nur, daß die Liebe etwas sehr Wichtiges ist. Das Wörtchen »Liebe« läßt sich schwer in eine bestimmte Form pressen. Heute wirft man es so nachlässig herum, daß es fast bedeutungslos ist. Ein Mann sagt etwa: »Ich liebe Käse«; ein junges Mädchen wird sagen: »Ich liebe Paris im Frühling«; ein kleiner Junge: »Ich liebe die Mickey-Maus«; und man singt vielleicht: »Ich liebe die Sonne, wenn sie am Abend untergeht.« Dieser Sänger ist wahrscheinlich ein Einbrecher. Das Wort »Liebe« sollte eigentlich auf einen einzigen Gegenstand beschränkt werden, auf die Beziehung zwischen einem männlichen und einem weiblichen Wesen, einem Mann und einer Frau, einem Knaben und einem Mädchen.

Jedenfalls packte mich die Liebe, als ich zwölf Jahre zählte. Ich trug immer noch kurze Hosen, aber ein zarter Flaum begann auf meiner Oberlippe zu sprießen. In der Wohnung über uns lebte ein Mädchen, das ebenfalls zwölf Jahre alt war. Lucy hatte »eine gute Figur«. Außer ihrer Figur hatte sie viele hellbraune Locken, die ihr entzückend in den Nacken fielen, und Zähne, so ebenmäßig wie die Körner an einem gesunden Maiskolben. Infolge eines sorgsamen Manövrierens meinerseits traf sie mich unweigerlich in der Diele, wenn sie die Treppe zu ihrer Wohnung ersteigen wollte.

Ich hatte eine Zeitlang meine Kupferstücke und Nickel gespart und schließlich genügend Mammon angehäuft, um Lucy in Hammersteins Victoria-Varieté einzuladen. Ich war noch nie dort gewesen, hatte aber davon gehört. Ich hatte siebzig Cent zusammengespart und alles genau ausgerechnet. Zwei Eintrittskarten im zweiten Rang fünfzig Cent... Fahrgeld hin und zurück zwanzig Cent... im ganzen: siebzig Cent.

Wir hätten zu Fuß gehen können, aber wir wohnten im Osten an der Dreiundneunzigsten Straße, und das Theater lag im Westen an der Zweiundvierzigsten Straße. Es war Januar, die Tage waren kurz, und das Wetter vermittelte eine recht gute Vorstellung von Lappland.

Lucy sah bezaubernd aus, und ich sah sehr schön aus, als wir am Times Square aus der Straßenbahn stiegen. Aber es gab ein Haar in der Suppe, und zwar in Gestalt eines Straßenhändlers, der mit seinem Wagen vor dem Theater stand und Makronen verhökerte, eine Tüte für fünf Cent. Ihrem Geschlecht getreu erspähte Lucy den Stoßkarren und murmelte etwas davon, daß Makronen ihr Lieblingskonfekt seien – was ich in dieser Hinsicht zu tun gedenke?–Ich tat, was jeder Dummkopf sein Leben lang getan hat, wenn eine Schönheit etwas fordert. Was diese Schönheit nicht wußte, war die Tatsache, daß ihr zufälliges Verlangen nach Makronen mein sorgfältig berechnetes Budget umgeworfen und den Nachmittag verdorben hatte, bevor er überhaupt anfing.

Wir saßen im zweiten Rang, weit, weit von der Bühne entfernt. Die Artisten sahen wie Zwerge aus, und die Laute, die sie von sich gaben, waren in unserem Olymp kaum zu hören. Lauter als die Stimmen der Bühnenkünstler waren jedenfalls die fortwährenden Krachgeräusche der Makronen, die Stück um Stück anmutig durch Lucys schönen Hals rutschten. Vielleicht war sie zu vertieft in die Vorstellung, um mir etwas abzugeben, oder vielleicht nahm sie an, ich wäre zuckerkrank, und sie wollte meine Gesundheit nicht gefährden, weil sie toll verliebt in mich war. Welche Gründe sie auch haben mochte, sie verzehrte jedes Krümchen ganz allein.

Lucys Gier erbitterte mich, aber ich hatte ein Problem zu lösen, das mich sogar die Makronen, die ich nicht bekam, vergessen ließ. Als ich hoffnungsvoll meine Taschen durchsuchte, fand ich nur einen einsamen Nickel, der dort nistete. Das Leben war damals billig, aber doch nicht so billig, daß zwei Fahrgäste für fünf Cent mit der Straßenbahn heimfahren konnten.

Die Vorstellung war schließlich beendet. Schweigend verließen wir das Theater. Als wir auf die Straße traten, empfing uns nicht nur Dunkelheit, sondern auch ein wilder Schneesturm. Heute ist mir wegen dieser Sache schrecklich zumute, aber man bedenke, ich zählte erst zwölf Jahre, es war bitterkalt, und Lucy hatte sämtliche Makronen allein aufgefuttert. Außerdem wären mir ja noch zehn Cent geblieben, das heißt genügend Geld für zwei Fahrkarten, wenn sie mich nicht gezwungen hätte, die Makronen zu kaufen.

Trotz all diesen überzeugenden Argumenten hatte ich noch etwas Ehrgefühl. Ich sagte zu ihr: »Lucy, als wir zum Victoria-Theater aufbrachen, hatte ich siebzig Cent, also genügend Geld für die Theaterkarten und für die Hin- und Rückfahrt. Mit Makronen hatte ich nicht gerechnet. Ich wollte die Makronen nicht. Aber du wolltest sie. Wenn ich gewußt hätte, daß du auch noch etwas zu schlecken haben mußtest, hätte ich dich erst ein paar Wochen später eingeladen. So aber habe ich jetzt nur noch fünf Cent. Vergiß nicht, Lucy, du hast die Makronen aufgegessen, und du weißt, daß ich das Recht hätte, heimzufahren und dich zu Fuß laufen zu lassen. Du weißt aber auch, wie gern ich dich habe, und daß ich es einfach nicht über mich bringe, ohne dir die gleiche Möglichkeit zu geben wie mir. Paß auf, ich werde diesen Nickel in die Luft werfen. Du rufst dann ›Kopf‹. Wenn das Bild oben ist, fährst du nach Hause. Wenn die Zahl oben ist, fahre ich.«

Die Götter waren auf meiner Seite. Zahl gewann.

Die weiblichen Vertreter des Menschengeschlechts haben mich von jeher verblüfft, und ich habe sie immer als eine Gattung für sich betrachtet. Aus irgendeinem seltsamen Grunde sprach Lucy nie mehr mit mir. Als ich sie das nächstemal sah, schnitt sie mich. Hätte sie ein Messer bei sich gehabt, so hätte sie es wahrscheinlich benutzt.

Nun, das war das Ende meiner ersten Liebe und zufällig auch meiner siebzig Cent. Allerdings glaube ich, daß diese Liebesgeschichte einmalig dasteht. Es ist wahrscheinlich die einzige Liebesgeschichte in der Historie, die aus Mangel an fünf Cent ihr Ende fand.

Als Chico dreizehn Jahre alt war, fand seine Bar Mizwa statt. Das ist bei den Juden ein sehr feierlicher Anlaß, denn mit diesem Tage ist ein Knabe kein Kind mehr, sondern wird, wenn auch nur theoretisch, ein Mann. In der Synagoge hält er eine Rede und dankt seinen Eltern dafür, daß sie ihn in die Welt gesetzt haben. Er berichtet dann, wie sie ihn behütet und für ihn gesorgt haben. Da bei uns niemand über genügend Bildung verfügte, um die Rede zu verfassen, kaufte meine Mutter sie von einem geringeren Würdenträger im Tempel für einen Vierteldollar. Diese Rede wurde in zweijährigem Abstand von Chico, Harpo und mir benutzt.

Ich erinnere mich kaum mehr an meine Bar-Mizwa-Feier. Ich sprach einige rätselhafte Worte auf hebräisch, die ich selbst überhaupt nicht verstand; danach hielt ich die Rede, in der ich meinen Eltern dafür dankte, daß sie mich in die Welt gesetzt hatten. Sehr bald war alles vorüber, und ich befand mich wieder zu Hause, wo zu meinen Ehren eine Gesellschaft stattfand. Viele Geschenke gab es nicht. Ich erinnere mich nur an eine

Schachtel Gummibonbons, an drei Paar lange schwarze Strümpfe und an einen Füllfederhalter, der gerade genügend leckte, um auf meinem Hemd ein sehr interessantes Muster hervorzurufen.

Diesen Füllfederhalter liebte ich. Er war der erste Wertgegenstand, den ich jemals besaß.

Nachdem ich nun ein Mann geworden war (mit einem leckenden Füllfederhalter, der es bewies), war ich bereit, die Welt zu erobern. Eines Tages sagte ich zu meiner Mutter: »Mama, dürfte ich aus der Schule austreten, wenn ich Arbeit fände?«

»Willst du denn nicht gebildet sein?« fragte sie.

»Nicht, wenn ich dafür zur Schule gehen muß«, erwiderte ich kühn. Ehe ihr darauf eine Antwort einfiel, platzte ich heraus: »Ich habe einmal ein Buch gelesen, das ›Julius der Straßenjunge‹ heißt. Es ist von Horatio Alger, und darin steht, wie sich ein armer Junge mit nichts als Verstand und Entschlossenheit von der untersten Sprosse zum Direktionsposten einer Bank emporarbeitet. Ich heiße auch Julius, folglich werde ich ebenfalls Arbeit finden und zum Unterhalt der Familie beitragen.«

»Na ja«, sagte Mutter gedehnt, »es ist dein Leben. Wenn du lieber Bankdirektor werden möchtest als gebildet sein, such dir Arbeit.«

In den Stellenangeboten wimmelte es von Anzeigen »Bürogehilfe gesucht«, und ich fand bald eine Anstellung in einem Maklerbüro an der Pine-Straße. Mein Arbeitgeber hieß Harvey Delaney. Er war dick und untersetzt und hatte einen Schaukelgang. Ich weiß nicht, ob er halb betrunken war oder nur unfähig, das Gleichgewicht zu halten. Er sagte, er wolle mir wöchentlich drei Dollar fünfzig bezahlen, und die Arbeitszeit sei von neun bis fünf Uhr. Bedeutungsvoll fügte er hinzu, den vorigen Bürogehilfen habe er hinausgesetzt, weil er immer zu spät gekommen sei.

»Was soll ich denn im Büro tun?« fragte ich.

»Wenn ich morgens komme«, erklärte er, »gibst du mir die Post, und du mußt immer das Telephon bedienen.«

Die Post bedeutete kein großes Problem, weil er immer bloß Reklameprospekte und die papierkorbreife Zeitung »Tagblatt der Pine-Straße« erhielt.

»Was nun das Telephon betrifft«, belehrte er mich, »sowie es läutet, nimmst du den Hörer ab und schreibst genau auf, wer angerufen hat, um welche Zeit, und du mußt genau darauf achten, daß du die Telephonnummer richtig verstehst.«

In den ersten drei Wochen wurde nur zweimal angerufen. Der erste Anruf kam von einer Frau, die sich erkundigte, ob sie mit dem Büro von J. Pierpont Morgan verbunden sei. Der zweite Anruf kam von meinem Arbeitgeber, der fragte, ob jemand angerufen habe.

Anfangs erschien ich punkt neun Uhr und blieb bis fünf. Mein Vorgesetzter schlurfte gegen zehn Uhr herein und ging gegen vier. Dazwischen machte er zwei Stunden Mittagspause. Ich verzehrte mein Mittagessen im Büro, nämlich ein belegtes Brot, und eine große Tüte Weintrauben, die ich bei einem Straßenhändler kaufte. Die Zeit wurde mir lang. Da ich nichts Besseres zu tun fand, verbrachte ich den Vormittag damit, Weintrauben zu essen und die Kerne auf den Teppich zu spucken. Den Nachmittag verbrachte ich damit, die Kerne aufzulesen.

Um einen Jungen vor Ungemach zu bewahren, gibt es nichts Geeigneteres als regelmäßige Arbeit. Als Herr Delaney immer erst gegen elf Uhr erschien, trat ich gegen zehn Uhr an. Als er um drei Uhr ging, verließ ich das Büro um vier. Nach den ersten paar Wochen ließ er den Vormittag ganz aus und trudelte gegen zwei ein, um mich mit dem Telephon zu behelligen. Ob wirklich niemand angerufen habe? Ich sagte: »Heute hat das Telephon einmal geklingelt.« Seine Augen leuchteten auf. Ich fuhr fort: »Aber es war das Amt. Man prüfte die Leitung nach.«

Da er jetzt immer erst um zwei erschien, begann ich um eins anzutreten. Nach einer Weile paßte ich die Zeit so vollkommen ab, daß ich das Büro betrat, wenn seine Schritte unten in der Diele hörbar wurden.

Es war wirklich still in diesem Büro. Es war ähnlich, als lebte man in einem Mausoleum mit einem Teppich. Eines Nachmittags spielte die Mannschaft »Giants« auf dem Poloplatz. Zu dieser Zeit kam Herr Delaney überhaupt nicht mehr ins Büro. Er tauchte gegen eins auf, steckte den Kopf zur Türe herein und fragte, ob jemand angerufen habe. Wenn ich verneinte, machte er kehrt und ging. An jenem verhängnisvollen Nachmittag befand ich mich einige Minuten nach seinem Ein-Uhr-Erscheinen auf dem Wege zum Sportplatz. Es war ein schöner, windiger Tag. Plötzlich sah ich einen Herrenhut in der Brise wegfliegen, und da ich gut erzogen war, rannte ich sofort los und holte den Ausreißer. Als ich den Hut dem Eigentümer reichte, blickte ich in das Gesicht meines Arbeitgebers. »Julius!« rief er. »Wieso bist du nicht im Büro und bedienst das Telephon? Man kann doch nie wissen, wann es klingelt. Ich habe dich bei mir angestellt, damit immer jemand da ist, wenn das Telephon läutet.« Während er seinen Hut entgegennahm, sagte er: »Vielen Dank, daß du mir meinen Hut geholt hast. Übrigens, Julius, du bist entlassen.«

Es tat mir leid, die Arbeit aufzugeben. Es war ein nettes Büro, und die Traubenzeit hatte den Höhepunkt erreicht. Um die Sache noch zu verschlimmern, bestand meine Mutter darauf, daß ich wieder zur Schule ging.

Sechstes Kapitel

Wenn man eine Reise tut ...

Ich war fürs Theater reif und davon besessen. Die Schule war unbeschreiblich langweilig, und das einzige, was mich dort fesselte, war die Lehrerin, eine große, hübsch gewachsene, blauäugige Irin namens Seneca, die mit tiefer, dramatischer Stimme Gedichte aufsagte. Nie erlebte ich etwas dergleichen bis zu dem Tage, wo ich Barrymore den Monolog aus »Hamlet« sprechen hörte. Ihr schwingender Alt, zusammen mit ihren übrigen Reizen, bezauberte mich ... bis ich eines Tages entdeckte, daß sie eine Schwäche für Mädchen hatte, und das war das Ende der Lyrik und des Fräulein Seneca.

Mein übriger Unterricht schien ziemlich zwecklos zu sein. Algebra und Geometrie waren Werkzeuge des Teufels, nur dazu erfunden, dummen kleinen Jungen das Leben sauer zu machen.

Als ich eines Tages die Schule schwänzte, kam das Glück meines Weges. Ich las in der Morgenausgabe der »Welt« eine Anzeige: *Sängerknabe für große Varieté-Nummer gesucht. Kost und Logis sowie vier Dollar Wochengage.*

Einem Knaben, dessen Taschengeld alle sieben Tage fünf Cent betrug, kamen vier Dollar wie ein Schlüssel zur Münzstätte vor. Sie bedeuteten auch das Ende der Schule. Also zog ich meinen besten Anzug an – der auch mein schlechtester war und der einzige, den ich besaß –, bestieg eine Straßenbahn, kletterte eine knappe Stunde später fünf Treppen hoch und klopfte an die Türe der schmutzigsten Wohnung, die ich jemals gerochen hatte.

Die Türe öffnete sich, und ein Mann mittleren Alters mit Hakennase, der einen blauen Kimono trug und einen Anflug von roter Schminke auf den dünnen Lippen hatte, ließ mich ein. Ich verkündete ihm, ich hätte die Anzeige gelesen, ich sei ein Sängerknabe. »Geh aufs Dach hinauf«, sagte er, »ich komme gleich nach.«

Als ich dort oben anlangte, stellte ich fest, daß schon ungefähr dreißig Buben vor mir angekommen waren. Einige trugen Tanzholzschuhe (oder Steppschuhe, wie man sie heute nennt), und da es ein Blechdach war, klang das vereinte Getrampel wie knatternde Feldartillerie.

Robin Larong – so hieß nämlich der Herr im wettergegerbten Kimono – erschien schließlich. Mit einer Stimme, die beträchtlich höher lag als beim durchschnittlichen Mann, erklärte er, er habe sich für eine Varieté-Tournee verpflichtet und brauche einen guten Sängerknaben sowie einen Jungen, der tanzen könne. Zum Glück hatten sich nur drei Sänger eingefunden. Die übrigen waren Hopser von unterschiedlichem Können. Unter den Tänzern wählte er zum Schluß einen kräftigen Jungen aus, der östlich von der Fünften Avenue zu Hause war und Johnny Morton hieß. Nachdem ich *Love Me and the World Is Mine* gesungen hatte, lächelte er mich an, wies mit herrischem Finger auf die andern und schrillte: »Hinaus mit euch!«

Ich war damals fünfzehn Jahre alt und wußte von der Welt ungefähr so viel wie das durchschnittliche zurückgebliebene achtjährige Kind. Ich fragte: »Wohin gehen wir, Herr Larong? Und wann fangen wir an?«

Er antwortete, die Premiere fände in Grand Rapids statt, und von da ginge es nach Denver. Andere Orte erwähnte er nicht, und ich erkundigte mich auch nicht weiter. Er hatte gesagt, er habe sich für eine erstklassige Varieté-Tournee verpflichtet, und meines Wissens dauerte eine Tournee zwei Wochen. Für mich galt nur, daß ich der Artistenwelt angehörte! Das Theater rief mich, und ich war bereit, dem Ruf zu folgen.

Es beunruhigte mich ein wenig, wie die Ankündigung meiner Abreise zu Hause aufgenommen werden würde. Ich stellte mir eine sorgengebeugte Familiengruppe vor, oder wenn auch nicht gerade gebeugt, so doch zumindest betrübt über meinen Weggang. Nicht nur gab es weder Sorgen noch Kümmernisse, sondern meine Ankündigung schien alle in einen Freudenzustand zu versetzen, den ich erst wieder etliche Jahre später am Waffenstillstandstag erlebte. Wären sie auf der Straße gewesen, so hätten sie bestimmt getanzt und den Hut in die Luft geworfen. Eine fröhliche Karnevalsstimmung schien die ganze Familie zu erfassen, und alle wollten lediglich wissen, wie bald ich aus dem Hause sein würde. Überdies deuteten sie an, daß es auch ganz recht wäre, wenn ich überhaupt nicht wiederkäme.

Die Proben dauerten ungefähr zwei Wochen. Da Larong nur ein einziges Zimmer bewohnte, probten wir auf dem Dach. In der Augustsonne fühlte sich das Blechdach unter unseren Füßen wie ein rotglühender Ofen an, aber wir waren jung, von Begeisterung erfüllt und bereit, fürs Theater alles und jedes zu erleiden. Die Nummer stand endlich, und wir waren für den Thespiskarren bereit.

Beim Abschied weinte meine Mutter ein bißchen, doch der übrigen Familie schien es keine große Mühe zu bereiten, Selbstbeherrschung zu wahren. Als Abschiedsgeste, gerade als ich aus dem Haus ging, biß mich der Hund.

Mein Gepäck bestand aus einem Pappkoffer und einer Schuhschachtel mit Pumpernickel, Bananen und hartgekochten Eiern. Eier müssen in jenem Jahr billig gewesen sein, denn nie sah ich so viele in einer einzigen Schachtel. Ich fuhr zwar nur bis Grand Rapids, aber die Eier hätten für den ganzen Weg bis San Franzisko gereicht.

Was Chico und Harpo anbelangte, so waren sie älter als ich und viel zu beschäftigt, um etwas so Triviales wie meine Abreise zu beachten. Harpo hatte gleich nach der Abschlußfeier im Kindergarten die Schule aufgegeben und heimste jetzt drei Dollar in der Woche ein, indem er den wohlhabenderen Familien in unserer Gegend Fleisch und Gemüse ablieferte. Chico, der einzige der Brüder Marx, der die Volksschule ganz durchlief, schlug aus seiner Bildung guten Nutzen. Er war jetzt an der Neunundneunzigsten Straße im Elendsviertel von Harlem in einem beliebten Spielsalon als Anreißer angestellt.

Jedenfalls war ich beim Theater, wenn es auch nur für zwei Wochen sein sollte. Unsere Nummer hieß »Trio Larong«. Um sicherzugehen, daß das Publikum uns erkannte, hatte uns Larong für die Straße mit Pagenkostümen und passenden Kappen ausgestattet, die wie runde Pillenschachteln aussahen, und auf denen der Name TRIO LARONG in goldenen Buchstaben flammte. Als ich ihn nach dem Grunde fragte, sagte er, das sei eine glänzende Reklame für die Nummer, da wir auf der Bühne dasselbe Kostüm tragen würden. Mir war es gleich. Er hätte mich in ein Bärenfell hüllen können, und ich wäre glücklich gewesen. Was ich auch trug, es war eine Verbesserung gegenüber meinen gewöhnlichen Straßenkleidern. Außerdem bewirkte diese Tracht, daß die Leute mich anstarrten. Und ich stellte fest, daß mir das gefiel. Zum erstenmal in meinem Leben kam ich mir nicht wie eine Null vor. Ich gehörte zum Trio Larong. Ich war Bühnenkünstler. Mein Traum hatte sich verwirklicht.
Ich wußte nicht, was für Fahrkarten Larong genommen hatte, und da ich noch nie mit der Eisenbahn gefahren war, wußte ich nicht, was mir bevorstand. Wenn der Zug einen Pullmanwagen hatte, so erfuhren wir es nie. Das trifft auch auf den Speisewagen zu. Aber ich war fünfzehn Jahre alt und hätte auf einer Fahnenstange schlafen können. Es dauerte drei rußige Tage, bis wir Grand Rapids erreichten, doch da hatte ich immer noch sechs Eier in meiner Schuhschachtel.
Nun sollte ich wohl die Nummer beschreiben, die den ahnungslosen Einwohnern von Grand Rapids aufgehalst wurde. Beim Aufgehen des Vorhangs standen wir alle drei auf der Bühne, bekleidet mit kurzem Rock, Seidenstrümpfen, Schuhen mit hohen Absätzen und großem Flatterhut à la Lustige Witwe. So etwas sah man damals im Varieté ziemlich häufig. Wir drei sangen ein Lied, das folgendermaßen anfing:

Wo bleibt denn heute nur die Post,
Bis jetzt hat sie noch nichts gebracht;
Ich sehne mich nach einem Brief
Und träume von ihm Tag und Nacht.

An den Rest dieses klassischen Liedes erinnere ich mich nicht, aber der Sinn bestand darin, daß der Wartende von einer Frau namens Liza unterstützt wurde, und aus irgendeinem Grunde war sein wöchentlicher Scheck nicht angekommen. Ich weiß nicht, wie Liza ihr Geld verdiente, doch nach dem Text des Liedes zu urteilen, ging das Geschäft in dem Hause, wo sie wohnte, nicht allzu gut. Es lag klar zutage, daß ihr Haus kein gemütliches Familienheim war. Es gibt eine Bezeichnung für einen Mann, der sich von dieser Frauengattung erhalten läßt, aber darauf will ich mich hier nicht einlassen. Jedenfalls war dies das Lied. Es hätte vielleicht einen Sinn gehabt, wenn es von einem Mann gesungen worden wäre, und ich bin sicher, daß sich die Zuschauer über die drei Männer in Damenkleidung, die da die traurige Geschichte von Liza und ihrem bankrotten Liebhaber wehklagten, sattsam wunderten.

Wie alle Lieder endete das Lied schließlich, und ich legte schnell den Rock, die Stöckelschuhe und den Flatterhut ab. Dann erschien ich wieder im Kostüm eines Chorknaben und sang einem stillen Hause »Jerusalem, öffne deine Tore und singe« vor. Der einzige, der Beifall klatschte, war ein religiöser Fanatiker. Offenbar stand er unter dem Eindruck, dieses Lied hätte irgendwelche geheiligte Bedeutung, denn er sprang auf seinen Sitz und rief: »Halleluja!« Daraufhin eilte der Theaterdirektor, offenbar ein Atheist, durch den Zuschauerraum und warf ihn hinaus. Als nächster stolzierte Johnny heraus und vollführte seinen Stepptanz. Leider flog ihm bei einem beschwingten Schritt der Schuh weg und traf eine Dame im Zuschauerraum. Am Schluß unseres Engagements zog uns der Direktor zehn Dollar von der Gage ab, mit der Erklärung, er müsse das Geld der Dame geben, die mit einer Schadenersatzklage gedroht habe.

Nach diesem Mißgeschick glitt Larong auf die Bühne, angetan mit einem tiefausgeschnittenen Abendkleid, vollständig mit Schleppe, und sang Victor Herberts *Kiss Me Again*, während der Scheinwerfer auf einem kahlköpfigen Mann im Zuschauerraum spielte. Larong beschloß die Nummer im Kostüm der Freiheitsstatue mit einer Fackel in der Hand. Morton und ich waren als Revolutionssoldaten kostümiert, die die Freiheit vor unsichtbaren Feinden bewachten. Die unsichtbaren Feinde entpuppten sich als unsere Zuschauer, und nur die Tatsache, daß das Theater zu dieser Zeit beinahe leer war, bewahrte uns vor dem Schicksal, gesteinigt zu werden.

Auf der Fahrt nach Grand Rapids hatte uns Larong gesagt, daß wir vorläufig nur in Grand Rapids und dann je drei Tage in Victor und in Cripple Creek im Staate Colorado engagiert wären; aber er weissagte zuversichtlich, daß wir mit Angeboten überschüttet würden, wenn die Nachrichten über unsere Nummer erst einmal zu der Agentur in New York gelangten. Anscheinend waren die Nachrichten tatsächlich zur Agentur gelangt, denn wir erhielten noch immer keine weiteren Angebote.

Wir traten in Victor und Cripple Creek auf, ohne getötet zu werden. Nach der letzten Vorstellung in Cripple Creek kehrte ich in unsere Pension zurück, um Larong nach unseren Zukunftsplänen zu fragen, doch diese Absicht ließ sich nicht ausführen, denn der Meisterartist hatte hastig seinen blauen Kimono, sein Abendkleid und seine Wimperntusche zusammengepackt und sich aus dem Staube gemacht – er ward nie mehr gesehen.

Ich suchte dann den Jünger der Terpsichore, Johnny Morton, aber er war ebenfalls verschwunden. Als Abschiedsgeste des guten Willens hatte er meine Zweiwochengage mitgenommen, bestehend aus acht Dollar, die ich klugerweise unter der Matratze verstaut hatte. Auch mein zweites Paar Socken hatte er mitlaufen lassen.

Wenn ich mir jemals Gedanken gemacht hatte, wie eine fürchterliche Klemme beschaffen ist, so erlebte ich es jetzt am eigenen Leib. Kein Geld, keine Arbeit, ein Mindestmaß an Begabung und fern, fern der Heimat. Es hätte keinen Zweck gehabt, meine Eltern schriftlich um Geld zu bitten. Sie besaßen ja auch nichts.

Als ich in die Pension zurückkehrte, lauerte mir die Wirtin, eine freundliche alte Hexe, im Hinterhalt auf. Sie nagelte mich sofort mit der Frage fest: »Wo ist mein Geld?«

Ich erzählte ihr die traurige Geschichte vom Durchbrennen meines Arbeitgebers und erklärte ihr, daß Johnny Morton mich allein und entblößt zurückgelassen hatte.

»Junge«, sagte sie und durchbohrte mich mit ihrem einen normalen Auge, »ich lasse dir achtundvierzig Stunden Zeit; wenn du mir dann nicht anderthalb Dollar für vier Tage Miete bringst, setze ich dich auf die Straße.« Schnaubend fügte sie hinzu: »Noch nie habe ich einen Schauspieler kennengelernt, der kein Gauner war!«

Wenn sie das für eine Beleidigung hielt, so verschwendete sie ihren Atem. Es geschah zum erstenmal, daß ich Schauspieler genannt wurde, und daraus konnte ich nur ersehen, daß sie unsere Darbietung im Theater nicht erlebt hatte. Die Tatsache, daß sie mich auch als einen Gauner bezeichnete, spielte keine Rolle.

Larong hatte bei seiner Flucht vergessen, mein Pagenkostüm mitzunehmen. Das Glück war mir hold. Während ich ziellos umherwanderte, wobei ich überlegte, was ich tun sollte, fand ich ein kleines Hotel, wo ich in der Halle einen echten Pagen erspähte. Nach langem Schachern kaufte er das Kostüm für drei Dollar. Ich verlangte vier Dollar, aber er wies darauf hin, daß es mindestens einen Dollar kosten würde, die goldenen Buchstaben »Trio Larong« von der Kappe zu entfernen und sie durch den Namen des Hotels zu ersetzen. Jedenfalls besaß ich nun drei Dollar, genügend Geld, um die Wirtin abzuwimmeln und etwas zu essen. Nun fehlte mir nur noch eine Anstellung.

Es tat mir leid, mich von dem Pagenkostüm trennen zu müssen. Solange ich es getragen hatte, mit dem Namen »Trio Larong« an der Kappe, war ich ein wandelnder Beweis für die Tatsache gewesen, daß ich dem Theater angehörte. In meinen gewöhnlichen Kleidern war ich bloß ein armer junger Arbeitsloser.

Am folgenden Tage sah ich ein Schild: »Gesucht ein erfahrener Bursche, der einen Gemüsewagen zwischen Cripple Creek und Victor fahren kann. Muß im Umgang mit Pferden Bescheid wissen.« Da ich auf der Insel Manhattan geboren und aufgewachsen war, hatte ich nie andere Pferde kennengelernt als diejenigen auf den Karussellen in Coney Island. Angesichts dieser zweifelhaften Erfahrung gab mir nur der Gedanke an mein dahinschwindendes Geld den Mut ein, hineinzugehen und mich um den Posten zu bewerben.

Der Besitzer des Gemüseladens, ein großer totenblasser Spitzbube, war damit beschäftigt, einem Kunden das Wechselgeld herauszugeben, und beachtete mich kaum. Endlich wandte er sich mir zu und fragte unwirsch: »Kommst du wegen der Anstellung?«

Ich nickte nachdrücklich.

»Verstehst du etwas von Pferden? Schon mit ihnen zu tun gehabt?«

»O ja«, log ich. »Ich war mein ganzes Leben lang mit Pferden zusammen. Ich bin in Montana auf einer Ranch aufgewachsen.« Da er immer noch einige Zweifel zu hegen schien, fügte ich flugs hinzu: »Beim Junioren-Rodeo in Cheyenne habe ich den ersten Preis gewonnen!«

Das muß ihn überzeugt haben. Mit einer Daumenbewegung knurrte er: »Geh da hinten hinaus. Du findest dort zwei Pferde. Spann sie an und bring diese Kartoffeln nach Victor. Ich zahle dir fünf Dollar in der Woche – und wenn ich dich beim Stehlen im Laden ertappe, ziehe ich dir die Lebensmittel am Lohn ab und verprügle dich außerdem nach Noten!«

Später im Leben, als ich zu lesen begann, fand ich diese Gestalt in vielen Geschichten von Dickens wieder.

Wenn man an Pferde nicht gewöhnt ist, kann sogar ein zahmer Gaul recht ungestüm aussehen. Hinter dem Laden fand ich die größten Tiere vor, die ich jemals gesehen hatte. Zuerst hielt ich sie für Elefanten. Sie stampften den Boden, schüttelten die Mähne, entblößten die Zähne und hatten den bösartigsten Ausdruck diesseits von Fu Manchu. Sicher bildete ich es mir nur ein, aber das eine sah meiner Wirtin so ähnlich, als ob es mit ihr blutsverwandt wäre. Als ich mich schüchtern näherte, bäumte sich der Verwandte meiner Wirtin auf und wieherte laut. Da lernte ich den Angstschweiß kennen. Ich fühlte ihn aus jeder Pore dringen und über meinen schaudernden Rücken rinnen.

Abgesehen von meiner Angst vor den Pferden hatte ich keine blasse Ahnung, wie man so ein Tier anschirrte. Ich kam schließlich nahe genug heran, um dem einen Gaul die Zügel überzuwerfen, aber er bäumte sich und schüttelte sie ab. Ich fürchtete mich immer noch, aber ich wurde allmählich auch verzweifelt. Es ging darum, entweder diese Pferde anzuspannen oder im Hinterhof eines Gemüseladens zu verhungern. Nach einer Weile kam der Besitzer heraus.

»Was tust du hier?« fragte er. »Ich dachte, ich hätte dich nach Victor geschickt. Wieso spielst du herum, anstatt die Pferde anzuspannen?«

»Sie müssen die Pferde anspannen«, erwiderte ich. »Ich weiß nicht, wie man das macht.«

»Sagtest du nicht, du wärst in Montana auf einer Ranch aufgewachsen?« brüllte er.

»Ja«, räumte ich zitternd ein, »aber wir hatten nur Reitpferde.«

Hierauf stakste er herbei, spannte flink die Viecher an, jagte mich auf den Bock hinauf, klapste das eine Pferd auf die Kruppe und rief: »Hü!« Die Pferde rasten los, und weg waren wir. Der Weg nach Victor führte durch die zwei Straßen von Cripple Creek, die zu dieser Stunde glücklicherweise menschenleer waren. Ich versuchte meine Rosse zu einer langsameren Gangart zu bewegen, aber das war ein hoffnungsloses Unterfangen. Wir gelangten dann auf eine schmale Bergstraße, auf der die Pferde in wildem Galopp um die Kurven sprengten. Ich schaute starr geradeaus. Ich hatte schon einen schnellen, unruhigen Blick seitwärts geworfen, weil ich daran dachte, abzuspringen, aber da konnte ich nichts anderes sehen als einen schroffen Abgrund von vierzehnhundert Meter Tiefe. Verzweifelt bemühte ich mich, das Tempo zu verlangsamen, aber anscheinend hatten sich die Pferde tagelang nicht mehr bewegt, und so sprühten sie vor Temperament.

Ich glaube, ich hatte einfach Glück. Als wir in die Hauptstraße von Victor karjolten, wieherte das eine Pferd laut, stolperte sekundenlang – entweder aus Müdigkeit oder aus Überanstrengung – und fiel dienlicherweise tot um. Ich sprang vom Wagen, warf einen einzigen Blick auf das Unglück und lief nach Cripple Creek zurück. Völlig außer Atem kam ich in der Pension an, und dort versteckte ich mich, bis mir meine Mutter genügend Geld für die Heimfahrt schickte. Ich weiß nicht, woher sie es nahm, vermute nur, daß sie einen meiner Brüder verpfändete.

Nach meiner Rückkehr aus Cripple Creek betrachtete ich mich als vollflüggen Bühnenkünstler. Freilich war ich engagementslos, aber das war beim Theater ein Ehrenzeichen. Meine Mutter geriet über meinen Erfolg so aus dem Häuschen, daß sie die Hausarbeit meinem Vater übergab und mit mir von Agentur zu Agentur hausieren ging. Das war keine leichte Aufgabe. Manchmal wurde ich in einem Biergarten angestellt, wo ich als Bänkelsänger auftrat. Zu meinem Glück kam ich erst spät abends an die Reihe. Inzwischen war der Wirt vom Bier so benebelt, daß er meinen Gesang nicht allzusehr beachtete. Ich weiß noch, der Titel eines Liedes lautete: »Unter dem alten Kastanienbaum, holde Estelle«. Obwohl ich es damals nicht ahnte, war dies ein Vorgeschmack der Witze, die ich später im Leben zu erzählen hatte.

In einer Theateragentur lernte meine Mutter eines Tages eine sehr schöne Engländerin namens Irene Furbelow kennen. Sie sagte, sie sei eine berühmte Londoner Schauspielerin und habe eine so sehenswerte Nummer auf Lager, daß die Leute in England den größten Teil ihrer Zeit damit verbrächten, ihr mit erstklassigem Sekt zuzuprosten. Sie brauche einen jungen Sängerknaben, fügte sie hinzu, einen, der das Publikum unterhalten könne, während sie ihr Kostüm wechselte. Sie hatte für sieben Wochen beim »Interstate Circuit« abgeschlossen und bot mir eine Wochengage von fünfzehn Dollar an. Das war eine ganz schöne Steigerung seit meiner ersten Gage, und als ich Irene sah, griff ich sofort zu. Ich hätte auch gern nach ihr gegriffen, aber ich war erst fünfzehn, und sie war dreiundzwanzig Jahre alt, und ich erkannte, daß wir bei meiner Gage niemals zusammen glücklich sein könnten.

Die Tournee des »Interstate Circuit« umfaßte die meisten großen Städte in Texas und Arkansas. Nach zweiwöchigen Proben mit der entzückenden, reizvollen Irene lag es ziemlich klar zutage, daß sie sogar noch unbegabter war als ich.

Nach dem üblichen Abschied von der Familie, von dem niemand ein Aufhebens machte, saß ich in einem der staubigen Züge, die sowohl Güter als auch Personen beförderten und damals widerwillig zwischen New York und Texas hin- und herratterten. Unser Ziel war Hot Springs. Wie zuvor war ich mit der unvermeidlichen Schuhschachtel bewaffnet, deren Inhalt aus hartgekochten Eiern und Pumpernickel bestand. Aber diesmal hatte meine Mutter in der Erkenntnis, daß ich kein Amateur mehr war, die Bananen weggelassen und drei Orangen hineingetan.

Zu jener Zeit blieb das Ensemble auf einer Tournee beisammen. Wie bei den meisten Varietés hatten wir die übliche Zahl von Schauspielern, Akrobaten, Sängern und Tänzern. Die Hauptperson war ein großer, dunkler Neapolitaner namens Professor Renaldo. Er hatte fettiges Haar, einen gewichsten Schnurrbart und führte eine Tiernummer vor. Er hatte auch eine Gattin, die er mit großer Sorgfalt versteckte. Das konnte ich dem Professor nicht verargen. Sie war ein Meter fünfzig groß, brachte die Schale der Waage bei zweihundert zum Sinken und hatte fast so lange Schnurrbarthaare wie die Löwen. Die meiste Zeit verbrachte sie hinter der Bühne in der Dunkelheit, wo sie mit den großen Katzen gurrte, als ob es Säuglinge wären. Sie erzählte mir eines Tages, sie dürfe nicht verraten, daß sie Renaldos Frau war. Wenn sie gefragt würde, müsse sie sagen, sie sei seine Schwester. Wenn man wüßte, daß er verheiratet war, hatte er ihr erklärt, verliere er an romantischem Reiz.

Renaldos Spezialität bestand darin, nachlässig in einen Käfig voller knurrender afrikanischer Löwen zu schlendern, nur mit einer Pistole, einer

Peitsche und einem Stuhl ausgerüstet. Nach gewaltigem Peitschenknallen vollführten dann die Löwen müde ihre paar schwachen Kunststücke. Sowie Irene Furbelow ihn erblickte, erkannte ich, daß mein Verhältnis mit ihr, das immer noch in hoffnungsvollem Schwebezustand war, ein jähes Ende gefunden hatte. Sie verfiel ihm, als ob er der letzte Löwenbändiger auf Erden wäre. Unsere Nummer hieß »Der Kutscher und die Dame«. Der Leser darf einmal raten, wer der Kutscher war. Ich war es, bekleidet mit einer roten Jacke mit Messingknöpfen, weißen Hosen, die in roten Stiefeln staken, und einem gelben Zylinder mit einer Kokarde auf der einen Seite.

Die Premiere verlief ereignislos. Am zweiten Abend, gerade während Fräulein Furbelow und ich unser großes Duett trällerten, brachen zwei Löwen aus, als die Raubtiere vom großen Bühnenkäfig in ihre Einzelkäfige übergeführt wurden. Der eine Ausreißer ließ sich durch unseren Gesang nicht beirren, sondern schritt aus der Kulisse mitten auf die Bühne und brüllte das Publikum zornig an. In dreißig Sekunden war der Saal leer. Fräulein Furbelow und ich rannten in panischer Angst nach dem nächsten Zufluchtsort, der sich als die Herrentoilette entpuppte. Ich war schreckerfüllt und verwirrt, aber glücklich, denn zum erstenmal seit meiner Bekanntschaft mit Irene hatte ich sie ganz für mich allein. Traurig, aber wahr, so nahe kamen wir uns nie wieder.

Der Professor lockte die ausgerissenen Löwen endlich wieder in ihre Käfige. Es war viel schwieriger, das Publikum ins Theater zurückzulocken. Nicht wegen der Löwen, sondern weil man befürchtete, daß Fräulein Furbelow und ich unser Duett fortsetzen würden.

Mittlerweile ging ich mit dem Geld vorsichtiger um. Während die Wochen verstrichen, sparte ich täglich den größten Teil meiner Gage für die Zeit, wenn die Tournee ihr Ende fand. Ich verwahrte mein Geld in einem Beutel, den man »Grouch«* nannte. Das war ein kleiner Beutel aus Sämischleder, den Artisten um den Hals zu tragen pflegten, um zu verhindern, daß ihnen der Zaster von gierigen Kollegen stibitzt wurde. Natürlich wird man nun denken, daß ich deshalb meinen Spitznamen bekam. Aber dem ist nicht so. Grouchbeutel wurden auf Männerbrüsten getragen, lange bevor es einen Groucho gab.

Die Dinge wickelten sich ereignislos ab, bis wir nach Waco in Texas gelangten, dem Ende der Tournee. Dort gab mir Fräulein Furbelow am letzten Abend meine Rückfahrkarte nach New York und brannte mit dem Löwenbändiger durch, der seine Frau und die Löwen zurückließ. Es betrübte mich, Fräulein Furbelow nicht mehr sehen zu können, aber es war tröstlich, daß ich diesmal mit einem beträchtlichen Geldbetrag heim-

* Grouch = Griesgram

kehrte. Im Zug fühlte ich mich sicher und glücklich. Immerzu streichelte ich meinen Beutel liebevoll. Am zweiten Tag beschloß ich, ihn zu öffnen und einen Blick auf meinen Heckpfennig zu werfen. Statt der fünfundsechzig Dollar, die ich heimzubringen gedachte, fand ich nur eine zusammengefaltete alte Zeitung. Da ich ein ritterlicher Ehrenmann der alten Schule bin, will ich nicht behaupten, daß Fräulein Furbelow meine Ersparnisse mauste. Ich will nur sagen, daß sie als einzige wußte, wo ich das Geld aufzubewahren pflegte.

Nun hatte ich einen leeren Beutel und einen noch leereren Magen. Zu meinem Glück fuhren mehrere nette alte Damen mit mir, die wunderbare Taschen mit wunderbaren Bananen und hartgekochten Eiern mitgenommen hatten. Vermutlich war ich in diesem Alter noch viel hypnotischer und faszinierender als heute, denn bei meiner Ankunft in New York wog ich acht Pfund mehr als bei der Abreise.

Zwei Schlappen hatte ich beim Theater erlitten und nichts weiter aufzuweisen als meine unerwiderte Liebe zu Fräulein Furbelow und eine Magenerweiterung, die mir die vielen verzehrten Bananen beschert hatten.

Eines Tages sagte mein Vater zu mir: »Wie lange willst du dich eigentlich noch im Hause herumtreiben? Deine Brüder arbeiten. Wieso du nicht auch? Harpo ist in einer Metzgerei tätig, und Chico spielt in einem Kinematographen-Theater Klavier. Warum suchst du dir nicht auch eine regelmäßige Arbeit, oder willst du dein Leben lang ein Nichtsnutz bleiben?«

Als meine Mutter eines Abends von ihrer täglichen Runde bei den Theateragenturen nach Hause kam, teilte sie mir mit, daß Heppner einen Jungen suchte.

»Ist es ein Engagement beim Theater?« fragte ich eifrig.

»Ja, in gewisser Weise«, antwortete sie. »Heppner ist der größte Theaterfriseur in New York. Er macht Perücken für die meisten Prominenten am Broadway. Wenn du bei ihm arbeitest, wirst du dir mit der Zeit bestimmt gute Beziehungen zum Theater verschaffen.«

»Wieviel bezahlt er mir?« forschte ich.

»Drei Dollar wöchentlich«, sagte sie.

»Mama, das ist ja weniger, als ich beim Trio Larong bekam!«

Meine Mutter sagte: »Greif zu! Es ist eine goldene Gelegenheit, die Prominenten kennenzulernen.«

Ich sprach mit Heppner, und er stellte mich an. Fünf Minuten später drückte er mir zwei große Zwanzig-Liter-Blechkanister in die Hände und sagte: »Geh zur Zehnten Avenue hinüber und laß die Kannen mit Petroleum füllen. Wenn du zurückkommst, trägst du sie auf den Hof, gießt etwas Petroleum in eine Schüssel und reinigst diese Perücke.«

»Herr Heppner«, erwiderte ich, »ich bin Schauspieler.«

»Dummes Zeug«, gab er zurück, »du bist viel zu klein, um Schauspieler zu sein.«

Anscheinend hatte er noch nie die Singer's Midgets, Mickey Rooney oder Tiny Tim gesehen. Ich ließ nicht locker: »Ich sage Ihnen, ich bin Schauspieler. Ich habe gerade eine Tournee mit der berühmten englischen Schauspielerin Irene Furbelow gemacht.«

»Nie von ihr gehört«, versetzte er. »Wenn sie etwas taugte, würde sie ihre Perücken hier reinigen lassen.«

»Sie trägt keine Perücke«, erklärte ich hitzig. »Sie ist eine junge, schöne Frau und hat eigenes Haar!«

Heppner tat das Gespräch mit einem Schulterzucken ab. »Wenn sie keine Perücke trägt, kann sie keine gute Schauspielerin sein. Geh und hol das Petroleum.« Als ich mich niedergeschlagen abwandte, fügte er hinzu: »Mach dir keine Sorgen, hier wirst du alle Sterne kennenlernen.«

Nach vier Wochen hatte ich keine anderen Sterne zu sehen bekommen als diejenigen, die abends am Himmel erschienen, während ich draußen auf dem bitterkalten Hof Schminke aus den Perücken wusch.

Eines Tages rief mich Heppner aufgeregt in den Laden. Zum erstenmal durfte ich diese geheiligten Gefilde betreten. Er steuerte mich zu einer Kabine hinüber und wies auf einen älteren Herrn, der dort saß. Er hatte eine weiße Perücke auf dem Kopf, die soeben von einem Gehilfen auffrisiert wurde. Mit ehrfurchtsvoller Stimme flüsterte Heppner: »Das ist Jacob Adler, der berühmte jüdische Schauspieler von der Ostseite.« Dann tätschelte er mir den Kopf und sagte: »Mein Junge, bleib du bei mir, arbeite fleißig und lerne das Gewerbe, und eines Tages wirst du ihm vielleicht die Perücken machen.«

Sowie ich an diesem Samstag meinen Wochenlohn eingesackt hatte, kündigte ich. Im ganzen war ich sieben Wochen dort gewesen und hatte nichts anderes zu sehen bekommen als einen schmutzigen Hof, einige noch schmutzigere Perücken und sekundenlang ein Stückchen von Jacob Adler.

Siebentes Kapitel

Der erste Akt ist der schwerste

Das Tempo auf meiner Bühnenlaufbahn hatte sich zu einem Kriechen verlangsamt. Chico und Harpo blühten und gediehen in ihrem Beruf. Ich kam überhaupt nicht vorwärts.

Chico konnte jetzt dank Mutters Hartnäckigkeit ein einigermaßen erkennbares Stück auf dem Klavier klimpern. Sein Repertoire, das zwar nicht ganz so umfassend war wie dasjenige von Horowitz oder Rubinstein, ersetzte durch Fortissimo, was ihm an Genauigkeit fehlte. Zum Glück fiel es dem ungeschulten Durchschnittsohr schwer, zwischen den ursprünglich vom Komponisten geschaffenen Melodien und dem Geklimper zu unterscheiden, das aus dem Instrument hervordrang, wenn Chico am Steuer saß.

In diesem Sommer war er in einem mottenzerfressenen Hotel in Asbury Park im Staat New Jersey als Klavierspieler engagiert worden. Hätte die Anstellung einzig und allein von seinem Klavierspiel abgehangen, so wäre er sicher entlassen worden. Aber dieser Posten erforderte zwei Talente. Tagsüber mußte er am Strand als Lebensretter patrouillieren. Abends mußte er in dem muffigen Speisesaal sitzen und die Gäste durch die Zauberkraft seines Klavierspiels von dem Schlangenfraß ablenken, der ihnen aufgetischt wurde.

Mittlerweile hat der Leser wahrscheinlich gemerkt, daß die Brüder Marx geborene Lügner waren. Man darf uns nicht zu hart beurteilen, nur weil wir schon früh im Leben entdeckt hatten, daß standhaftes und beharrliches Lügen die einzige Möglichkeit der Lebenserhaltung war. Darum blickte Chico dem Hotelbesitzer, als er gefragt wurde, ob er gut genug schwimmen könne, um sich als Lebensretter zu betätigen, gerade in die Augen und antwortete stolz, er sei erst im vorigen Jahr Kapitän der Schwimmermannschaft des Jüdischen Vereins Junger Männer in Yorkville gewesen. Daran war etwas Wahres. Er unterschlug nämlich, daß er sich nur im Hundert-Meter-Schwimmen auszeichnete und nach hundert Meter vollständig verloren war.

Chico bekam die Anstellung und patrouillierte getreulich am Strand, stets bereit, jeglichen Schwimmer in Not zu retten – im Umkreis von hundert Meter. Ein Gast, der tollkühner war als die übrigen und von Chicos Begrenzung nichts ahnte, geriet ungefähr zweihundert Meter vom Ufer entfernt in Not. Natürlich rief er um Hilfe. Chico, kein Feigling – aber auch kein Narr – gab sich den Anschein, als wäre er eifrig damit beschäftigt, für einen kleinen Jungen am Strand einen Sandtunnel zu bauen. Die Rufe wurden immer schwächer. Chico buddelte weiter.

Schließlich kam der Hotelbesitzer, die Aufregung wahrnehmend, herbeigerannt und warf seinen Lebensretter buchstäblich in die Brandung. Als sich Chico zwischen dem Hotelbesitzer und dem tiefen blauen Meer sah, schwamm er tapfer zu dem Ertrinkenden hinaus und packte ihn vorsichtig an der Kehle – auf echte Lebensretterweise. Worauf beide zu ertrinken begannen. Hätte sich am Nachbarstrand kein aufmerksamer Lebensretter mit schnellem Boot befunden, so wäre es mit Chico zu Ende gewesen. Wie sich herausstellte, war es mit Chicos Arbeit zu Ende. An diesem Abend saß im Speisesaal ein neuer Klavierspieler, und am folgenden Morgen stolzierte am Strand ein neuer Lebensretter.

Ungefähr zur gleichen Zeit fand Harpos Traum, ein wohlhabender Metzger zu werden, ein jähes Ende. Es war seine Gewohnheit gewesen, manchmal ein Würstchen zu knabbern, wenn er Frankfurter abzuliefern hatte. Eigentlich weniger aus Hunger, sondern hauptsächlich aus Langeweile. Eines Tages, als ihn seine Laufbahn und die Hoffnungslosigkeit, jemals ein Metzgermeister zu werden, noch mehr niederdrückten als sonst, verlor er plötzlich die Besinnung, während er einer Frau Fuchtwanger ein Dutzend Frankfurter Würste ablieferte, und verzehrte in einem Anfall der Verzweiflung sämtliche zwölf Frankfurter besagter Frau Fuchtwanger.

Ich weiß nicht, was die Fuchtwangers an jenem Abend auf dem Tisch hatten, aber am folgenden Morgen stürmte Herr Fuchtwanger in Reiners Metzgerladen und verlangte zu wissen, was mit seinen Würsten geschehen sei. Zu Harpos Pech schlenderte mein Bruder gerade in diesem Augenblick in den Laden, um seine tägliche Schinderei anzutreten. Reiner gab Fuchtwanger unter vielen Entschuldigungen ein Dutzend neue Frankfurter und drehte sich dann zu Harpo um, der von dem Gewitter, das sich da zusammenbraute, in holder Ahnungslosigkeit nichts merkte. Reiner fuchtelte ihm drohend mit dem Finger vor der Nase herum und trieb ihn in einen Winkel. »Du Halunke, du! Wo sind die Frankfurter, die du gestern Frau Fuchtwanger abliefern solltest?«

»Herr Reiner«, antwortete Harpo tapfer, »ich kann nicht lügen. Ich habe sie gegessen.«

Reiner überreichte Harpo zwei Dollar und elf Cent mit der Erklärung, daß er den Betrag für das Dutzend Würste von seinem Drei-Dollar-Wochenlohn abgezogen habe. Mit traurigem Kopfschütteln fügte er hinzu: »Ich wußte immer, daß du ein bißchen gemaust hast, aber wenn du die ganze Bestellung aufißt, kann man dir nicht vertrauen.« Er hängte dann ein Schild LAUFBURSCHE GESUCHT ins Fenster und warf Harpo hinaus.

Harpo hatte keine Mühe, neue Arbeit zu finden. Am folgenden Tage entdeckte er in der Zeitung ein Stellenangebot, und ein paar Stunden später war er Page in einem sehr vornehmen Hotel im Bezirk von Murray Hill. Der Direktor sagte Harpo, sein Wochenlohn betrage zwei Dollar, also einen Dollar weniger als in der Metzgerei. Aber wenn sich Harpo geschickt anstelle und die Augen offen halte, könne er viele dicke Trinkgelder einheimsen. Zum Beispiel wohne Cecilia Langhorne, die berühmte englische Tragödin, im Hotel, und wer morgens ihr Schoßtier hinausführe, bekomme immer fünfundzwanzig Cent Trinkgeld. Harpo hatte noch nie von Cecilia Langhorne gehört, aber das schien ja geradezu lächerlich einfach zu sein, Geld zu verdienen.

Ehe ich mit dieser Schilderung fortfahre – und ich weiß, die Spannung ist so groß, daß man mir kaum verzeihen kann –, möchte ich ein paar Worte über eine amerikanische Einrichtung sagen, die schnell den gleichen Weg geht wie Straßenbahn, Eiswagen und Bier vom Faß. Ich meine den altmodischen Pagen. Gekleidet wie ein Tambourmajor, saß er schmuck auf einer Bank in der Hotelhalle, stets auf dem Sprunge, wenn in einem Zimmer geklingelt wurde oder ein neuer Gast eintraf.

Wenn in der guten alten Zeit ein Handelsreisender das Pech hatte, in einer trübseligen, gottverlassenen Stadt und dem unweigerlich dazu passenden Hotel hängenzubleiben, saß er nach dem Auspacken seiner wenigen Siebensachen gelangweilt da und betrachtete die Zelle, die man ihm angewiesen hatte. Gewöhnlich enthielt sie ein Eisenbett, einen Schrank und einen Waschständer, an dem zwei fadenscheinige Handtücher hingen. Es war auch ein Stück Seife da, die, nach dem Schaum zu urteilen, aus reinem Granit bestanden haben muß.

Der unglückliche Reisende konnte nun zwischen zwei Dingen wählen. Entweder konnte er das Feuerseil, das draußen am Fenster für den Notfall baumelte, hereinholen und sich damit aufhängen, oder er konnte den Pagen kommen lassen. Ein Druck auf die Klingel, und wie mit Zauberschlag erschien der Page. Er stand für alle Befehle zur Verfügung ... mehr Handtücher, warmes Wasser und vielleicht, wenn man sich zufällig auf trockenem Gebiet befand, eine Flasche Alkohol. Der Page warnte den Gast auch davor, im Hotel zu essen, wenn er nicht den besonderen Wunsch hegte, seine Familie nie wiederzusehen.

Ach, übrigens, er kannte ein Mädchen ... »Nein, mein Herr, sie ist keine solche. Im Gegenteil, sie ist eine Freundin meiner Schwester und stammt aus sehr guter Familie – bieten Sie ihr ja kein Geld an. Sie wird sehr böse, wenn man ihr Geld anbietet. Aber wenn Sie mir zehn Dollar geben, sorge ich dafür, daß sie den Schein erhält. Auf diese Weise gerät sie nicht in Verlegenheit ... Nein, nein, ich will nichts dafür. Mir liegt nur Ihr Vergnügen am Herzen.«

Damit soll lediglich gesagt sein, daß nicht alles auf der Welt als Fortschritt zu bezeichnen ist. Gewiß, man kann heute einen Hotelaufzug betreten, auf einen Knopf drücken und bequem, still und geisterhaft im Zimmer ankommen. Wenn man heißes Wasser benötigt, braucht man nur einen Hahn aufzudrehen, und schon quillt es. Handtücher werden im Überfluß geliefert, und man wird sogar gebeten, die Seife als Andenken mitzunehmen. Aber trotz all diesen Verbesserungen ist das moderne Hotel eine kalte, seelenlose, mechanische Verbindung aus Stahl, Holz und Gleichgültigkeit. Außerdem, falls man daran denkt, so kann man in der Untergrundbahn während der Stoßzeit weitaus mehr persönlichen Kontakt finden.

Kehren wir nun zu Harpo und der Hotelhalle zurück. Am zweiten Tage klingelte es, und Harpo erhielt Auftrag, Fräulein Langhornes Liebling an die Luft zu führen. Der Portier sagte: »Geh aber ja hinten hinaus. Wir wollen die Gäste in der Halle nicht beunruhigen.« Darüber wunderte sich Harpo. Wie konnte ein Schoßhündchen einen Menschen erschrecken, sann er vor sich hin. Doch da Fräulein Langhorne beim Theater war, reiste sie nicht mit etwas so Gewöhnlichem wie einem Schoßhund herum. Was sie mit sich herumschleppte, das war ein junger Panther.
Der Unterschied zu Harpos vorheriger Arbeit war recht beträchtlich. Er hatte jetzt etwas im Schlepptau, das er im Gegensatz zu den Frankfurtern nicht essen konnte. Es bestand sogar die Möglichkeit, daß sich die Sache umgekehrt verhielt, indem Harpo von dem Panther gefressen wurde. Aber Dodo, das spielerische Tierchen, war an einer Leine, und augenblicklich fühlte sich Harpo verhältnismäßig sicher. Es blieb ihm auch gar keine andere Wahl, als mit dem Tier hinauszugehen, wenn er das Trinkgeld, das ihn erwartete, nicht verlieren wollte.
Auf halbem Wege rings um den Häuserblock erspähte der Panther einen Hund, riß sich von der Leine los und beförderte den Hund rasch ins Jenseits. Entsetzt rannte Harpo zum Hotel zurück und händigte Fräulein Langhorne die leere Leine mit der Auskunft aus, daß Dodo von einem Kunden erschossen worden sei, der gerade aus dem Warenhaus Abercrombie & Fitch aufgetaucht war. Fräulein Langhorne lag achtundvierzig Stunden in Ohnmacht und fuhr gleich darauf nach Indien. Vermutlich um sich ein neues Schoßtierchen zu holen. Die Direktion gab Harpo den Abschiedskuß, und eine Stunde später war er wieder daheim und las die Stellenangebote.
Chico hatte inzwischen seine knospende Laufbahn als Lebensretter-Klavierspieler in New Jersey mit dem geselligen Leben des Spielsalons in Harlem gern vertauscht. Verschiedene Umstände, über die er keine Macht hatte, zwangen ihn nun, ein neues Blatt aufzuschlagen und Arbeit zu suchen. Er fand eine Anstellung in einer Engroshandlung, die sich mit Löschblättern befaßte. Chicos Arbeit bestand darin, die Löschblätter in

Pappschachteln zu verpacken, tausend Löschblätter in eine Schachtel. Sein Wochenlohn betrug vier Dollar.

Trotz seiner Spielleidenschaft war Chico ein braver Junge, und er versprach seiner Mutter, daß er jetzt, als gutbezahlter Angestellter, nie mehr vom geraden und schmalen Wege abweichen werde. Er fügte hinzu, die Prügel, die ihm öfters durch Vater zuteil geworden waren, hätten seine Liebe zum Billardstock und zu den Würfeln abgekühlt. Feierlich versprach er, seinen Lohn jeden Samstagabend als Beitrag zum Haushalt abzuliefern.

In den beiden ersten Wochen hielt er sein Versprechen. Mein Vater war über Chicos vermeintliche Besserung so glücklich, daß er sagte: »Chico, wenn du noch ein paar Wochen so weitermachst, baue ich dir einen neuen Anzug.«

Chico war ob dieser Drohung so erschrocken, daß er beinahe Lust bekam, wieder krumme Wege einzuschlagen. »Bitte, Papa«, antwortete er, »erspar dir doch die Mühe. Gib mir einfach zehn Dollar, und dann kaufe ich mir im Warenhaus Bloomingdale einen Anzug von der Stange.«

Das Verpacken der Löschblätter erforderte keine Geschicklichkeit und sehr wenig körperliche Anstrengung, aber nach der aufregenden Lehrzeit im Spielsalon begann die Sache bald eintönig zu werden. Als Chico wieder

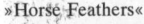

»Horse Feathers«.

55

vom Fieber gepackt wurde, sah er sich nach einem Tätigkeitsfeld um. Er fand es in der dritten Woche im Keller der Löschblattfirma. Zu dritt wurde dort Crap gespielt, und nach Ablauf der Zeit, die es dauert, bis ein stehender kniende Stellung eingenommen hat, waren vier Teilnehmer in das Würfelspiel vertieft.

Unglücklicherweise war dies ein Samstag – Zahltag –, und Chicos Vierdollarlohn wanderte schnell aus seiner Tasche in die eines geschickteren Würfelspielers. Er war sich darüber klar, daß es selbstmörderisch gewesen wäre, ohne seinen Lohn nach Hause zu kommen. Beim Gedanken an eine neuerliche Tracht Prügel knickte er zusammen. Was sollte er den Eltern sagen? Was für eine einleuchtende Erklärung konnte er aushecken? Auf einmal kam ihm eine so glänzende Eingebung, daß er fünf Minuten lang ehrfurchtsvoll erstarrte und seine eigene Gescheitheit bestaunte.

Einige Stunden später kam er mit einer großen Pappschachtel nach Hause. Vater empfing ihn lächelnd: »Na, Chico, viel Arbeit heute gehabt? Gib Mama deinen Lohn.«

»Ich habe meinen Lohn nicht mehr, Papa.«

Vaters Lächeln verschwand. »Du hast deinen Lohn nicht mehr? Wo ist er denn?«

Chico wies auf die Schachtel zu seinen Füßen. »Ich will es dir sagen, Papa. Heute war Ausverkauf, aber nur für die Angestellten der Firma. Da ich das Glück hatte, Angestellter der Firma zu sein, legte ich meine vier Dollar an und kaufte für dich und Mama viertausend Löschblätter.« Bei diesen Worten wich er langsam zurück.

Chico hätte uns nichts Nutzloseres heimbringen können als Löschblätter. Hätte er uns schieren Abfall heimgebracht, so hätten wir ihn einem Bauern zum Düngen verkaufen können. Hätte er Mäuse gebracht, so hätten wir sie einer vorbeikommenden Katze verkaufen können. Aber Löschblätter! Viertausend Stück! Genug, um das New Yorker Postamt mit einem guten Vorrat für ein Jahr zu versorgen. Wir hatten keine literarischen Menschen, und das wenige Geschreibsel, das bei uns im Hause erledigt werden mußte, wurde mit einem Bleistift abgetan. Ein Löschblatt hätte für unsere Familie ein Lebenlang gereicht.

Meine Mutter zog Vater von Chico weg, gerade als Papa im Begriff stand, ihn zu erwürgen. Dann begann Mama zu weinen. Geistesgegenwärtig reichte ihr Chico ein Löschblatt hin und sagte: »Siehst du, wie nützlich diese Dinger sind, Mama? Wenn du weinen mußt, nimmst du einfach ein Löschblatt. Löschblätter sind besser als Taschentücher, und die Wäscherechnung ist dann nur halb so hoch.«

Mit diesem Rat wich er flink meinem Vater aus und entschlüpfte über die Feuerleiter, während Papa eine hitzige, aber hoffnungslose Verfolgung aufnahm.

Es stand nun folgendermaßen: Chico war wieder zu Hause und versuchte sein Glück im Spiel. Harpos Laufbahn als Page hatte soeben ein vorzeitiges Ende gefunden. Ich war ein Schauspieler »zwischen zwei Engagements«, und Gummo bemühte sich immer noch, seinen Lehrer zu überzeugen, daß Brüssel die Hauptstadt der Schweiz sei. Das soll keineswegs heißen, daß Gummo dumm war. Nur hatte er eben wie Chico ganz andere Interessen. Er wollte die Schule verlassen und Erfinder werden.

Mutter gelangte endlich zu dem Schluß, daß es wenig Zweck hatte, einem einzigen Knaben auf die Bühne zu verhelfen, sondern daß es am besten wäre, die Sache en gros zu betreiben. Dieser Gedanke kristallisierte sich eines Tages, als sie bei der Heimkunft feststellte, daß Gummo, den Fußstapfen seines Idols Thomas Edison folgend, Chicos Klavier größtenteils auseinandergenommen hatte und bestrebt war, es in ein Xylophon zu verwandeln. Das entzückte Chico natürlich, der daneben stand und Ratschläge sowie moralische Unterstützung lieferte; aber meine Mutter machte es wütend. Gummo hatte, das wurde ihr klar, die Seele und die Triebe eines Erfinders, und man tat besser daran, ihn aus der Wohnung zu schaffen, ehe er alles in etwas anderes verwandelte.

Da traf meine Mutter die Entscheidung, die unser ganzes Leben verändern sollte. Sie verkündete, daß Gummo Schauspieler werden müsse. Ausgerechnet Gummo! Er war für die Bühne so geeignet wie der durchschnittliche Zulukaffer für Psychiatrie.

»Ich werde eine Nummer zusammenstellen, die eine Sensation werden wird«, erklärte sie. »Wir nehmen eine Sängerin dazu, damit ein Schuß Erotik dabei ist. Gummo und du«, sie wies auf mich, »ihr werdet Matrosen sein. Matrosen und Erotik. Das kann nicht fehlschlagen!«

Ein wenig erschrocken fragte ich: »Warum gerade Matrosen, Mama?«

»Das will ich dir sagen«, antwortete sie. »Heute morgen kam ich zufällig beim Warenhaus Bloomingdale vorbei, und dort gibt es weiße Matrosenanzüge für neun Dollar achtundneunzig. Wir kaufen billige Strohhüte dazu – man kann sie jetzt im Ausverkauf haben, weil der Sommer bald vorüber ist – und weiße Schuhe, die wir auch im Ausverkauf bekommen können, weil ihr ausgefallene Größen habt. Für das Mädchen habe ich schon ein Kostüm genäht.«

Abermals unterbrach ich sie matt: »Woher weißt du denn, daß das Kostüm dem Mädchen passen wird?«

»Sei nicht albern«, fertigte sie mich ab. »Sängerinnen laufen zu Hunderten herum. Wir müssen nur eine aussuchen, der das Kostüm paßt.«

Es dauerte nicht lange, und wir probten im Wohnzimmer, angetan mit weißem Anzug, weißem Strohhut, weißen Schuhen, dunkler Fliege an einer Gummistrippe, Zelluloidkragen und Papierrose im Knopfloch. Was die Sängerin anhatte, weiß ich nicht mehr. Ich weiß nur noch, daß es nicht paßte.

Wir hatten noch immer keinen Namen für unsere Truppe, aber nachdem meine Mutter uns das Liedchen *How'd You Like to Be My Little Sweetheart?* hatte singen hören, sagte sie: »Ich habe den richtigen Namen für euch. Wir wollen euch ›Die drei Nachtigallen‹ nennen.«

»Warum denn Nachtigallen?« fragte ich.

»Weil jeder weiß, daß Nachtigallen immerzu singen«, antwortete sie.

Drei logische Gründe gibt es, warum sie uns »Die drei Nachtigallen« hätte nennen können. Erstens hatte sie noch nie eine Nachtigall gehört. Zweitens war sie stocktaub. Drittens hatte sie sehr viel Sinn für Humor.

In der Tat und Wahrheit konnte nur das Mädchen singen. Die beiden anderen Nachtigallen waren gerade im Stimmbruch begriffen, und von einem Tag zum anderen ließ es sich nie voraussagen, was für Töne aus ihren begnadeten Kehlen dringen würden.

Durch Mutters Zauberei und Charme und durch Vaters Kochkunst gelang es uns, für ein paar Wochen Engagements zu finden. Wir wären noch länger aufgetreten, aber unsere Kollegin, die zwar wunderschön sang, hatte eine unglückselige Eigenschaft. Das war ihre vollständige Unfähigkeit, den richtigen Ton zu treffen. Als Solonummer sang sie *Love Me and the World Is Mine*. Dieses Lied endet mit einem wunderbaren Crescendo, das sich zum D über dem hohen C erhebt. In all den Wochen, wo sie mit uns sang, traf sie nie das hohe D. Sie sang höher, manchmal tiefer, aber anscheinend hegte sie eine eingewurzelte Abneigung gegen diese bestimmte Note, und so gelang es ihr, sie während mehrerer Monate hartnäckig zu vermeiden.

Also entflatterten »Die drei Nachtigallen« ins Niemandsland, und sie wurden nicht mehr gesehen oder gehört.

Wenn der Leser denkt, meine Mutter wäre dadurch entmutigt worden, dann nur, weil er sie nicht gekannt hat. Sie hatte jetzt einen noch glänzenderen Gedanken. Sie wollte den unzuverlässigen Sopran verabschieden und statt dessen einen guten, verläßlichen Knabensänger einstellen, möglichst einen, der richtig sang. Dann spielte sie ihren Trumpf aus. Sie wollte Harpo nehmen, der gar keine Stimme hatte (aber auch keine Anstellung), und ihn zum Bassisten machen. Harpo fand das nicht sehr zukunftsreich. Doch ehe er widersprechen konnte, fuhr Mutter begeistert fort: »Ich habe einen großartigen Gedanken. Ihr nennt euch ›Die vier Nachtigallen‹. Ich will heute nachmittag zu Bloomingdale gehen und noch zwei weiße Anzüge holen. Und du, Harpo«, fügte sie hinzu, »übst derweil – Baß.«

»Mama, du weißt doch, ich kann nicht singen«, flehte er.

»Mach nur den Mund auf, dann merkt niemand etwas«, erwiderte sie.

Harpo kam nun mit einem neuen Einwand. »Gut, aber warum können wir uns nicht ›Die vier Matrosen‹ nennen, wenn wir weiße Anzüge tragen?«

»Das geht nicht«, gab sie zurück. »Es gibt schon eine Truppe, die so heißt.«

»Sind sie denn als Matrosen kostümiert?« beharrte Harpo.

»Nein«, antwortete sie, »sie tragen nur die Hüte.«

»Warum nennen sie sich dann ›Die vier Matrosen‹?«

Mutter gab die rätselhafteste Antwort, die ich jemals gehört hatte. »Sie nennen sich Matrosen, weil sie jeden Sonntag ein kleines Boot mieten und in der Jamaica-Bucht fischen gehen.«

Das muß dem Leser ziemlich verrückt vorkommen, aber man darf nicht vergessen, daß ich vom früheren Tingeltangel erzähle, das damals noch viel verdrehter war als heute.

Vier Jahre vergingen. Die »Vier Nachtigallen« traten jetzt in Atlantic City im Atlantic Pier auf. Am Ende des Kais war ein Fischernetz, das weit ins Meer hinausreichte, und zweimal täglich wurden so viele Fische eingeholt, daß man den ganzen Staat New Jersey hätte sättigen können. Für zweieinhalb Dollar konnte eine Pension einen Fischvorrat für eine Woche kaufen, und in Atlantic-City hatten nur die sehr Reichen Fleisch auf dem Tisch.

Meine Mutter machte den Vertrag, und wir waren sehr glücklich, als sie heimkam und uns berichtete, was für einen herrlichen Abschluß sie getätigt hatte – vierzig Dollar wöchentlich sowie Kost und Logis. Wir waren damals recht tüchtige Esser und konnten es kaum erwarten, das Leben in der Pension zu beginnen. Frühstück gab es ab acht Uhr. Wir waren schon um halb acht bereit.

»Was darf es sein?« erkundigte sich der Kellner. Wir bestellten jeder ein Steak. »Nein, ich glaube, Sie haben mich mißverstanden«, sagte er. »Ich meinte, was für einen Fisch möchten Sie zum Frühstück haben?«

»Wir wollen keinen Fisch«, antworteten wir, »wir möchten Steak oder Filet.«

»Schön«, sagte er. »Wie wär's mit einem guten Heilbuttfilet?«

»Hören Sie«, antwortete ich, »wir sind Bühnenkünstler, und wir haben Hunger, und wir wollen Fleisch!«

Er zuckte die Schultern. »Wenn Sie Fleisch wollen, müssen Sie woanders hingehen. Hier bekommen Sie entweder Fisch oder gar nichts.«

Wir aßen Fisch zum Frühstück. Wir aßen Fisch zum Mittagessen. Und am Abend bekamen wir, um etwas Abwechslung in die Eintönigkeit zu bringen, Krabben. Am Dienstag gab es Blaufisch, am Mittwoch Weißfisch, am Donnerstag mittags Rotfisch und abends gebackenen Aal. Inzwischen wuchsen zweien der Nachtigallen Flossen. Als wir am Freitagmorgen unsern Frühstücksfisch verzehrten, erzählten wir uns gegenseitig zum Zeitvertreib, was wir in der Nacht geträumt hatten. Seltsamerweise schienen sich alle unsere Träume um den gleichen Gegenstand zu drehen. Wir hatten allesamt von Beefsteak, Schweinekotelett, Kalbsschnitzel und Brathühnchen geträumt.

Auf der Promenade, gleich neben dem Theater, verkaufte ein Mann Roastbeefbrote. Er hatte eine kleine Bude, und auf der Theke war ein Stück Roastbeef von der ungefähren Größe eines Koffers. Wir hatten täglich vier Vorstellungen, und auf dem Wege ins und vom Theater kamen wir achtmal an diesem Roastbeefschrein vorüber – viermal auf dem Hinweg und viermal auf dem Rückweg.

Am Freitag lechzten wir so sehr nach Fleisch, daß wir einander schon aus den Augenwinkeln belauerten. Wir gingen zum Direktor und baten ihn um Vorschuß. »Ihr bekommt kein Kupferstück«, entgegnete er. »Die letzte Truppe, der ich Vorschuß gab, waren die ›Drei Fliegenden Simpsons‹. Zwei von ihnen betranken sich, und der eine, der fliegen mußte, landete auf einer Zuschauerin in der fünften Reihe.« Da standen wir nun, vier hungrige Nachtigallen, mit ungefähr ebenso vielen Fischen im Innern wie im Aquarium der Stadt.

Der quälende Duft des Roastbeefs trieb uns zum Wahnsinn, und der Gedanke an ein weiteres Fischgericht war unerträglich. Es schien nur eine einzige Lösung zu geben. Um Fleisch zu bekommen, mußten wir einen Wertgegenstand verkaufen. Bei uns vieren fand sich nur ein Gegenstand, der möglicherweise in Roastbeefbrote verwandelt werden konnte. Das war mein Füllfederhalter. Vier Jahre lang hatte ich dieses Bar-Mizwa-Geschenk gehegt und gepflegt. Ich weiß nicht, was es wert war, aber gefühlsmäßig bedeutete es für mich sehr viel. Es betrübte mich über alle Maßen, mich davon zu trennen. Aber der Duft des saftigen Fleisches, verbunden mit dem Flehen und Drohen meiner Brüder, brach schließlich meinen Widerstand, und nach einigem Markten ließ ich die Füllfeder für acht Roastbeefbrote gehen.

Da wir in der folgenden Woche nicht arbeiteten, blieben wir in Atlantic City. Im ganzen gaben wir von den vierzig Dollar, die wir erhielten, fast zwanzig für Roastbeefbrote aus. Nach der Gagenauszahlung wollte ich den Füllfederhalter zurückkaufen, doch der Budenbesitzer sagte mir, er habe ihn verloren. Er war eines Morgens zum Ende des Hafendamms gegangen, um dem Einholen des Netzes zuzusehen. Als er sich vorbeugte, glitt der Füllfederhalter ins Wasser und verschwand in der Tiefe. Ich hoffe nur, irgendein Tintenfisch hat meine Füllfeder gefunden, denn die beiden könnten zusammen sehr glücklich werden. Was mich betrifft, so war ich siebzehn Jahre alt, als ich den Füllfederhalter einbüßte. Als ich das nächstemal Fisch aß, war ich vierzig.

Es bewährte sich zwar nicht immer, aber in vielen Varietés richtete sich die Gage nach der Anzahl der Mitwirkenden, die eine Nummer bestritten. Wir waren seit vier Jahren die »Vier Nachtigallen«, und wir verdienten jetzt zweihundert Dollar. Vier Mitwirkende zweihundert Dollar. Sechs Mitwirkende dreihundert Dollar und so fort. Das gab meiner Mutter einen glänzenden Gedanken ein. Meine Mutter, die damals fünfzig Jahre alt war, hatte eine fünfundfünfzigjährige Schwester. Sie meinte, wenn beide unserer Truppe beiträten, könnten wir unsere Gage von zweihundert auf dreihundert Dollar erhöhen. Die Tatsache, daß weder meine Mutter noch ihre Schwester das geringste Talent hatte, störte Mutter nicht im mindesten. Sie sagte, sie kenne viele Artisten, die ganz und gar unbegabt wären. Dabei blickte sie mich an. Mama reiste damals mit uns, und sie sagte mir, sie wisse nicht, ob sich ihre Schwester Hannah freimachen könne, aber sie wolle sich sofort mit ihr in Verbindung setzen, und vielleicht sei es möglich, sie zu überreden. Anscheinend brauchte Hannah nicht sonderlich gedrängt zu werden, denn sie erschien am folgenden Tage mit einem Pappkoffer, einer abgenutzten Gitarre und einem weißen Organdykleid, das sie bei der Hochzeit ihrer Tochter getragen hatte.

»Verzeih meine Neugier, Mama«, sagte ich, »was wollt ihr beide eigentlich in der Nummer machen?«

»Erstens einmal werden wir den Namen der Nummer ändern, aus den ›Vier Nachtigallen‹ werden die ›Sechs Glücksbringer‹. Dann bekommen wir hundert Dollar mehr Gage.«

»Und womit werdet ihr die höhere Gage rechtfertigen?« fragte ich.

»Wir haben beide eine Gitarre«, erklärte sie, »und wir singen ›Zwei kleine Mädchen in Blau‹ im Duett. Wir treten als Schulmädchen auf. Wir kostümieren uns richtig jung, natürlich tragen wir blaue Kleider. Dem Publikum wird das bestimmt gefallen.«

Schulmädchen! Ich mochte meine Mutter nicht daran erinnern, daß sie fünfzig und ihre Schwester fünfundfünfzig Jahre alt war. Statt dessen sagte ich: »Ich wußte gar nicht, daß du Gitarre spielen kannst, Mama.«

»O doch«, gab sie zurück. »Während du auf Tournee warst, zeigte Harpo Hannah und mir die drei hauptsächlichen Akkorde.«

An diesem Tage gaben wir den Namen »Die vier Nachtigallen« mit bangem Vorgefühl auf und erstrahlten am Theaterhorizont aufs neue als »Die sechs Glücksbringer«. Die Nummer blieb unverändert, außer daß an einer bestimmten Stelle zwei kleine Mädchen von links und rechts auftraten, jedes mit einer Gitarre bewaffnet, sich mitten auf der Bühne nebeneinander auf Stühlen drapierten und »Zwei kleine Mädchen in Blau« vom Stapel ließen.

Bei der Premiere standen wir vier Brüder in der Kulisse, neugierig und mit leichter Angst vor der Reaktion des Publikums. Wir wollten die Zuversicht der neugebackenen Artistinnen nicht erschüttern, indem wir ihnen ungeschminkt sagten, daß ihr Auftreten hoffnungslos sei. Wir beteten nur, es möchte ihnen beschieden sein, heimlich, still und leise auf- und abzutreten, ohne vom Publikum bemerkt zu werden.

Teils war das Lampenfieber daran schuld, teils die Tatsache, daß beide ihre Brille nicht auf der Nase hatten, jedenfalls setzten sie sich anmutig auf

61

denselben Stuhl. Der zierliche vergoldete Stuhl, der nicht dafür bestimmt war, das vereinte Gewicht zweier üppiger Damen mittleren Alters zu tragen, tat, was jeder Stuhl unter ähnlichen Umständen getan hätte. Er brach zusammen. Mama und Hannah fielen mit einem Bums zu Boden, und die Gitarren flogen aus ihren Händen. Der gelangweilte Klavierspieler, der solche Katastrophen anscheinend gewöhnt war, schlug schnell die amerikanische Nationalhymne an, während sich Mama und Hannah in panischer Hast den Weg in die Kulisse ertasteten.

Am folgenden Morgen verkündete Mama, daß ihre erste Vorstellung auch ihre letzte sein würde. Beide gaben uns allen einen Abschiedskuß und fuhren mit der Eisenbahn nach New York zurück.

Nachdem die beiden Glücksbringer davongeflogen waren, wurden wir wieder die »Vier Nachtigallen«, und die erhofften zusätzlichen hundert Dollar waren wieder einmal ein Traum.

Achtes Kapitel

Ich bin ein fahrender Sänger

Ich weiß selbst nicht, wie ich Komiker wurde. Vielleicht bin ich kein Komiker. Es hat keinen Zweck, deswegen zu streiten. Jedenfalls habe ich seit vielen Jahren gut damit verdient, in der Maske eines Komikers aufzutreten. Ich erinnere mich nicht, in der Jugend irgendeinen Menschen mit meinem Witz umgeworfen zu haben. Ich bin ein ziemlich vorsichtiger Mensch, und ich habe weder das Verlangen noch das Können, zu ergründen, wodurch und inwiefern jemand auf andere komisch wirkt. Ich habe viele Bücher von anerkannten Fachleuten gelesen, die die Grundlage des Humors erklären und zu beschreiben versuchen, was komisch ist und was nicht. Ich bezweifle, daß irgendein Komiker ehrlich sagen kann, warum er komisch ist, und warum sein Nachbar im nächsten Haus es nicht ist. Ich glaube, Komiker wird man durch Versuch und Irrtum. So war es jedenfalls in der alten Zeit des Varietés, und sicher ist es auch heute noch so. Im allgemeinen traten zwei Artisten zusammen auf, ein Künstler, der singen oder tanzen oder beides konnte, und ein Komiker. Der Komiker stahl ein paar Witze aus anderen Nummern und suchte sich einige aus Zeitungen und Zeitschriften zusammen. Sie traten in kleinen Varietés, Nachtlokalen und Biergärten auf. Wenn der Komiker eigene Ideen hatte, ließ er die gestohlenen und veralteten Witze allmählich fallen und versuchte es mit eigenen. Wenn er etwas konnte, entwickelte er sich aus der anfänglichen Klischeefigur zu einer ausgeprägten eigenen Persönlichkeit. So erging es mir und auch meinen Brüdern, und ich glaube, das trifft auf die meisten Komiker zu.

Ich schätze, daß es in der ganzen Welt keine hundert echten Komiker mit wirklichem Können gibt, ob männlichen oder weiblichen Geschlechts. Sie sind viel seltenere und weitaus wertvollere Gebrauchsartikel als alles Gold und alle Edelsteine auf Erden. Aber weil man über uns lacht, wissen die Leute meiner Ansicht nach in Wirklichkeit nicht, wie wesentlich wir für ihre geistige Gesundheit sind. Wäre die kurze Erholung nicht, die wir der Welt mit unserer Narretei schenken, so gäbe es Massenselbstmorde, von denen die Sterbeziffern der Lemminge günstig abstächen.

Sicher kennen die meisten noch nicht die Geschichte von dem Mann, der in seiner Verzweiflung zu einem Psychoanalytiker ging und ihm sagte, er habe alle Lebensfreude verloren und denke allen Ernstes an Selbstmord. Der Arzt hörte sich diesen trostlosen Bericht an und sagte dann dem Patienten, was er brauche, das sei ein herzerfrischendes Lachen. Er riet dem

Unglücklichen, noch am gleichen Abend in den Zirkus zu gehen und über Grock zu lachen, den komischsten Clown der Welt. Der Arzt schloß mit den Worten: »Wenn Sie Grock gesehen haben, werden Sie bestimmt viel glücklicher sein.« Der Patient erhob sich, sah den Arzt traurig an, machte kehrt und ging langsam zur Türe. Ehe er verschwand, fragte der Arzt: »Übrigens, wie ist Ihr Name?« Der Mann drehte sich um und betrachtete den Psychoanalytiker mit kummervollem Blick. »Ich bin Grock.«

Wenn Komiker eine ernste Rolle spielen, schmerzt es mich immer, ansehen zu müssen, wie die Kritiker außer sich geraten, auf den Straßen tanzen und den Komiker mit Ruhm und Ehre bedecken. Wieso dies in den Augen der Kritiker derartige Verwunderung und Begeisterung auslöst, hat mich schon immer verdutzt. Es gibt kaum einen Komiker, der nicht imstande wäre, eine ernste Rolle erstklassig zu spielen. Hingegen gibt es sehr, sehr wenige Tragödien, die sich in einer komischen Rolle auszeichnen würden. Es gibt erstklassige Komiker, darunter Buster Keaton, Charles Chaplin, Danny Kaye, Eddie Cantor, die tragische Rollen gespielt haben, und fast einstimmig sagen sie alle, daß es wie zweiwöchige Ferien auf dem Lande sei, in einer ernsten Rolle aufzutreten, verglichen mit der Notwendigkeit, komisch zu sein.

Als wir zur Bühne gingen, hatten wir alle eine gute Stimme – jedenfalls fürs Varieté. Während Harpo und Gummo heranwuchsen, verloren sie die Stimme. Nur ich konnte noch singen, und dann setzte auch bei mir der Stimmbruch ein. Es wurde uns bald klar, daß unsere Nummer eine andere Dimension annehmen mußte, wenn wir sowohl weiterleben als auch uns auf der Bühne durchsetzen wollten. Ich legte mir eine blonde Perücke zu. Es war eine alte, die meine Mutter verabschiedet hatte. Damit sowie mit einem Marktkorb, an dem unechte Frankfurter Würste baumelten, stellte ich mich als deutschen Komiker vor. Alle Schauspieler, die einen deutschen Tonfall benutzten, pflegte man holländische Komiker zu nennen. Der Tonfall bereitete mir keine Schwierigkeiten. Wir lebten in Yorkville, einem deutschen Viertel; mein Onkel Al Shean war ein holländischer Komiker, und wir waren umgeben von Brauereien, wo es von Deutschen wimmelte. Das war eine Figur, die das Publikum kannte und liebte.
Der Sketch hatte nicht viel Inhalt. Die ganze Handlung bestand darin, daß ich als Metzgerjunge, der Würste abzuliefern hatte, Harpo und Gummo – als Matrosen kostümiert – nach dem Weg zu Frau Schmidts Haus fragte. Während Gummo in die eine Richtung wies, stahl Harpo die Würste. Ich muß zugeben, das war kein großartiger Einakter, aber wenigstens bedeutete es einen Anfang. Was jedoch noch wichtiger war, dieser kurze, selbsterdachte Dialog ermöglichte es dem Publikum, die Tatsache zu vergessen, daß wir vorher gesungen hatten.

Die gesellschaftliche Stellung des Schauspielers lag damals irgendwo zwischen der einer wahrsagenden Zigeunerin und eines Taschendiebes. Wenn eine Wandertruppe in einer Kleinstadt ankam, schlossen die Bürger ihre jungen Töchter ein, verrammelten die Fensterläden und versteckten das Silber. Um dem Leser einen Begriff von der sozialen Stellung des Schauspielers zu geben, möchte ich nur erwähnen, daß ein südländischer Pflanzer in Shreveport im Staat Louisiana einmal einem meiner Brüder sagte, er werde ihn umbringen, wenn er jemals wieder mit seiner Tochter spräche. Nur dadurch, daß der Pflanzer am Nachmittag damit beschäftigt war, an einer Lynchjustiz teilzunehmen, wurde er daran gehindert, meinen Bruder zu erschießen.

Der sogenannte Glanz der Bühne reichte nicht bis zu den Theatern und Städten, die wir bespielten. Um zu den Garderoben des durchschnittlichen Varietés zu gelangen, suchte man zuerst die schmutzigste Gasse des Ortes. Irgendwo an dieser Gasse mußte der Bühneneingang liegen. Dann ertastete man sich den Weg eine schmierige Treppe hinunter und betrat einen schlechtbeleuchteten, feuchten und häufig rattenverseuchten Keller, wo die Garderoberäume untergebracht waren.

Ich muß zugeben, daß der ungünstige Ruf der Schauspieler nicht ganz zu Unrecht bestand. Die meisten von uns stahlen ein wenig in den Hotels – harmlose Kleinigkeiten wie Handtücher und Bettvorleger. Ein paar ließen alles und jedes mitgehen, was sie in einen Koffer stopfen konnten. Ein Artist wurde einmal dabei erwischt, wie er einen Zwerg, der zu einer anderen Nummer gehörte, entführen wollte. Die meisten konnten anhand der Tücher, die den Namen des Hotels trugen, angeben, wo sie im Verlauf der Saison aufgetreten waren. Zum Glück für die Hotels vermochten wir sie meistens nicht zu bezahlen und wohnten im allgemeinen in einer Pension.

Obwohl wir ärmlich gekleidet waren, mußten wir als Bühnenkünstler aus New York den Kleinstadtmädchen recht prächtig erscheinen. Natürlich haßte uns die männliche Jugend, und jahrelang verließen wir das Theater zu nächtlicher Stunde nie ohne einen Knüppel in der Tasche.

Ich glaube, ich war zehn Jahre auf Tournee, ehe ich ein Zimmer mit Bad bewohnte. In der Pension gab es gewöhnlich am Ende eines zugigen Ganges ein Badezimmer, und wenn man morgens durch den Gang schlich, konnte man vier bis fünf Köpfe verschiedenen Geschlechtes erspähen, die aus den Zimmern hervorlugten und darauf warteten, daß sich die Türe des Badezimmers öffnete. Wenn das endlich geschah, enthüllten sich bei dem Wettrennen durch den Gang recht erschreckende Teile der Anatomie.

Das Zimmer in der Pension enthielt im allgemeinen ein Eisenbett mit holpriger Matratze, einen abgenutzten Teppich und einen Waschständer, an dem zwei fadenscheinige Handtücher hingen, die man eine ganze Woche benutzen durfte. Am Ende der Woche waren die Tücher so schmutzig, daß man sich damit nur noch trocken fächelte. Wenn man das Glück hatte, in einer Pension zu landen, wo die Wirtin Witwe war oder Töchter hatte, war alles manchmal ein wenig angenehmer.

Wir waren bei Gus Sun engagiert und traten in Cincinnati auf, wo wir in einem finsteren Hotel wohnten, das inzwischen, wie ich um Cincinnatis guten Namens willen hoffe, verschwunden ist.

Die Tournee von Gus Sun bespielte kleine Varietés in Ohio und einigen Nachbarstaaten. Es gab fünf Vorstellungen, um zwei, um vier, um sechs, um acht und um zehn Uhr. Den übrigen Tag war man frei, sofern das Geschäft nicht außergewöhnlich gut ging. In diesem Falle schmuggelte der Direktor noch eine oder zwei zusätzliche Vorstellungen ein, für die man nicht bezahlt wurde.

In dem Lustspielhaus weiter unten an der Straße wurde ein Singspiel mit dem Titel »Die durchgebrannten Mädchen« gespielt. Ich weiß nicht, wovor sie wegliefen, aber es könnte die Aufführung gewesen sein, in der sie auftraten. Unsere ganze Truppe wohnte gemeinsam in einem Hotel, und nach unseren fünf Vorstellungen pflegten wir abends in der Halle des anderen Hotels zu sitzen und sehnsüchtig die Mädchen anzustarren, wie etwa arme, benachteiligte Kinder das Schaufenster eines Zuckerbäckers betrachten.

In der Rangordnung des Theaters standen wir auf der untersten Sprosse der gesellschaftlichen Leiter. Täglich fünf Vorstellungen in einem Zehn-Cent-Varieté, tiefer konnte man kaum mehr sinken. Unter uns gab es nur noch die Schaustellungen auf Jahrmärkten, die kleinen Wanderzirkusse und die gaunerhaften Quacksalber, die an Straßenecken leichtgläubigen Tölpeln untaugliche Heilmittel verkauften.

Da die Lustspieltruppe einen Tag vor uns Premiere hatte, konnten wir uns ihre Vorstellung ansehen. Sie war fürchterlich. Die Hauptdarstellerin zählte fünfundvierzig Jahre und wog ungefähr hundertfünfzig Pfund. Ihr Kostüm bestand aus einem weißen Seidentrikot und einer amerikanischen Flagge, die um ihre üppige Mitte geschlungen war. Die Flagge fand ich rätselhaft. Zuerst dachte ich, sie trüge sie, weil sie stolz drauf war, Amerikanerin zu sein; aber nachdem ich sie spielen gesehen hatte, entschied ich, daß sie die Flagge schlichtweg als Schutzmaßnahme trug.

Der Leiter der Truppe hatte in Brooklyn eine Gattin und zahlreiche Kinder sitzen, aber trotz dieser ehelichen Bindung war er in seine Hauptdarstellerin hoffnungslos verliebt.

Jeden Abend saßen wir also in der Halle des anderen Hotels und erhofften einen Zugang zu den Chordamen. Eines Abends bemerkte uns der Leiter der Truppe und fragte: »Seid ihr auch vom Theater?«

»Ja«, antworteten wir stolz wie aus einem Munde. »Wir sind bei Gus Sun engagiert.«

Das schien ihm keinen großen Eindruck zu machen. Vielleicht hatte er unsere Vorstellung gesehen. Immerhin sagte er: »Morgen hat meine Hauptdarstellerin Geburtstag, und da ihr Kollegen seid, lade ich euch alle zu einem Essen nach der Vorstellung ein.«

So ein Glück! Nicht nur eine kostenlose Mahlzeit, sondern auch die Möglichkeit, sich irgendwie an die vierundzwanzig entzückenden Bühnenkünstlerinnen heranzuschlängeln.

Freddy, der damals in unserer Nummer mitmachte, war wirklich ein unmöglicher Bursche. Als wir ihn engagierten, erklärte er uns, er spreche immer die Wahrheit, und wenn es etwas gebe, das er nicht ausstehen könne, so sei es Heuchelei. »Wenn ich etwas zu sagen habe«, brüstete er sich, »sage ich es unverblümt!« An diesem Abend tat er sich alle Ehre an.

Beim Bankett ging alles glatt. Jeder der Brüder Marx saß neben einer reizenden Choristin, und wir alle fühlten, daß die Liebe nicht nur in der Luft lag, sondern daß sie auch alle Aussicht hatte, vor dem Ende der Nacht zu ihrem Recht zu gelangen.

Als der Geburtstagskuchen hereingebracht wurde, sangen wir alle *Happy Birthday*, und dann ließ der Leiter der Truppe eine rührende Rede auf das rundliche Geburtstagskind vom Stapel. An einer bestimmten Stelle seiner öffentlichen Liebeserklärung sagte er: »Es ist kaum zu glauben, daß unsere Hauptdarstellerin alle diese Erfolge im zarten Alter von dreißig Jahren erreicht hat.«

Freddy, der nur dank der Großzügigkeit und Güte des Sprechers an dem Fest teilnahm, erhob sich und verkündete mit lauter, klarer Stimme: »Tatsächlich? Ich möchte nicht all die Jahre absitzen, die sie über vierzig ist!«

Einen Augenblick herrschte Totenstille. Dann gab es ein zorniges Stimmengemurmel in steigendem Crescendo, Stühle scharrten und Hände griffen nach allen möglichen Dingen, die als Waffe dienen konnten. Der Redner, der mit einem großen Messer fuchtelte, rückte langsam und mörderisch auf den ehrlichen Freddy los.

Harpo, Gummo und ich nahmen Freddys hastigen Abgang als Stichwort auf; widerstrebend lösten wir uns von den Mädchen am Tisch und eilten zur Türe. Aber die gesamte Lustspieltruppe, voll bewaffnet mit Geschirr und Bestecken, wollte nicht nur Freddy an den Kragen, sondern auch seinen drei Partnern. Eine Jagd begann rings um den Tisch, durch den Flur, in die Hotelhalle und weiter auf die Hauptstraße hinaus. Für die Einwohner von Cincinnati muß es ein seltsamer Anblick gewesen sein, als etwa fünfzig leicht betrunkene Männlein und Weiblein vier junge Burschen über die Hauptstraße der Stadt verfolgten. Nur unsere jungen Beine ermöglichten es uns, ohne tödliche Wunden zu entrinnen. Hernach nahmen wir uns Freddy vor und bewiesen ihm, daß Ehrlichkeit nicht immer die beste Politik ist.

Heute, wo Schauspieler, Musiker und sämtliche Theaterleute gewerkschaftlich geschützt sind, kann man sich die Beziehung, die in jener Zeit zwischen dem Darsteller und dem Theaterleiter bestand, kaum mehr vorstellen. Was Heinrich der Achte der englischen Geschichte und Torquemada der spanischen Inquisition bedeutete, das war der Theaterdirektor fürs Varieté. Er hatte unbeschränkte Macht. Wenn man sein Mißfallen erregte, konnte er dem Fehlbaren eine Buße auferlegen oder ihn fristlos entlassen. Es gab keine Berufungsinstanz. Er war Richter, Jury und Staatsanwalt. Er brauchte der Agentur nur einen ungünstigen Bericht zu senden, und schon war man von der ganzen Tournee ausgeschlossen. Selbst wenn man das Glück hatte, einen schriftlichen Vertrag zu besitzen, war man seiner Gnade und Barmherzigkeit ausgeliefert; denn er konnte den Vertrag zerreißen und ihn dem armen Sünder ins Gesicht werfen.

Ich will den Namen des Theaters oder des Direktors nicht erwähnen, obwohl es schon sehr lange her ist, aber als sich diese Geschichte zutrug, führten wir ein Singspiel mit neun männlichen und neun weiblichen Darstellern in einer besonderen Dekoration auf. Wir waren etwas höher als die Gus-Sun-Tournee gestiegen, und jetzt machte auch Chico mit. Da ich der Frühaufsteher unter den Brüdern war, hatte man mir die Arbeit übertragen, an jedem neuen Ort die Orchesterprobe abzuhalten. Als ich an diesem Montagmorgen das Theater betrat, bot ich einen recht schmucken Anblick. Ich trug eine gewürfelte Mütze, einen losen Rock mit Gürtel, einen Stock und Lackschuhe und paffte weltmännisch eine lange billige Zigarre – von Kopf bis Fuß vertrat ich den auffällig gekleideten Schmierenschauspieler.

Während ich dort stand und vergnügt meinen Glimmstengel rauchte, dräute der Direktor über mir, ein großer Gorilla, der früher als Ringkämpfer beträchtliche Erfolge geerntet hatte. »Sie rauchen?« donnerte er mich an. »Es ist verboten, hinter der Bühne zu rauchen. Fünf Dollar Buße!« Damit riß er mir die Zehn-Cent-Zigarre aus dem Munde, warf sie zu Boden und zertrampelte sie.

Der Ruf dieses Mannes, der einstmals gegen einen Weltmeister gekämpft hatte, war allgemein bekannt, und jeder fürchtete ihn. Ich war zwar kein Feigling, aber auch kein Dummkopf.

Vorsichtig wich ich zurück und stammelte: »Was soll das, meine Zigarre zu zertreten? Sie können mir keine Geldstrafe aufbrummen . . .«

»So, kann ich nicht?« unterbrach er mich. »Sehen Sie das Schild da drüben nicht – RAUCHEN VERBOTEN?«

»Nein«, entgegnete ich trotzig.

»Na, dann kommen Sie nur mit, ich zeige es Ihnen.« Er packte mich am Rockkragen und zerrte mich zu einem kleinen Schild an der hinteren Wand. Darauf stand: RAUCHEN VERBOTEN – ZUWIDERHANDLUNG WIRD MIT FÜNF DOLLAR BUSSE BESTRAFT.

Später am Vormittag, als Harpo, Gummo und Chico fanden, daß sie genug geschlafen hatten, geruhten sie ins Theater zu kommen. Beim Eintritt in unsere Kellergarderobe gewahrten sie einen niedergeschlagenen und sehr erschrockenen Bühnenkünstler. Betrübt schilderte ich ihnen die Ereignisse des Morgens, erzählte von dem Verlust meiner Zigarre und der fünf Dollar, die uns am Ende des Engagements von der Gage abgezogen werden sollten.

Damals verdienten wir wöchentlich neunhundert Dollar. Das klingt nach einer Menge Geld, aber wir waren achtzehn Leute, und nach Abzug der Spesen – Eisenbahnfahrten, Gepäck und Agentenprovision – kam jeder durchschnittlich auf fünfunddreißig Dollar. Eine Geldstrafe von fünf Dollar hätte uns nicht bankrott gemacht; aber wir waren Rebellen, und nach kurzem Kriegsrat teilten wir dem Direktor (nicht persönlich, sondern durch Boten) mit, daß wir streiken würden, wenn er uns die Buße nicht erließe. Nicht etwa, daß wir von Tapferkeit strotzten, aber wir waren unser vier, und wir fanden, daß er uns nicht alle gleichzeitig verprügeln könnte. In Wirklichkeit beabsichtigten wir keineswegs, die Probe aufs Exempel zu machen, doch wir hatten alle einen Knüppel in der Tasche, und wenn es sein mußte, wollten wir ihn benutzen. Etwas stand fest – wenn wir nicht auftraten, mußte der Direktor die Vorstellung abblasen. Er erschien sehr bald in unserer Garderobe. Wir trafen nicht die geringsten Anstalten, unsere Sachen auszupacken und uns für die Premiere zu rüsten.

»He, die erste Vorstellung fängt in einer halben Stunde an, und ihr solltet euch lieber anziehen!« wütete er.

»Es wird keine Vorstellung stattfinden«, sagten wir. »Erlassen Sie uns die Geldstrafe, und wir treten auf. Sonst gehen wir ins Hotel zurück, und dann können Sie dem Publikum selbst etwas vorspielen!«

Ein solches Verhalten hatte dieser Kraftmeier noch nie erlebt. Wenn beispielsweise zwei Artisten, die eine Nummer bestritten, aufsässig wurden, konnte er sie hinauswerfen und dennoch eine Vorstellung durchführen. Wir aber bestritten die ganze Vorstellung. Wenn wir nicht auftraten, blieb die Bühne leer. Er tobte, er drohte, er schmeichelte. Wir saßen ungerührt mit steinernem Gesicht, unsere Knüppel schwangen lässig hin und her. Hinter unserer gespielten Sorglosigkeit waren wir jedoch sehr unruhig. Wie ihm vor dem geschlossenen Theater graute, so graute uns davor, unsere Gage zu verlieren. Wir alle brauchten das Geld. In einer Woche war Weihnachten, und die Heilsarmee sammelte an den Straßenecken fleißig Münzen in ihre Töpfe. Wir hatten keine Lust, die Nutznießer ihrer Sammlung zu sein.

Chico, der Disraeli seiner Zeit, stets zum Vermitteln geneigt, ergriff schließlich das Wort: »Ich mache Ihnen einen Vorschlag. Wir zahlen die fünf Dollar, wenn Sie aus Ihrer Tasche noch fünf hinzufügen. Dann geben wir die zehn Dollar der Heilsarmee.«

Zuerst bezweifelte ich, daß der Direktor diesem Vergleich zustimmen würde; aber schon vor einer Viertelstunde hätte die Vorstellung anfangen sollen, das Haus war vollbesetzt, und das Publikum wurde allmählich unruhig. Als das Stampfen immer lauter wurde, gab er sich endlich geschlagen und sagte: »Gut, abgemacht. Jetzt zieht euch schnell an.«

Wir hatten keine Schwierigkeiten mehr mit ihm. Er kam nicht hinter die Bühne, und wir gingen nicht zu ihm.

Am Samstag war Zahltag. Unsere letzte Vorstellung war um elf Uhr beendet, und wir mußten den Zug um Viertel vor zwölf bekommen, um spielplanmäßig den nächsten Ort zu erreichen. Infolgedessen blieb uns sehr wenig Zeit, uns abzuschminken und umzuziehen, die Dekoration einzupacken und zum Bahnhof zu gelangen.

Um zehn nach elf erschienen hinter der Bühne vier Platzanweiser, die schwere Säcke schleppten. Sie stellten ihre Last ab, und der eine sagte: »Da ist eure Gage . . . achthundertfünfundneunzig Dollar in Kupferstükken!«

Wir machten einen Sack auf und begannen zu zählen. Es dauerte zehn Minuten, bis wir am Boden angelangt waren. Da uns keine andere Wahl blieb, warfen wir die andern Säcke ungeöffnet in aller Eile auf den Lastwagen, der unser Gepäck und die Dekoration auf den Bahnhof bringen sollte, und es glückte uns, in dem Augenblick auf den Zug zu springen, als er gerade abfuhr.

Wir vier standen auf der hinteren Plattform und sahen die Stadt in der Ferne entschwinden. Als sie nicht mehr zu sehen war, sagte einer meiner Brüder aus vollem Herzen: »So eine Gemeinheit! Hoffentlich brennt sein verdammtes Theater bis auf die Grundmauern nieder!«

Sein Wunsch wurde erhört. Am folgenden Tage berichteten die Zeitungen, daß das Theater in der Stadt, wo wir soeben gespielt hatten, durch eine große Feuersbrunst zerstört worden sei. Es geschieht nicht oft, daß man einen Widersacher mit einem Fluch belegt und die Verwünschung binnen vierundzwanzig Stunden erfüllt sieht.

Neuntes Kapitel

Ein leichter Fall von Auto-Erotik

Als ich mich dem zwanzigsten Altersjahr näherte, zogen meine Eltern nach Chikago. Papa hatte die Möglichkeiten seiner schlechtsitzenden Schneiderarbeiten an der östlichen Meeresküste erschöpft und beschloß, am Gestade des Michigan-Sees neue und arglose Welten zu erobern. Chikago war ein Vergnügungs- und Theaterzentrum, und meine Mutter verlor keine Zeit, die Büros der unglücklichen Agenturen zu erstürmen. Wenn wir nicht auf Tournee waren, wohnten wir im südlichen Viertel von Chikago in einem alten Hause, das meine Mutter für achttausend Dollar gekauft hatte. Sie hatte tausend Dollar angezahlt, und der Eigentümer erlag der Täuschung, daß er schließlich auch den Restbetrag erhalten würde.

In den Sommermonaten war die ganze Familie Marx gewöhnlich hier vereint, und zwar aus dem einfachen Grunde, weil wir im Sommer kein Engagement hatten. Viele Dinge, die wir heutzutage selbstverständlich finden, gab es damals noch nicht. Zum Beispiel Klimaanlagen. Wenn es im Sommer heiß war, dann war es wirklich heiß. Und es blieb heiß.

Infolgedessen waren alle Theater vom ersten Juli bis Anfang September geschlossen. Wenn man nach einem langen Theaterwinter immer noch nach dem Anblick eines Schmierenschauspielers dürstete, konnte man einen Strohhut aufsetzen und mit dem Autobus zu einem der Vergnügungsparks fahren, die rings um die Stadt lagen.

In diesen Vergnügungsparks wurden keine hohen Gagen gezahlt, aber meistens gab es dort einen See mit Ruderbooten, ein Karussell und ein Riesenrad. Wenn man dort arbeitete, konnte man alles kostenlos genießen. Eines Tages ritt ich sechs Stunden lang auf einem Karussellpferd. Das tat ich nie wieder. Eine ganze Woche war ich sattelwund.

Leider reichte die Anzahl dieser Vergnügungsstätten nicht für eine Tournee, und außer den wenigen Prominenten, die eine hohe Gage bezogen, sahen die gewöhnlichen Sterblichen unter dem Theatervolk den heißen Sommermonaten und der dazugehörigen Engagementslosigkeit mit Bangen und Grauen entgegen. Das Kunststück bestand darin, während der Saison genug zusammenzusparen, um sich bis zur Wiedereröffnung der Theater im September über Wasser zu halten. Abgesehen von Chico waren alle ziemlich genügsam. Gummo und ich hatten jeder dreihundert Dollar für den Sommerschlaf beiseite gelegt.

In jenem ersten Sommer war es in Chikago ungewöhnlich heiß. Wenn der

Wind von der Prärie hereinblies, dörrte er einem nicht nur die Haut aus, sondern auf dem Wege zu unserem Haus nahm er auch noch den üblen Gestank der Viehhöfe und Schlachthäuser mit. Diesen halbtropischen Gasen konnte man nur entrinnen, wenn man zur Nordseite hinüberwechselte und dort die kühlende Brise des Michigan-Sees einatmete.

Zu der verhältnismäßig kühlen, klaren Luft der Nordseite von Chikago kam noch, daß Gummo und ich dort drüben zwei junge Mädchen kannten, die zu besuchen sich wohl lohnte. Die Hochbahn fuhr zu ihrer Wohnung, aber es war eine langweilige, ermüdende Reise, die eine Stunde hin und eine Stunde zurück dauerte. Die Fahrt schnitt ein tiefes Loch in den Abend, so daß sehr wenig Zeit für Romantik blieb. Es schien nur eine Lösung zu geben – ein Automobil.

Gummo und ich hatten schon immer davon geträumt, ein Auto zu besitzen, aber damals waren Automobile so selten wie heute Parkplätze. Ein neuer Wagen kam nicht in Frage. Unser Kapital war außerordentlich begrenzt. Was wir auch brauchen mochten, wir mußten es billig kaufen. Unsere Höchstleistung betrug zweihundert Dollar.

Zur Verzweiflung getrieben durch die Reize der jungen Mädchen und die lange, trübselige Nachtfahrt in der ratternden Hochbahn, legten wir jeder hundert Dollar von unserem Sommergeld an und kauften einen alten Chalmers. Er war wunderschön – niedrig gebaut und feuerrot, mit Drahtspeichenrädern. Dank seinen rassigen Linien sah er ungefähr einen Meter länger als der übliche Kastenwagen aus. Er hatte große Messinglampen, eine Messingstirn und eine außen angebrachte Schaltung. Da die Polster stark abgenutzt waren, saß man so tief, daß man ein Periskop benötigte, um auf die Straße zu sehen. Es war wie ein Blindflug. Wenn man bei diesem Zweisitzer-Kabriolett das Verdeck schloß, zeigte sich ein Loch, durch das man bequem den Kopf stecken konnte. Außer den zahlreichen Flickstellen waren die Reifen ebenmäßig abgenutzt, und die Räder standen ungefähr so hoch wie ein durchschnittlicher Fünfzehnjähriger.

Das waren seine Aktiven. Die Passiven waren unendlich. Erstens einmal hatte er keine Kraft. Er war nur eine hohle Schale, ähnlich einem muskulösen Riesen mit feigem Herzen. Bei Höchstgeschwindigkeit konnte er vierzig Stundenkilometer schaffen. Es war gut, daß er keine fünfzig schaffen konnte, denn bei unserer ersten Fahrt stellten wir fest, daß die Bremsen keinen Belag hatten. Die Bremstrommeln waren noch da, aber der Belag gehörte der Erinnerung an. Wir wohnten an der Fünfundvierzigsten Straße, und wenn ich dort halten wollte, mußte ich bei der Vierzigsten Straße aufs Bremspedal treten. Wenn ich bei der Zweiundvierzigsten Straße noch nicht auf das Pedal getreten hatte, glitt der Wagen an unserem Hause vorbei und kam ungefähr bei der achtundvierzigsten Straße zum Stillstand. Das war ein Problem, weil ich in der Gegend der Achtundvierzigsten Straße keine Seele kannte.

Der Wagen war mindestens fünfzehn Jahre alt, und in dieser Zeit mußte er auf den rauhesten Straßen Amerikas hundertfünfzigtausend Kilometer oder mehr zurückgelegt haben. Er keuchte, stöhnte und schnaufte wie ein Berufsringer. Zum Glück war Benzin billig. Wenn der Wagen sorgfältig gefahren und gelegentlich zärtlich geliebkost wurde, verbrauchte er auf sieben Kilometer nur vier Liter.

Man hätte lange suchen müssen, um zwei Menschen zu finden, die sich weniger als Gummo und ich geeignet hätten, dieses Ungeheuer zu handhaben. Wir wußten in technischer Hinsicht vom Innenleben eines Autos ungefähr so viel wie ein Hottentotte von der Kernspaltung. Aber das kümmerte uns nicht. Wir waren jung, wir waren glücklich, und wir hatten zwei Mädchen, die fast ebenso wie das rote Auto ins Auge stachen. Es war eine wundervolle Maschine.

Was wir von Automobilen nicht verstanden, das wußte Zeppo. Ich glaube, es gibt eine Menge technisch denkende Genies auf der Welt, die mit einem instinktiven Gefühl für Maschinelles geboren werden. Zu diesen Mißgeburten gehörte Zeppo. Er konnte einen Motor auseinandernehmen, die Ventile zermahlen, den Verteiler in Ordnung bringen und die Kerzen reinigen, ohne mehr Aufhebens oder Anstrengung aufzuwenden als ich beim Spitzen eines Bleistifts.

Am ersten Abend waren wir in fünfzig Minuten bei den Mädchen. Es ging nicht viel schneller als mit der Hochbahn, aber es war ein aufregendes Spiel, am Steuer eines bremsenlosen Wagens zu sitzen und über die geringen Fußgänger zu höhnen, die sich verzweifelt in Sicherheit brachten. Wahrscheinlich war das Auto von seiner Fünfzehn-Kilometer-Fahrt nach der anderen Seite der Stadt müde, denn am zweiten Abend weigerte es sich rundheraus, von der Stelle zu rücken. Das konnte katastrophal werden. Wir hatten am Abend zuvor bei den Püppchen ganz hübsche Fortschritte gemacht, und beim Abschied hatten sie durchblicken lassen, daß sie vielleicht nicht abgeneigt sein würden, nun von Gummo und mir den Gnadenstoß zu empfangen.

Da wir keine Garage hatten, ließen wir den Wagen immer vor dem Hause stehen. Gummo und ich besaßen gemeinsam einen einzigen Flanellanzug, und da wir die gleiche Größe hatten, trugen wir ihn abwechselnd. An diesem Abend war ich an der Reihe. Ich wollte ihn nicht schmutzig machen, deshalb sagte ich: »Gummo, kriech unter das Auto und finde heraus, warum es nicht fahren will. Während du da unten an der Arbeit bist, gebe ich ihm ab und zu einen Tritt. Vielleicht bringt es das in Bewegung.«

Eine halbe Stunde später krabbelte Gummo unter dem Wagen hervor und erklärte sich geschlagen. Die Dinge sahen für uns recht dunkel aus.

Gummo sah sogar noch dunkler aus. Was tun? Bestenfalls waren unsere Beziehungen zu den beiden reizenden Geschöpfen auf der Nordseite nicht allzu gesichert. Wie die meisten hübschen jungen Mädchen waren sie durch und durch unzuverlässig, und wir wußten, daß sie mit zwei anderen Romeos ausgehen würden, wenn wir zu spät kämen.

Während wir beunruhigt, schmutzig und niedergeschlagen dastanden, schlenderte Zeppo aus dem Hause. »Was ist los?« erkundigte er sich beiläufig. »Habt ihr mit der alten Blechbüchse Schwierigkeiten?«

»Das Auto fährt nicht«, jammerten wir im Chor.

»Oh«, antwortete Zeppo mit gespielter Sorge, »wollen einmal sehen, ob ich die Sache in Ordnung bringen kann. Wie wär's denn, wenn wir einen Blick auf den Motor werfen, was meint ihr?«

Diese unechte Höflichkeit hätte uns mißtrauisch stimmen müssen. Er hatte uns geraten, den Motor zu betrachten. Wir wußten nicht einmal, wo er saß – oder daß überhaupt einer vorhanden war. Den Motor ansehen? Das wäre uns niemals in den Sinn gekommen. Wir waren tief beeindruckt. Dies waren die Worte eines Fachmanns. Mit vereinten Kräften gelang es uns dreien schließlich, die Haube zu lüften. Lange und ausgiebig betrachtete Zeppo die große, dunkle, rostige Kraftanlage. Dann ging er ein paarmal ringsherum, als ob sie ein wildes Tier wäre, klopfte gedankenvoll mit einem Schraubenschlüssel daran und tat den beiden bebenden Liebhabern seine wohlüberlegte Diagnose kund.

»Ich will euch etwas sagen«, hob er an. »Leider ist die Sache ernst. Eure Transmission pumpt nicht richtig zum Magneten, und ob es euch gefällt oder nicht, ihr müßt den Vergaser abnehmen und mit dem Kardangelenk regulieren.«

Gummo und ich blickten einander mit gläsernen Augen an und dann Zeppo mit tiefer Bewunderung. Hier war ein Mann, der offensichtlich Motoren kannte. Natürlich ahnten wir nicht, wovon er redete, und es kümmerte uns auch nicht; aber die hochtechnische Analyse unseres versagenden Gefährts ließ unsere Hoffnungen himmelhoch schwellen. Wir wollten ja nur zur Nordseite hinüber und die beiden Damen abholen, ehe es zu spät war.

»Wie lange wird die Reparatur dauern?« fragte ich. »Kannst du sie jetzt gleich machen? Sonst lassen wir den Wagen hier und nehmen den Zug.«

Zeppo schüttelte den Kopf. »Ich muß mindestens zwei Tage hintereinander daran arbeiten. Ich rate euch, den Wagen mir zu überlassen und den Zug zu nehmen.«

Beim Wort »Zug« jagten wir auch schon zur Hochbahnstation und zu den beiden Schönheiten. Sobald wir außer Sicht waren, zog Zeppo, wie wir später entdeckten, ein Teilchen der Zündung aus seiner Hintertasche hervor, steckte es an den richtigen Platz, kurbelte den Motor an und fuhr zu seiner Freundin.

Wir Dummköpfe kamen glücklich in der dritten Woche dahinter. Da stellten wir fest, daß der Wagen recht gut lief außer an den Abenden, wo Zeppo eine Verabredung hatte. Da dies ungefähr fünfmal in der Woche der Fall war, hatten wir von unserem lahmen Gefährt sehr wenig Nutzen. Doch aus irgendeinem seltsamen Grunde gaben wir ein Vermögen für Benzin aus. Wir warfen schließlich die Flinte ins Korn und verkauften den Wagen unserem jüngsten Bruder für hundert Dollar. Jeder verlor bei dem Handel fünfzig Dollar. Was aber noch viel tragischer war, wir verloren auch die beiden Mädchen an zwei glückliche Burschen von der Nordseite, die jeder ein Harley-Davidson-Motorrad besaßen.

Nachdem wir die beiden Mädchen unwiderruflich verloren hatten, beschlossen Gummo und ich, unsere unglückselige Autopartnerschaft aufzulösen und getrennte Liebeswege zu wandeln. Wenn einer von uns danach ein Mädchen hatte, das unbedingt Auto fahren wollte, erlaubte uns Zeppo, unsern alten Chalmers für zwei Dollar am Abend zu mieten. Das konnten wir uns eigentlich kaum leisten. Aber ich muß es mit einer tiefen Verbeugung vor Zeppo sagen, daß unser chronisch Kranker, der invalide Chalmers, eine wundersame Genesung erlebte. Das Keuchen und Spukken verschwand, die Bremsen antworteten auf die leiseste Berührung, die Scheinwerfer erstrahlten so hell wie ein Leuchtturm, und es war ein Vergnügen, den Chalmers zu fahren – alles dank der technischen Begabung Zeppos, dieses gemeinen, nichtsnutzigen Autodiebes!

Das Automobil hat in meinem Leben eine wichtige Rolle gespielt. Im folgenden Jahr war ich ein Jahr älter, und sonderbarerweise waren alle die Mädchen, die ich kannte, auch um ein Jahr gealtert. Es wurde mir klar, daß es in bezug auf die Liebe ein dürrer Sommer werden würde, wenn ich mir kein Auto zulegen konnte. Nachdem ich wochenlang die Gelegenheitshändler aufgesucht hatte, tauschte ich schließlich hundertfünfzig Dollar gegen einen Scripps-Booth ein. Wenn überhaupt, so gibt es diesen Wagen nur noch sehr selten.

Der Scripps war ein kleiner Wagen. Er hatte zwei Sitze und einen Notsitz, der unter dem Kotflügel hervorschwang. Die Zauberei, die mich diesem Auto verfallen ließ, bestand in einem Knopf oben an der Tür rechter Hand, der auf geheimnisvolle Weise mit der Batterie verbunden war. Es war wie etwas aus Tausendundeiner Nacht. Man drückte auf den Knopf, und die Tür flog auf. Wirklich reine Zauberei! Diese elektrische Anlage entzückte mich so sehr, daß ich vergaß, den Motor zu prüfen, und ehe ich mich's versah, hatte der Verkäufer mein Geld, und ich hatte seinen Wagen.

Als ich einige Kilometer weit gefahren war, vernahm ich ein metallisches Klirren und Knirschen. Ich dachte, vielleicht hätte der frühere Besitzer, ein Musikliebhaber, ein billiges Xylophon unter die Haube gesteckt. Ich hielt rasch am Straßenrand, sprang hinaus, lüftete die Haube und stellte fest, daß der Wagen eine tödliche Wunde erlitten hatte. Fünf Schubstangen fehlten. Damals wußte ich nicht, wie man sie nannte, sondern ich wußte nur, daß sie aus Stahl bestanden, ungefähr die Größe eines Bleistifts hatten und fehlten.

Gesenkten Hauptes schritt ich langsam mitten auf dem verkehrsreichen Michigan-Boulevard zurück, und wundersamerweise fand ich alle fünf fehlenden Stangen. Ich wurde auch nicht überfahren, sondern ließ mich, Mord im Herzen, am Steuer des Wagens zu dem gaunerhaften Okkasionshändler abschleppen. Der Halunke, der mich um meine hundertfünfzig Dollar geprellt hatte, stand vor seinem Wagenpark und blickte begierig nach neuen Dummköpfen aus, als ich erschien. Er entblößte große gelbe Zähne und sagte: »Reden Sie nicht! Reden Sie nicht! Sie haben Ihre verdammten Schubstangen verloren, was? Komisch, aber das ist die einzige Schwäche, die der Scripps-Booth hat. Jedesmal macht er uns diese Schwierigkeit!«

»Warum haben Sie mir das nicht vorher gesagt?« fragte ich und rückte drohend auf ihn zu.

»Passen Sie auf«, antwortete er, »glauben Sie, wir würden dieses schöne Auto für hundertfünfzig Dollar hergeben, wenn die Schubstangen etwas taugten? Ich will Ihnen sagen, was ich tun werde. Für fünfzig Dollar setze ich Ihnen ein ganz neues Gestänge ein – mit Garantie!«

Meine dreihundert Dollar für den Sommer schmolzen schnell dahin. Hundertfünfzig für den Wagen und jetzt noch fünfzig für die Schubstangen.

»Warum haben Sie mir keine Garantie gegeben, als ich den Wagen kaufte?« drang ich in ihn.

»Beim Okkasionskauf eines Scripps geben wir nie Garantie«, erklärte er. »Das ist unsere Politik. Das Gestänge ist miserabel. Aber wenn wir einem Scripps Buick-Gestänge einsetzen, haben wir nie mehr irgendwelchen Ärger.«

Es verwirrte mich so sehr, dieser Logik zu folgen, daß ich ihm die fünfzig Dollar aushändigte.

In unserer Gegend wohnte ein bildschönes junges Mädchen. Zufällig traf ich sie eines Abends im Kino. Sie kaute Popcorn, und teilweise fiel das Zeug, entweder durch Zufall oder mit Absicht, in meine Rocktasche. Ich will ihr Aussehen nicht im einzelnen beschreiben, aber sie war so schön, daß ich ihr sogar das verlorene Popcorn zurückgab. Meine Liebenswürdigkeit schien ihr Eindruck zu machen, und bald teilten wir fröhlich das Popcorn.

Sie zählte neunzehn Jahre, und soviel ich sehen konnte – sie saß ja –, hatte sie alles, was ein junges Mädchen mit neunzehn Jahren haben sollte. Es genüge zu sagen (so fängt ein Anwalt, mit dem ich befreundet bin, jeden Schriftsatz an), daß ich sie am liebsten in die Arme genommen hätte.

Im Gespräch mit ihr stellte ich fest, daß sie eine Autonärrin war. Sie sagte, nichts sei ihr mehr zuwider, als zu Fuß zu gehen. Sie betonte, daß sie selbst dann, wenn sie in einen Mann wahnsinnig verliebt wäre, nichts von ihm wissen wollte, sofern er kein Auto besäße. Ich hatte ihr nicht erzählt, daß ich ein Auto besaß. Ich erzählte ihr auch nicht, daß mein Auto augenblicklich umgekehrt in einer Garage lag, wo seine lebenswichtigen Organe instand gesetzt wurden. Ich wartete meine Zeit ab. Am Tage, da mein Scripps-Booth von seiner Operation zurückkehrte, rief ich sie an und lud sie zu einer Fahrt ein.

Heute wird mein Gesicht in günstiger Weise mit dem Antlitz von William Holden, von Tony Curtis und sogar von Clark Gable verglichen, aber ich muß sagen, daß damals mit meinem Profil kein Staat zu machen war. Ich war eins siebzig groß, hatte unregelmäßige Zähne, fahle Haut, einen treuherzigen Hundeblick und einen dichten Schopf unordentlicher Haare, die je nach der Richtung, aus welcher der Wind zufällig blies, herumflatterten. Es hatte den ganzen Tag geregnet, und auf den Straßen standen immer noch Pfützen. Aber die Nacht war klar, und der Mond glänzte. Zum erstenmal seit vielen Wochen glänzten auch meine Schuhe. Als ich vor dem Hause meiner Schönen anlangte, hupte ich vergnügt. Nach dreißig Minuten öffnete sich die Haustür, und es bot sich mir ein entzückender Anblick, als sie die Freitreppe herunterstieg. Sie trug ein weißes Kleid, einen großen weißen Hut und weiße Schuhe. Ich ging ihr auf halbem Wege entgegen, begrüßte sie mit all meiner wohltemperierten Eleganz und eilte zurück, um ihr den Wagenschlag zu öffnen. Die Tür klemmte ein wenig, und in meinem Eifer rutschte ich ein Stückchen unter das Auto. Ich klopfte den Schmutz ab, setzte mich neben sie und fuhr mit ihr zum See hinaus. Ich war überglücklich. Mein Herz vollführte mehr Lärm als der Motor, und als sie mich anlächelte, erkannte ich, daß ich endlich das Mädchen meiner Träume gefunden hatte.

Das Auto lag nicht allzu gut auf der Straße, und sogar bei niedriger Geschwindigkeit schlurfte es wie ein wankender Betrunkener um die Kurven. Als wir wieder einmal eine Kurve nahmen, wollte sie sich im Gleichgewicht halten und legte die Hand an die Tür. Sie wußte nicht, daß dies die Tür mit dem elektrischen Knopf war. Zu meinem Schrecken flog die Tür auf, und das bezaubernde Geschöpf glitt anmutig aus dem Auto in eine große Pfütze. Ich war so entsetzt, daß ich weiterfuhr, aber erst kürzlich hatte ich einen Film mit Francis X. Bushman gesehen, und es ging mir auf, daß Francis in einer solchen Lage nie und nimmermehr Reißaus genommen hätte. Ich fuhr schnell rückwärts, wobei ich sie in meiner Aufregung fast überfahren hätte, sprang aus dem Wagen und half ihr auf die Füße. Obwohl sie naß und schmutzig war, erkannte ich sie sogleich. Ich wollte ihr alles erklären und mich entschuldigen, aber sie sagte nur: »Bringen Sie mich nach Hause, Sie Ekel!«

77

»Horse Feathers«.

Wir fuhren schweigend zurück. Die einzigen Geräusche, die zu hören waren, stammten von dem Motor und von meinen Zähnen. Als wir bei ihrem Hause anlangten, riß sie den Wagenschlag auf und lief jammernd die Treppe hinauf. Am folgenden Tage erhielt ich einen eingeschriebenen Brief von ihrem Vater. Er schrieb, Kleid, Hut und weiße Schuhe seiner Tochter seien zugrunde gerichtet, es werde fünfundsechzig Dollar kosten, die Sachen zu ersetzen, und wenn das Geld nicht binnen achtundvierzig Stunden ankäme, würde er bei mir zu Hause mit einer großen Peitsche ankommen und mir die Seele aus dem Leib prügeln. Zuerst dachte ich daran, die Prügel hinzunehmen und die fünfundsechzig Dollar zu sparen, doch nach einer schlaflosen Nacht schickte ich ihm widerstrebend das Geld.

Dies war wirklich der Sommer meines Mißvergnügens: Hundertfünfzig Dollar für den Wagen, fünfzig für die neuen Schubstangen und jetzt fünfundsechzig für die Garderobe dieses Mädchens. Im ganzen zweihundertfünfundsechzig Dollar – und ich war mit dem Mädchen nicht einmal bis zum See gekommen! Zum ersten- und letztenmal hatte ich Francis X. Bushman nachgeahmt.

Meistens schildern Bühnenkünstler, wenn sie schließlich ihre Autobiographie schreiben, mit glühenden Farben eine unablässige Folge von Triumphen. Die gescheiten streuen ab und zu einen Mißerfolg ein; denn sie wissen, daß es für den Durchschnittsleser, der gewöhnlich im Leben keinen Erfolg hat, nichts Entmutigenderes gibt, als von einem Glückspilz zu lesen, der durch eine Serie von Zufällen (und ein Mindestmaß an Begabung) zu Ruhm, Vermögen und einer Galerie von Gattinnen gekommen ist.

Ehe ich mit dieser Chronik fertig bin, werde auch ich den Leser mit einigen meiner Triumphe langweilen, doch er muß sich noch gedulden. Vorläufig bin ich wie Picasso immer noch in meiner Automobilperiode.

Nachdem der Chalmers und der Scripps-Booth mein Liebesleben zertrümmert hatten, kam eine lange Reihe von Blechbüchsen: ein Nash, ein Essex, ein Elgin, dessen Hinterachse immerzu abfiel, eine Ford-Limousine so hoch wie ein Elefantenauge und so aus dem Gleichgewicht, daß ein starker Wind sie zum Krängen brachte, und einen Cord, dessen Notbremsengriff stets in meiner Hand abbrach, wenn ein Notfall eintrat.

Fast jeder hat irgendein Ziel im Leben, das er schließlich zu erreichen hofft . . . Präsident der Vereinigten Staaten, Leiter eines großen Sportvereins, Oberinspektor einer Versicherung. Abgesehen davon, daß ich nicht verhungern wollte, bestand mein einziges Lebensziel darin, ein glänzend neues Auto zu besitzen, mit einem Steuerrad, das noch keine Menschenhand berührt hätte, mit Polstern ohne Fettflecken, mit makellosen Reifen und einem Kilometerzähler, auf dem 000 000 stünde.

Wir spielten in Philadelphia im Walnut-Street-Theater in einer Revue, die aus unerfindlichen Gründen »Ich will sagen, wie sie ist« hieß. Wir traten dort den ganzen Sommer auf, und da es die einzige Vorstellung in Philadelphia war, hatten wir großen Erfolg. Ich verdiente wöchentlich zweihundert Dollar.

Nachdem ich mich einige Wochen lang sorgfältig umgeschaut hatte, entschloß ich mich für eine Studebaker-Limousine mit Drahtspeichenrädern und einer Blumenvase. Ich kaufte den Wagen an einem Mittwochmorgen und lechzte danach, sogleich damit abzufahren; aber der Verkäufer sagte, es werde einige Stunden dauern, ihn startbereit zu machen, und er wolle ihn am Nachmittag abliefern.

Ich erwiderte: »Heute nachmittag habe ich Vorstellung.«

Er sagte: »Ich liefere ihn gern beim Theater ab.«

Meine große Szene war im zweiten Akt, wo ich Napoleon Bonaparte darstellte. Unnötig zu sagen, daß ich großartig war. Mein Kostüm bestand aus der Uniform eines französischen Generals, einem Degen, Stiefeln, einem Dreispitz und einem riesengroßen aufgemalten schwarzen Bart auf der Oberlippe. Ich muß gestehen, ich sah dem Original-Napoleon nicht sehr ähnlich, aber man darf nicht vergessen, ich war zum Gaudium da, und wer weiß, vielleicht hätte das Original kein so unglückliches Ende gehabt, wenn es ebenfalls dafür da gewesen wäre.

Die Napoleonszene kam kurz nach der viertelstündigen Pause dran, und der Verkäufer lieferte den Wagen gerade zu Beginn der Pause ab. Ich war jetzt in Kostüm und Maske. Der Verkäufer sagte: »Hier sind die Schlüssel, und Gott behüte Sie.« Ich stellte später fest, daß er nie ein religiöser Mann gewesen war, aber in diesem Jahr hatte das Autogeschäft sehr nachgelassen, und er war fleißig in die Kirche gegangen, um zu sehen, ob er durch Gebet und fromme Phrasen neue Kunden finden könnte. Als er mir die Schlüssel aushändigte, sagte er: »Fahren Sie um den Block herum, mein guter Freund. Sie werden das Gefühl haben, auf Wolken zu segeln.«

Der Wagen war schwarz und glänzend, und er sah wunderbar aus. Da die Pause soeben angefangen hatte, blieb mir genügend Zeit, um den Block herumzufahren. Das dauerte ja nur zwei bis drei Minuten.

Philadelphia gehört zu den alten Kolonialstädten Amerikas. Dort gibt es die Freiheitsglocke, die Saturday Evening Post (von der immer noch behauptet wird, Benjamin Franklin habe sie gegründet), und in der Gegend, wo das Walnut-Street-Theater steht, sind die schmalsten Straßen diesseits von Bombay. Wenn zwei Straßenbahnen aus entgegengesetzter Richtung aneinander vorbeifahren, hängt es sozusagen nur an einem Haar, daß sie sich nicht aus den Schienen stoßen.

Als ich um die Ecke fuhr, sah ich, daß mir eine Straßenbahn den Weg versperrte, und vor dieser Straßenbahn war eine lange Reihe von Straßenbahnen. Gleich darauf war auch hinter mir eine Straßenbahn, und dahinter erstreckten sie sich ebenfalls endlos. Neben den Straßenbahnen waren Lastwagen, Autos und Karren – soweit das Auge zu sehen vermochte, ergab sich eine riesige Blockade durch verschiedene Fahrzeuge. Kein Rad drehte sich. Einzig und allein die Zeiger meiner Uhr bewegten sich und teilten mir mit, daß es Zeit wurde, den Napoleon zu spielen. Was tun? Ich hatte noch keine Nummernschilder. Wenn ich den Wagen hier stehen ließ, wurde er zweifellos gestohlen. Wenn ich bei dem Wagen blieb, versäumte ich die Napoleonszene.

Ein Polizist erspähte mich, als ich aus dem Studebaker stieg. Wahrscheinlich dachte er: »Das ist ein neues Verfahren, ein Auto zu stehlen ... man verkleidet sich mit einem verrückten Kostüm, damit die Polizei meint, es handle sich um eine Reklame.« Wir begannen beide zu rennen, aber ich war ihm gegenüber im Nachteil. An den Füßen hatte ich große, wabbelige Stiefel, und auf halbem Wege flog mir der eine weg. Es muß ein ungewöhnlicher Anblick gewesen sein – ein Philadelphia-Polizist, der Napoleon über die Walnut-Street verfolgte.

Er nagelte mich schließlich fest. »Wissen Sie nicht, daß es ein Verstoß gegen das Gesetz ist, ein Auto mitten auf der Straße stehen zu lassen?« rief er. »Und was zum Kuckuck treiben Sie in diesem verrückten Kostüm?« Ich erklärte ihm, wer ich war, und was sich zugetragen hatte. Der Polizist war ein typischer Philadelphia-Beamter; sogleich entschuldigte er sich und holte mir den flüchtigen Stiefel. Dann lief er mit mir zum Theater. Ich kam gerade beizeiten für meinen Auftritt an.

Ich spielte die Szene an diesem Nachmittag, doch so entzückend Josephine auch war, es kümmerte mich keine Bohne, ob sie mir treu war oder nicht. Ich konnte nur an meinen funkelnagelneuen Studebaker denken, der kein Nummernschild, keinen Fahrer und – was das Schlimmste war – keine Versicherung hatte.

Als ich das Theater verlassen konnte, war die Blockade verschwunden und mein Wagen ebenfalls. Vier Wochen später fand ihn die Polizei in Lancaster im Staat Pennsylvania und brachte ihn mir zurück. Erstaunlicherweise hatte sein Aussehen durch den Diebstahl keine Einbuße erlitten; aber ich bekam nicht den neuen Wagen, den ich mir immer erträumt hatte. Auf dem Kilometerzähler stand jetzt die Zahl 4538, und die Polster waren voller Tintenflecke.

Obwohl der Studebaker mir 4538 Kilometer untreu gewesen war, liebte ich ihn wie ein lebendiges Wesen. Ich behandelte ihn zärtlich und fuhr nie mehr als dreißig Kilometer am Tage mit ihm. Ich befürchtete, sein Inneres zu überanstrengen, und außerdem bestand kein Grund, weiter mit ihm zu fahren. Inzwischen hatte ich nämlich geheiratet, und amouröse Ausflüge waren hinfällig geworden.

Ich ging mit dem Wagen folgendermaßen um: Der Fairmont-Park lag fünfzehn Kilometer von meinem möblierten Zimmer entfernt. Nach dem Frühstück fuhr ich zum Fairmont-Park hinaus, suchte eine schattige Stelle und rieb den Wagen ab, bis mir der Rücken schmerzte. Dann wischte ich im Innern Staub und putzte die Fenster. Hierauf fuhr ich den Wagen zur Garage zurück und machte einen Spaziergang.

An Regentagen ließ ich den Wagen in der Garage. Der Studebaker legte keine große Kilometerzahl zurück, aber meine Freunde sagten einstimmig, ich hätte den saubersten und glänzendsten Wagen in ganz Pennsylvania.

Zehntes Kapitel

Manchmal kommt es anders

Kehren wir nun zum Bühnenleben zurück. Heute ist das ein ganz anderer Beruf. Wenn man in Amerika zur richtigen Zeit in der richtigen Fernseh-schau auftritt, kann man über Nacht berühmt werden. Binnen vierund-zwanzig Stunden kann man aus der Dunkelheit ins Licht der Scheinwerfer emporschnellen. Ein Fingerschnalzen, und es regnet nur so Verträge. Früher wurde man nicht über Nacht entdeckt. Wir zogen viele Jahre um-her, ehe wir es schafften. Wir bespielten Städte, in denen ich heute nicht begraben sein wollte, selbst wenn die Beerdigung kostenlos wäre und ein Grabstein zum Geschenk dazugegeben würde. Manchmal gelange ich auf der Reise zu irgendeinem Ort, in ein verstaubtes Nest, wo wir damals ge-spielt haben. Da mein Erinnerungsvermögen im Lauf der Jahre nachge-lassen hat, vergesse ich immer wieder, wie diese Ortschaften ausgesehen haben. Wenn ich sie jetzt sehe, bin ich entsetzt.

Auf einer Orpheum-Tournee spielten wir einen herrlich komischen Sketch von John B. Hymer. An den genauen Inhalt erinnere ich mich nicht mehr, aber es kam darin ein Bösewicht namens Tiger Smith vor. Den wirklichen Namen des Kollegen, der diese Rolle spielte, weiß ich nicht, da wir alle ihn immer nur Tiger nannten. Er war ein Hüne, und nach seinem Körperbau zu urteilen, hätte er Sportler von Beruf sein können.
Seine Wochengage betrug zweihundert Dollar, und nach seiner Lebens-weise zu urteilen, muß er davon hundertfünfzig auf die hohe Kante gelegt haben. Die Steuern spielten damals keine Rolle, und ich bezweifle, daß er sie jemals bezahlte. Er trennte sich höchst ungern vom Geld. Wenn der Theaterdirektor keinen Einwand erhob, schlief er in seiner Garderobe in einer Hängematte.
Die meisten Artisten der Truppe waren verhältnismäßig freundlich, falls eine Nummer nicht etwa allzu großen Erfolg hatte. Nach der Nachmit-tagsvorstellung gingen wir gewöhnlich zusammen essen. Alle außer Tiger Smith. Ich fragte ihn einmal, warum er nicht mitkäme.
»Groucho«, antwortete er, »hältst du mich für verrückt? Wenn du meinst, ich würde einen Dollar bezahlen, nur um zu essen, irrst du dich gewaltig.«
Er fügte hinzu: »Essen ist Essen, und ich werde mein Geld gewiß nicht für einen solchen Blödsinn zum Fenster hinauswerfen.«
»Wie ernährst du dich denn?« forschte ich. »Züchtest du in der Garde-robe eigene Pilze?«

»Quatsch.« Er schüttelte den Kopf. »Ich esse im billigsten Lokal, das ich finden kann, und mich kostet eine Mahlzeit nie über einen Viertel-dollar.«

»Aber wirst du bei dieser Ernährung nicht krank, Tiger?«

»Machst du Witze? Seit Jahren ernähre ich mich so.« Er streichelte sich den Magen und prahlte: »Noch nie in meinem Leben war ich krank!«

»Wie gelingt dir das bloß?« fragte ich weiter. »Hast du ein Geheimre-zept?«

»Man könnte es wohl so nennen«, räumte er ein. »Ich will es dir verraten, wenn du es keiner Seele weitererzählst.«

Das versprach ich ihm.

»Also, gleich nach dem Essen«, vertraute er mir an, »einerlei, wie elend ich mich fühle, nehme ich zwei Löffel voll Natron zu mir. Wenn ich das ge-schluckt habe, bin ich so gut wie neu.«

Zu dieser Geschichte gibt es nicht mehr viel zu sagen. Nach unserer Tour-nee verlor ich ihn aus den Augen. Einige Jahre später las ich seinen Nach-ruf in der Fachzeitschrift *Variety*. Es hieß darin, Tiger Smith sei an Nieren-steinen gestorben, dadurch verursacht, daß er zuviel Natron geschluckt hatte. Seine Hinterlassenschaft belief sich auf zweihunderttausend Dol-lar. Ich weiß nicht, wer das Geld bekam, aber hoffentlich hatte sein Erbe genügend Verstand, bessere Restaurants aufzusuchen. Für zweihundert-tausend Dollar kann man viele Jahre lang wirklich gut essen.

Wie beim Soldaten spielt beim Wanderschauspieler das Essen – oder der Mangel an Essen – eine wichtige Rolle.

In Elizabeth im Staat New Jersey wohnten wir in einer Pension. Diesmal war es nicht die übliche muffige Theaterpension, in der wir gewöhnlich hausten. Hier ging es so fein zu, daß es beinahe ungemütlich war. Die Wir-tin trug einen Silberkamm im Haar, und die Tischtücher wurden zweimal in der Woche gewechselt. Die Gäste bestanden größtenteils aus ziemlich wohlhabenden, abgetakelten Witwen und Witwern. Nur wenn einer oder mehrere Gäste ausgezogen oder gestorben waren, ließ sich die Wirtin dazu herab, Artisten aufzunehmen.

Anscheinend hatte es in dieser Weihnachtswoche etliche Todesfälle ge-geben, denn sie hatte Platz für uns vier. Nach beträchtlichem Feilschen um den Pensionspreis, der höher war als üblich, wurden uns hinten im dritten Stock zwei Zimmer angewiesen. Verglichen mit unseren sonstigen Quar-tieren, war dies ein recht vornehmes Gasthaus. Am folgenden Tage war Weihnachten, und wir konnten es kaum erwarten, die Zähne in den gro-ßen saftigen Truthahn zu schlagen, den es am Weihnachtstag in allen Pen-sionen gab. Das Leben war wundervoll. Draußen schneite es, wir hatten warme, gemütliche Zimmer und – höchst wichtig – ein Engagement.

Es war ein altes Haus, und der Speisesaal lag im Erdgeschoß. Er enthielt drei Tische für je acht Personen, außerdem im entfernten Winkel einen besonderen Tisch, an den wir verbannt wurden. Offenbar schätzte es unsere Wirtin nicht, wenn sich Theaterleute mit normalen Menschen mischten. Uns war das gleich. Unser Motto lautete: »Her mit dem Truthahn und zum Teufel mit der Absonderung.«

An diesem Abend hatte ihr Mann, eine angeknackst aussehende Null, seinen großen Augenblick des Triumphes, als er den Weihnachtstruthahn hereinbrachte. Wer ihn gebraten hatte, wußte ich nicht, aber er sah knusprig und saftig aus. Alle Dauergäste nahmen sich ein gutes Stück von dem Vogel, während er herumgereicht wurde. Die besten Teile gingen schnell ab. Nachdem sich die Dauergäste bedient hatten, wurde die Platte, anstatt sich zu unserem Tisch zu bewegen, in die Küche zurückgetragen. Unsere Teller waren immer noch so nackt wie der Vorsitzende einer Nudistenkolonie.

Wir begannen unruhig zu werden; aber Chico sagte: »Nur Geduld, regt euch nicht auf. Von dem Truthahn war ja nicht mehr viel übrig. Gleich wird für uns ein neuer gebracht werden.«

Einige Minuten später tauchte ein anderes Aschenbrödel aus der Küche auf und strebte der Teufelsinsel zu, nämlich uns. Es trug eine große bedeckte Schüssel, und als sie an unserem Tisch entschleiert wurde, lag da eine große graue Makrele.

Wir standen wütend auf und marschierten aus dem Speisesaal, ohne den Fisch berührt zu haben. Da eine Vorstellung niemals ausfallen darf, begaben wir uns zum Theater. An diesem Abend bestand unsere Nummer aus lauter Variationen um ein einziges Thema – eine tote Makrele. Die Zuschauer vermochten nicht zu folgen. Sie lachten nicht, wir hingegen krümmten uns. Wahrscheinlich vor Hunger.

In später Nacht, als die Pension schlief, schlichen wir in die Küche und veranstalteten einen Überfall auf den Eisschrank. Zu unserer Überraschung fanden wir einen halben kalten Truthahn. Wir machten ihm rasch den Garaus mitsamt Knochen und allem übrigen. Wir entdeckten auch die verschmähte Makrele, die von der Wirtin zweifellos aufgehoben worden war, damit sie uns am folgenden Tage vorgesetzt werden konnte. Flugs beförderten wir den Fisch auf die leere Truthahnplatte und steckten ihm einen Zettel ins Maul. Darauf stand schlicht: »Die Schwarze Hand.«

Am folgenden Morgen zogen wir aus und siedelten in eine weniger vornehme, aber gastfreundlichere Pension über.

Als passende Krönung all dieser üppigen Mahlzeiten begann ich Pittsburger Zigarren zu rauchen. Sie waren lang, dünn und schwarz wie Ofenwichse (damit hatte die Ähnlichkeit nicht ihr Ende). Drei Stück kosteten einen Nickel, und für einen Nickel konnte man ungefähr vier Stunden unablässig rauchen. Ich muß einen ungewöhnlich guten Magen gehabt haben, denn mir wurde davon nur etwa einmal am Tage schlecht. Ich hätte die Zigarren aufgeben sollen, aber das Rauchen machte mir Spaß. Es war nicht der Geschmack, der mich reizte, sondern ich fand, daß mich die Zigarren männlich wirken ließen. Wenn man einen solchen Glimmstengel im Munde hatte, bestand keine Möglichkeit, irrtümlicherweise für ein Mädchen gehalten zu werden. Endlich aber gelangte ich zu dem Schluß, daß Pittsburger Zigarren stärker waren als ich, so daß ich die Wahl zwischen zwei Dingen hatte – entweder sie aufzugeben oder in eine andere Welt hinüberzugehen.

Im reifen Alter von fünfzehn Jahren rückte ich von Pittsburger Glimmstengeln zur Nickelzigarre auf, und als ich vermögender wurde, verbesserte ich mich zur Zehn-Cent-Zigarre. Damals gab es eine beliebte Zigarre, die La Preferencia hieß. Die ganze Landschaft war mit der Reklame bepflastert: »Rauchen Sie La Preferencia. Dreißig Minuten in Havanna für nur fünfzehn Cent.« Diese Ankündigung bezauberte mich. Sie klang so tropisch. Man stelle sich vor, dreißig Minuten in Havanna für fünfzehn Cent! Noch nie hatte ich für eine Zigarre so viel ausgegeben, aber ich war auch noch nie in Havanna gewesen.

Schließlich erlag ich der Reklame. Ich ging in ein Tabakgeschäft, warf fünfzehn Cent auf den Ladentisch und sagte: »La Preferencia bitte.« Als der Verkäufer sie mir reichte, fragte ich: »Die Reklame behauptet, dreißig Minuten in Havanna – ist das wahr?« Er lächelte und nickte bestätigend.

An diesem Abend ging ich nach unserer letzten Vorstellung in die Pension zurück, schlüpfte in mein Nachthemd und stellte den Wecker. Ich streckte mich im Bett aus und paffte munter. Die Zigarre hatte einen netten Geschmack. Das Aroma war mild und duftig, weit entfernt von dem Kohlegestank der Pittsburger Glimmstengel. Ich will nicht behaupten, daß ich nach Havanna versetzt wurde oder auch nur so weit südlich wie Florida; aber ich muß sagen, das Aroma war besser als alles, was ich bisher gepafft hatte. Nach Ablauf von zwanzig Minuten war die Zigarre so kurz, daß ich sie nur noch halten konnte, indem ich einen Zahnstocher in den Stummel steckte. Nach Ablauf von zweiundzwanzig Minuten war sie keine Zigarre mehr, sondern nur noch anderthalb Zentimeter feuchten Tabaks. Ich war recht ärgerlich. Fünfzehn Cent in Rauch aufgegangen!

Früh am folgenden Morgen ging ich mit dem feuchten Beweisstück in einer kleinen Tüte zu dem Tabakgeschäft. Der Verkäufer begrüßte mich lächelnd. Ich öffnete die Tüte, und der feuchte Stummel rutschte über den Ladentisch. »Dreißig Minuten in Havanna, he?« knurrte ich. »Ich rauchte sie so langsam wie möglich, und länger als zweiundzwanzig Minuten dauerte die Herrlichkeit nicht! Ich will meine fünfzehn Cent zurück!«

Wie alle Verkäufer war er sicherlich vielen sonderbaren Menschen begegnet. »Schauen Sie«, sagte er, »ich habe mit der Reklame für die La Preferencia nichts zu tun. Ich bin hier nur Verkäufer.«

»In der Reklame heißt es dreißig Minuten in Havanna«, schnauzte ich. »Ich hatte nur zweiundzwanzig Minuten daran. Das ist Gaunerei!«

Er war ein netter Mann, und er merkte, daß er das glänzende Beispiel eines dummen Jungen vor sich hatte. »Verstehen Sie doch«, antwortete er, »ich bin hier nur angestellt und habe keine Befugnis, Geld zurückzugeben.«

»Das ist mir gleich«, versetzte ich hitzig. »Ich habe diese Zigarre hier gekauft, und ich will mein Geld zurück! Ich mache Sie persönlich dafür verantwortlich.«

Mittlerweile hatten zwei Kunden den Laden fluchtartig verlassen, und der Verkäufer wurde allmählich nervös. »Wissen Sie was?« sagte er beschwichtigend. »Beruhigen Sie sich, und ich gebe Ihnen eine La Preferencia gratis.«

An diesem Abend stellte ich den Wecker wieder so, daß er in dreißig Minuten läutete. Ich zündete die Zigarre an und lehnte mich behaglich ans Kissen. Vielleicht rauchte ich diesmal schneller, ich weiß nicht, jedenfalls dauerten die dreißig Minuten in Havanna nur achtzehn Minuten.

Am Morgen ging ich wieder zu dem Tabakgeschäft, und wieder warf ich den feuchten Stummel auf den Ladentisch. Ich beschwerte mich: »Gestern abend war ich nur achtzehn Minuten in Havanna!«

»Ich sagte Ihnen doch, ich bin hier nur angestellt«, beschwor mich der Verkäufer. »Belästigen Sie mich nicht, wenn Ihnen unsere Ware nicht gefällt. Schreiben Sie der Fabrik und beschweren Sie sich dort.« Damit gab er mir einen Zettel, auf dem Name und Adresse der Fabrik standen. Ich kehrte zur Pension zurück und schrieb dem Fabrikdirektor einen Brief, in dem ich ihm genau erklärte, wie ich betrogen worden war.

Trotz der verlogenen Reklame waren es wohl recht nette Leute, denn zwei Wochen später erhielt ich einen Scheck auf fünfzehn Cent. Wegen dieser Großzügigkeit rauchte ich viele Jahre La Preferencia weiter. Aber ich behaupte immer noch, es war reine Gaunerei, denn einerlei, wie langsam ich paffte, ich brachte es nie fertig, mehr als zweiundzwanzig Minuten in Havanna zu verbringen.

Allerdings gelang es mir, ziemlich viel Zeit in Indiana zu verbringen. Im Staat Indiana gab es von jeher schöne Mädchen.

Angetan mit einem neuen Anzug, einer gewürfelten Mütze, Gamaschen, und ausgerüstet mit einem Spazierstock, schlenderte ich die Hauptstraße von Muncie entlang und hielt nach ihnen Ausschau. Wir hatten gerade die Nachmittagsvorstellung beendet, und wie stets waren wir nach dem Abschminken und Umziehen nach vorn gestürzt, um zu sehen, was für Leute aus dem Theater strömten. Manchmal zeitigte dieses Verfahren sehr befriedigende Ergebnisse, doch an diesem Tage war nichts Besonderes aufgetaucht.

Mit einem gespielten Gähnen hatte ich meinen Brüdern erklärt, ich wolle in der Pension ein Schläfchen tun, weil ich mich nicht allzu wohl fühlte. Durch eine Seitengasse war ich zur Hauptstraße gelangt, um zu erkunden, was für Weiblichkeit das Schicksal für mich bereithielt.

Kaum zehn Minuten später erspähte ich ein schönes Mädchen, das einen Kinderwagen schob. Wir beide waren ungefähr gleichaltrig. Ich wendete nun den abgedroschensten, aber sichersten Kniff an, den das starke Geschlecht kennt. Ich stellte mich neben den Wagen und plapperte im Kleinkinderton. Nicht mit dem jungen Mädchen, sondern mit dem Säugling.

»So ein entzückendes Kind!« rief ich. »Und diese Ähnlichkeit! Die Kleine kann von Glück sagen, Sie zur Mutter zu haben.« (Die rosa Schleifen verrieten mir, daß es ein Mädchen war.)

»Danke schön«, antwortete das niedliche kleine Ding, »aber ich bin nicht ihre Mutter. Das ist das Kind meiner Schwester. Ich hüte es nur für sie, während sie Einkäufe macht.«

Soweit ging alles recht gut. Recht gut? Es ging großartig! Wenn es nicht ihr Kind war, bestand alle Wahrscheinlichkeit, daß die Hüterin des Kindes unverheiratet war. »Sind Sie verheiratet?« fragte ich.

»Natürlich nicht«, sagte sie, wobei sich Grübchen bildeten. »Ich bin erst neunzehn.«

Ja, es klappte. Auch ich war neunzehn und unverheiratet. »Wohin wollen Sie?« forschte ich.

»Ich bringe das Kind zu mir nach Hause, bis meine Schwester es abholt«, erklärte sie.

Ich setzte mein gewinnendes Lächeln auf. »Brauchen Sie nicht Hilfe, um den Wagen zu stoßen?«

»Sie können gern mitkommen, wenn Sie wollen.«

Ihre Aufforderung beseligte mich so sehr, daß ich beinahe einen Freudensprung über den Kinderwagen vollführte. Während wir dahingingen, brachte ich die übliche Geschichte von meiner Einsamkeit und ihrer Schönheit vor – sie sei das hübscheste Mädchen, das ich jemals gesehen hätte. (So abgedroschen das auch klingen mag, es wirkt immer!)

Wir kamen schließlich bei ihrem Hause an, einer architektonischen Scheußlichkeit. Es war ein zweistöckiges Gebäude, das sich schälte, als ob es einen argen Sonnenbrand erlitten hätte. Meine Freundin wohnte im zweiten Stock. Wir hoben das Kind aus dem Wagen, trugen es hinauf und brachten es rasch zu Bett.

Als geborener Stratege pflanzte ich mich sofort aufs Sofa, und um bei ihr mit meiner kosmopolitischen Lebensweise Eindruck zu schinden, holte ich eine große billige Zigarre hervor und begann das Zimmer zu verstänkern.

Sie setzte sich neben mich, und ehe sie Piep sagen konnte, hatte ich den Arm um sie gelegt. Ihre Taille war entzückend. Gerade vom richtigen

Umfang. Vielleicht bildete ich es mir nur ein, aber sie schien dem leichtesten Druck nachzugeben. Wie himmlisch! Abgesehen von dem Kind, saß ich ganz allein mit einem süßen Ding auf dem Sofa. Und in Anbetracht der Tatsache, daß ich sie erst seit zwanzig Minuten kannte, kam ich recht gut vorwärts.

»Wie kommt es, daß ein so schönes Mädchen wie Sie nicht verheiratet ist?« fragte ich.

»Meine Schwester ist verheiratet«, gab sie zurück, »und nach allem, was sie mir erzählt hat, scheint die Ehe kein großes Vergnügen zu sein.«

»Gefalle ich Ihnen?« fragte ich schüchtern.

»Das will ich meinen«, erwiderte sie. »Ich finde Sie wirklich nett.«

Aus ihren Antworten ersah man sofort, daß sie keine Geistesleuchte war. Zu ihrer Verteidigung muß ich jedoch sagen, daß sie sehr hübsche Beine hatte.

»Die Männer in Muncie können Ihnen nicht das Wasser reichen«, fuhr sie fort.

Da ich mich erst seit zwei Tagen in Muncie aufhielt, ahnte ich nicht, wie die Männer in Muncie waren; doch es genügte mir, daß sie mich ihnen vorzog. Während dieses witzigen Gesprächs hatte sie zehn Zentimeter von mir entfernt gesessen, und jetzt rückte sie noch näher. Liebe war rings um mich. Ekstase war gerade um die Ecke. Ich schwebte auf Wolken. Während ich schwebte, vernahm ich ein entschiedenes, männliches Klopfen an der Türe. Sie schrie auf: »O Gott, mein Mann!«

»Ich dachte, Sie wären nicht verheiratet«, rief ich, während ich vom Sofa aufsprang.

»Ach, das war bloß Scherz.«

Scherz! Da war ich auf halbem Wege zum Leichenschauhaus, und sie nannte es Scherz!

Inzwischen war das Klopfen noch lauter und drängender geworden. Eine tiefe Stimme donnerte: »Gladys, du Biest, mach auf! Mach auf, Gladys, sonst trete ich die Türe ein!«

Nach dem Klang seiner Stimme vermutete ich, daß er etwa eins neunzig groß war und sich im Sport auszeichnete. Ich bekam es mit der Angst.

»Was soll ich tun?« flüsterte ich.

»Verstecken Sie sich im Schrank«, sagte sie ruhig. »Keine Sorge, Sie werden heil davonkommen.«

Ihre kühlen, überlegenen Anweisungen ließen mich argwöhnen, daß dies kein ungewöhnliches Ereignis in Gladys' Leben war. Ich versteckte mich schnell im Schrank und zog die Türe hinter mir zu. Der Schrank war angefüllt mit Mänteln, Hosen, Anzügen, Mottenkugeln und Gummistiefeln, und er vereinte alle Gerüche, die der Mensch erschaffen hat. Ich konnte nicht sehen, was vor sich ging, aber ich hörte sie die Wohnungstür aufschließen.

Er sagte nicht: ›Guten Tag, wie geht es dir?‹ Nichts dergleichen. Anscheinend war auch er diese kleine Episode gewöhnt, denn sein erster Satz lautete: »Wo zum Kuckuck steckt er?«

»Wie bitte?« erwiderte Gladys mit einem unschuldigen Tone, der Helen Hayes' Schauspielkunst alle Ehre gemacht hätte. »Es ist niemand hier, Liebling.«

»Du lügst!« grölte er. »Ich hörte eine Männerstimme!«

»Du mußt müde sein, Ralph«, beschwichtigte sie. »Ich will dir etwas zu essen bringen.«

»Bring mir nichts! Wenn ich den Kerl finde, der sich hier versteckt, werde ich ihn um die Ecke bringen! Wo ist er? Ich werde ihn mit bloßen Händen erwürgen!«

Ich dachte kummervoll: ›Wenn er ein feiner Mann wäre, würde er wenigstens Handschuhe tragen.‹

Mir wurde allmählich etwas schwach von dem Luftmangel im Schrank, und ich begann zu zittern, so daß alle Kleider im Schrank mit mir erbebten.

»Behaupte ja nicht, es wäre niemand hier gewesen!« tobte er. »Ich rieche Rauch!«

»Sei nicht albern, Liebling«, entgegnete Gladys. »Das war ich. Ich habe eine Zigarette geraucht.«

»Du lügst! Du rauchst ja gar nicht!«

»Heute früh habe ich damit angefangen«, erwiderte sie.

Offenbar hatte er meine gewürfelte Mütze auf dem Stuhl entdeckt, denn ich hörte ihn sagen: »Du hast wohl auch damit angefangen, Schirmmützen zu tragen?«

Er stampfte zum Schrank herüber und riß die Türe auf. Ich hielt den Atem an. Zum Glück hatte ich die Kleider so um mich drapiert, daß er mich nicht sehen konnte, und da ich kauerte, konnten seine tastenden Finger mich nicht fühlen. Mein Herz vollführte einen Lärm wie der Maschinenraum eines riesigen Ozeandampfers im Sturm.

Es schien mir eine Ewigkeit zu dauern, bis er die Schranktür schloß, sich abwandte und das Zimmer weiter durchsuchte. Endlich stürmte er in einen anderen Raum.

Sowie er das Zimmer verlassen hatte, eilte Gladys herbei, riß die Schranktür auf, zerrte mich heraus, drückte mir meine Zigarre und meine Mütze in die Hand, machte ein Fenster auf und befahl: »Springen Sie!«

Ich schaute hinab. Bis zum Boden waren es gut vier Meter. Doch leider blieb mir keine andere Wahl. Es ging darum, entweder ein gebrochenes Bein oder die ewige Ruhe auf dem Friedhof von Muncie zu wagen.

Vermutlich war der Gott der Liebe auf meiner Seite, denn ich landete in einem Gebüsch. Außer einigen Schrammen und Kratzern gelangte ich unversehrt zur Pension. Kurze Zeit später hörte ich meine Brüder die

Treppe heraufkommen. Da ich keine Lust zu längeren Erklärungen hatte und über meinen Fehlschlag betrübt war, stellte ich mich schlafend.

Die Türe wurde geöffnet, und ich vernahm die Stimme des einen: »Siehst du wohl? Ich sagte dir ja, er würde hier sein. Der arme Kerl hat sich wirklich nicht gut gefühlt.«

Wenn sie wüßten . . .

Elftes Kapitel

»*Ein Abend im Klub*«

Artisten und Wanderschauspieler führten im allgemeinen ein einsames Leben. Die Stadtbevölkerung betrachtete sie mit Argwohn und Verachtung. Deswegen mußten sie sich, wenn sie unterwegs waren (und in den meisten Fällen von ihren Angehörigen getrennt), ihr eigenes gesellschaftliches Leben schaffen. Die Pension oder das wohlfeile Hotel war fast immer trübselig und schäbig, und dort gab es nichts, das sie ihr Los hätte vergessen lassen. Infolgedessen zog es sie zu den Spielsalons, wo sie nicht nur geduldet, sondern sogar äußerst beliebt waren. Für den Wanderschauspieler waren diese eleganten Salons viel einladender als die Gaststätte, die sich ihm als Behausung bot. Außerdem bestand hier immer, wenn man geschickt war, etwelche Möglichkeit, ein paar Dollars einzusammeln. Wir pflegten eine ganze Menge Bargeld einzuheimsen, wenn wir auf Chico gegen die ansässigen Spieler setzten.

Auf der Pantages-Tournee bespielten wir eine Reihe mittelalterlicher Theater, die sich von Chicago zur Küste und zurück erstreckte. Als wir uns auf dem Wege von Duluth nach Calgary befanden, hatten wir in Winnipeg drei Stunden Aufenthalt. Wir gaben unser Handgepäck ab, und alle außer mir strebten automatisch zum nächsten Spielsalon. In den vergangenen Wochen hatte ich kein großes Glück gehabt und deshalb beschlossen, kurze Ferien vom Spieltisch zu machen. Ich trennte mich von den andern und wanderte die Hauptstraße entlang. Als ich eine halbe Häuserzeile von einem moderig aussehenden Theater entfernt war, hörte ich brüllendes Gelächter. Ich beschloß, hineinzugehen und mir anzusehen, wer da so komisch sein mochte. Auf der Bühne spielten acht bis zehn verschiedene Gestalten einen Einakter mit dem Titel »Ein Abend im Klub«. Einer dieser Schauspieler hatte ein kleines Schnurrbärtchen und sehr große Schuhe an den Füßen, und während eine wohlbeleibte Sopranistin ein Schubertlied sang, spuckte er abwechselnd eine Fontäne trockener Streuselkrumen in die Luft und bewarf die Sängerin mit überreifen Orangen. Am Schluß des Einakters war die Bühne ein Schlachtfeld.

Als ich meine Brüder hernach beim Handgepäck traf, erzählte ich ihnen, daß ich soeben einen großartigen Komiker gesehen hätte. Ich beschrieb ihn ... einen zierlichen Mann mit Schnurrbärtchen, Spazierstock, Melone und riesigen Schuhen. Ich watschelte dann im Bahnhof herum und machte ihn nach, so gut ich es vermochte. Ich schwärmte so sehr von seinen Possen, daß meine Brüder es kaum erwarten konnten, ihn zu sehen.

Die Sullivan-Considine-Tournee und die Pantages-Tournee verliefen parallel zur Küste, und wir holten ihn schließlich in Vancouver ein. Ich hatte so viel von ihm erzählt, daß alle meine Brüder ein wenig skeptisch waren. Dann trat er auf, und in weniger als fünf Minuten gaben sie zu, daß er alles war, was ich gesagt hatte, und sogar noch mehr.

Nach der Vorstellung gingen wir hinter die Bühne und stellten uns vor. Wir fanden ihn in einer schäbigen Garderobe, die er mit drei anderen Komikern teilte. Nach den einleitenden Erklärungen sagten wir ihm, wie wundervoll er sei. Im Verlauf der weiteren Unterhaltung erzählte er uns, daß er fünfzig Dollar in der Woche verdiente, und daß man ihm zwar eine Gagenerhöhung auf sechzig Dollar versprochen, aber nie wahrgemacht hätte.

In der Filmindustrie hatte er bereits beträchtliches Aufsehen erregt. Ja, er sagte uns, ein Filmgewaltiger habe ihm eine Wochengage von fünfhundert Dollar angeboten, wenn er für ihn arbeite. Wir beglückwünschten ihn, und ich fragte: »Wann fangen Sie an?«

»Ich nehme nicht an«, antwortete er.

»Warum nicht?« gab ich verwundert zurück. »Jetzt verdienen Sie ja nur fünfzig. Mögen Sie Geld nicht?«

»Doch natürlich«, sagte er. (Und wie er das später im Leben bewies!) »Aber schauen Sie, für fünfzig Dollar wöchentlich kann ich meine Sache gut machen, aber kein Komödiant ist fünfhundert wert. Wenn ich den Vertrag annehme, und meine Sache nicht gut mache, wird man mich hinaussetzen. Und wo bin ich dann? Ich will es Ihnen sagen. Dann sitze ich auf der Straße!«

Er war ein sonderbares Männchen, dieser Charlie Chaplin. Als ich ihn kennenlernte, trug er einen einstmals weißen Kragen und eine schwarze Fliege. Ich kann seine Erscheinung nicht recht erklären, aber er sah ein wenig wie ein blasser Priester aus, der in Bann getan worden war und sich von seiner Tracht nicht trennen mochte.

In den folgenden Wochen freundeten wir uns an. Er war sehr scheu, und ich erinnere mich besonders an einen Abend in Salt Lake City, wo wir ein nicht ganz sittsames Haus aufsuchten, um uns zu zerstreuen. Die Madame faßte eine Vorliebe für Charlie, aber er wollte nichts von ihr wissen, ebensowenig von den jüngeren Mädchen. Statt dessen verbrachte er den ganzen Abend damit, auf dem Fußboden zu liegen und mit der Bulldogge der Madame zu spielen.

Als wir das Haus verließen, sahen wir drei Mülleimer auf der Straße stehen. Wir reihten sie in regelmäßigem Abstand auf und vergnügten uns mit Bockspringen, wobei wir um kleine Beträge wetteten.

Einige Jahre später traf ich Charlie wieder, als wir in Los Angeles im Orpheum-Theater spielten. Er trug immer noch die besondere Zusammenstellung von Kragen und Fliege. Der einzige Unterschied bestand darin, daß sie diesmal makellos waren. Richtig, ja, noch eine kleine Veränderung hatte sich ergeben. Er war jetzt der berühmteste Komiker der ganzen Welt.

Nach der Vorstellung kam er hinter die Bühne und lud uns alle zu sich zum Essen ein. Wir waren unser zwölf am Tisch. Die Teller waren aus echtem oder beinahe echtem Gold, und ich glaube, die Möbel bestanden aus demselben Metall. Sechs uniformierte Lakaien bedienten uns. Das war ein erheblicher Sprung, seit ich ihn zum erstenmal in Winnipeg in dem Zehn-Cent-Theater sah, wo er den Sopran mit Krümeln bespuckt und mit Orangen beworfen hatte.

Charlie lebt jetzt in der Schweiz, aber es bleibt sich gleich, wo er lebt. Er ist immer noch der größte Komiker, den das Kino oder irgendein anderes Medium hervorgebracht hat.

Nach Chaplins Erfolg begann es den Filmgewaltigen zu dämmern, daß es beim Varieté und am Broadway einige recht gute Komiker gab. Irgendwann einmal wurden die meisten von ihnen in einem Film herausgestellt, aber die wenigsten großen Bühnenkomiker hatten auf der Leinwand Erfolg. Wir gehörten zu den glücklicheren.

Ed Wynn, Bea Lillie, Willie Howard, Bobby Clark, Frank Fay und viele, viele andere konnten ihre ungeheuren Broadway-Triumphe nie auf den Film übertragen. Die wirklich großen Filmkomiker waren Buster Keaton, Charlie Chaplin, Harold Lloyd sowie Laurel und Hardy, die größtenteils sehr geringe Bühnenerfolge hatten.

Man lache mich nicht aus, aber ich glaube, Chaplins eigentlicher Nachfolger ist Red Skelton. Red wird meiner Meinung nach als Clown viel zu wenig anerkannt. Ich habe die meisten großen, legendären Zirkusclowns gesehen, muß jedoch gestehen, daß ich selten einen sah, der mich länger als eine Minute belustigen konnte. Freilich, sie alle tragen ein komisches Kostüm und eine ulkige Maske, aber es braucht weitaus mehr als das, ein großer Komiker zu sein.

Als ich Skelton das letztemal in einem Theater sah, kam er in einem Anzug auf die Bühne, den der Präsident des Verbandes der Herrenschneider bei einer Vorstandssitzung gut tragen könnte. Mit einem einzigen Requisit, einem zerbeulten Filzhut, verwandelte er sich erfolgreich in einen dummen Jungen, eine grämliche alte Frau, einen schwankenden Betrunkenen, eine hochmütige Vereinsdame, einen Landstreicher und in jedwede andere Gestalt, die ihm Spaß zu machen schien. Keine groteske Maske, kein komisches Kostüm, einfach Red. Niemand kann so komisch zu Boden fallen wie er. Er singt auch, tanzt, spricht einen täuschend schlichten komischen Monolog und spielt eine dramatische Szene ebenso wirksam wie der routinierteste Schauspieler.

Ich fürchte, eines Tages werden sich die »Intellektuellen« mit ihm befassen und aus seinen Possen soziale Bedeutung herauslesen. Hoffentlich geschieht das nicht, denn dadurch ist schon manch ein guter Darsteller zugrunde gerichtet worden. Und wir brauchen echte Komiker wie Red dringend.

Zwölftes Kapitel

Ulk, der nicht im Text stand

Wir spielten im Westen von New York in einem schäbigen Varieté-Theater, in einer richtigen alten Spelunke, die kurz nach dem Bürgerkrieg oder vielleicht währenddessen erbaut worden sein mußte. Der Zuschauerraum bestand aus quietschenden Plüschsesseln und abgenutzten Teppichen, und zu beiden Seiten der Bühne ragten Logen vor. Man hätte das Theater eigentlich als glänzendes Beispiel für schlechten Geschmack erhalten sollen, aber der Fortschritt kam daher und rasierte es weg. (An seiner Stelle wurde natürlich ein noch häßlicheres Geschäftshaus errichtet.)

Wir kokettierten immer mit den Damen im Zuschauerraum, ganz gleich, was für eine Szene wir gerade spielten. Und mit einem Mindestmaß an Bescheidenheit muß ich sagen, daß sie fast unweigerlich zurückflirteten. An diesem Abend nun saßen zwei sehr reizvolle junge Mädchen in der oberen Loge. Sie schienen an den Ereignissen auf der Bühne keinen besonderen Anteil zu nehmen, und augenblicklich war dieses Geschehen uns ebenfalls gleich. Die Mädchen lenkten uns ab. Mittels lebhafter Zeichensprache versuchten sie, uns nicht nur mitzuteilen, wie sehr es sie danach verlangte, Harpo und mich kennenzulernen, sondern uns auch kundzutun, wo sie uns treffen wollten. Woran es auch liegen mochte, ob wir außerstande waren, die Zeichensprache richtig zu deuten, oder ob es mit ihren Signalen haperte, jedenfalls kam es nicht zu dem Kontakt, der nötig gewesen wäre, den Treffpunkt zu vereinbaren. Zum Glück drang Harpo, ein Meister der Pantomime, schließlich durch und wies sie mit phantasiereichen Gestikulieren an, Name und Adresse auf ein Stück Papier zu schreiben. Wie üblich senkte sich der Vorhang am Ende des Aktes, und wir verschwendeten dann das sonnige Lächeln, das alle Bühnenkünstler beim Verbeugen dem Publikum schenken.

Als der Vorhang wieder aufging, schwebte Harpo zu unserer Überraschung mit in die Höhe. Sowie der Vorhang die obere Loge erreichte, hielt er sich tollkühn nur noch mit einer Hand fest und streckte die andere zur Loge aus. Das eine junge Mädchen drückte ihm schnell ein Stück Papier in die Hand, das alle notwendigen Anweisungen enthielt.

Nach der Vorstellung beeilten wir uns mit dem Abschminken und Umziehen, und bald befanden wir uns auf unserem Wege über die Achte Avenue. Es ging schon auf Mitternacht zu. Als wir dahinschritten, trafen wir einen einsamen Straßenhändler, der gerade seine Bude schließen wollte. In der Verzweiflung hatte er ein Schild ausgehängt, auf dem stand: AUS-

VERKAUF! NEHMEN SIE DIESE VIER DUTZEND ORANGEN FÜR VIERZIG CENT NACH HAUSE!

Mag sein, daß uns der Straßenhändler leid tat, oder vielleicht hatte uns wieder einmal der Verstand verlassen, oder vielleicht lag es einfach daran, daß wir einem guten Geschäft nicht widerstehen konnten, aber wir waren nun nicht mit Pralinen, Blumen, Parfüm oder sonst einem normalen Geschenk, das Damen von ihren männlichen Besuchern zu erwarten pflegen, sondern mit achtundvierzig Orangen auf dem Wege zu einem romantischen Stelldichein.

Bei unserer Ankunft stießen die Mädchen kleine Freudenschreie aus, als sie die vier prallen Tüten erblickten. Ich weiß nicht, was für einen Inhalt sie vermuteten. Bestimmt erwarteten sie in den braunen Papiertüten keine Schmuckstücke oder kostspieligen Kleider. Da wir sie nicht länger in Spannung lassen wollten, machten wir geschwind die Tüten auf und enthüllten stolz unsere vier Dutzend Orangen.

Das Zimmer war ziemlich groß; auf jeder Seite stand ein Bett. Ich zählte vierundzwanzig Orangen ab und ließ sie zu dem einen Ende des Raumes rollen. Harpo, nicht faul, kullerte seinen Anteil zum anderen Ende. Ich weiß nicht, wer den Anfang machte, ob Harpo oder sein Mädchen, aber als ich mich abwandte, streifte mich eine Apfelsine am Hinterkopf. Flink zog ich mich hinter das eine Bett zurück, hob eine meiner Orangen auf und traf Harpos Mädchen damit genau aufs Hinterteil.

Harpo, jeder Zoll ein Kavalier, ergriff seinerseits eine Orange und holte auf Kosten meines Mädchens einen Punkt heraus. Inzwischen hatte er sich mit seiner Freundin hinter dem Bett auf der anderen Seite verschanzt, und nun wurde es ein offener Krieg. Die Mädchen erfaßten die Lage rasch und entfalteten mörderische Geschicklichkeit.

Aus irgendeinem seltsamen Grund war die Liebe zum Fenster hinausgeflogen. Es ging jetzt um den Selbsterhaltungstrieb. Die Früchte schwirrten kräftig und rasch durch die Luft, und binnen einer halben Stunde war das Zimmer ein Schlachtfeld. Möbelstücke standen auf dem Kopf, der Teppich war von Orangenschalen und Saft bedeckt, und die Nachbarn klopften an die Wände und riefen: »Hört mit dem Lärm auf, oder wir rufen die Polizei!«

Als die Orangen immer matschiger wurden, ließen sie sich schwer handhaben, und das Feuer hörte allmählich auf. In diesem Augenblick wurde die Wohnungstür geöffnet, und der Hauswirt trat ein. Er sagte nicht viel, aber wir begriffen sogleich, daß er uns nicht als gern gesehene Gäste betrachtete. Den Hut ergreifend, gingen wir hastig ab, ohne uns von den jungen Mädchen zu verabschieden. Der Fuß des Hauswirts verfehlte mich um sechs Zentimeter. Harpo hatte weniger Glück.

Dies war das Ende unserer Orangenperiode. Keine Liebe, überhaupt gar nichts; und unsere Vierzig-Cent-Anlage für nichts und wieder nichts verschossen.

Einer meiner besten Freunde war eingeschworener Junggeselle. Wie alle die Glücklichen, die den Fesseln der Ehe entronnen sind, spottete er über die Ehe und machte sich über ihre angeblichen Reize lustig. Er prahlte häufig damit, daß er gegen die gepriesenen Anziehungskräfte des schönen Geschlechts immun sei. »Ich habe Freunde gesehen, die sich einfangen ließen«, sagte er einmal zu mir, »und was hatten sie nach ein paar Jahren aufzuweisen? Tiefe Runzeln, Kinder und Schulden! Die meisten von ihnen sind so abgehärmt, daß sie nur noch ein Gespenst ihres früheren Ichs zu sein scheinen. Mich wird keine einfangen«, brüstete er sich. »So dumm bin ich nicht. Ich bleibe allein. Mir gefällt mein Junggesellendasein!«

Kurze Zeit darauf erhielt ich die Ankündigung seiner bevorstehenden Heirat. Niemand war weniger überrascht als ich. Er hatte sich allzu sehr gewehrt, und ich wußte, daß es nur eine Frage der Zeit sein würde, bis ihn ein weibliches Wesen veranlaßte, die weiße Flagge zu hissen.

Einige Tage später erhielt ich die unvermeidliche Einladung zu dem Herrenabend, den seine vielen Freunde für ihn veranstalteten. Wer diese Sitte nicht kennt, dem sei verraten, daß ein solcher Herrenabend hauptsächlich stattfindet, damit die verheirateten Freunde des Opfers Gelegenheit haben, ihrer Gattin für einen Abend zu entfliehen und ein paar Stunden in dem bevorstehenden Elend des armen Bräutigams zu schwelgen.

Der Herrenabend fand in einem berühmten vornehmen New Yorker Speisehaus statt. Es hatte fünf Stockwerke und fünf verschiedene Speisesäle. In meiner Antwort auf die Einladung wies ich darauf hin, daß die Vorstellung, in der wir zu dieser Zeit auftraten, erst um elf Uhr endete; aber ich versprach, daß Harpo und ich nach getaner Arbeit so schnell wie möglich kommen würden.

Das Speisehaus hatte einen automatischen Aufzug, von dem man in jedem Stockwerk sogleich in den betreffenden Speisesaal gelangte. Man drückte im Aufzug auf einen Knopf, fuhr zu dem gewünschten Stock hinauf, die Türe flog auf, und schon war man im Speisesaal.

Harpo und ich hatten einen glänzenden Plan ausgeheckt. Wir wollten jeder einen Koffer mitnehmen und uns im Aufzug entkleiden. Die abgelegten Kleider sollten in den Koffer kommen. Wenn der Aufzug bei dem Stockwerk anlangte, wo der Herrenabend stattfand, würde sich die Türe öffnen, und dann wollten wir hinaustreten, im Adamskostüm, nur den Strohhut auf dem Kopf und einen Koffer in der Hand. Das mußte ein Mordsspaß werden. Abgesehen von der Komik war auch die Schockwirkung nicht zu verachten. Wir konnten es kaum erwarten.

Als sich die Lifttüre öffnete, vollzogen die beiden Spaßmacher ihren großen Auftritt. Aber irgend etwas war schiefgegangen. Wir vernahmen nicht das herzliche Männergelächter, auf das wir uns gefreut hatten, sondern sahen drei Damen in Ohnmacht fallen und hörten die übrigen nach der Polizei rufen. Wie sich herausstellte, hielten die Freundinnen der

Braut am gleichen Abend im höheren Stockwerk eine Gesellschaft ab. In unserem Eifer hatten wir im Aufzug auf den falschen Knopf gedrückt. Voller Entsetzen machten wir kehrt, doch da es ein automatischer Aufzug war, hatte sich die Türe leise hinter uns geschlossen. Da standen wir nun. In der Falle! Wir blickten uns nach einer Treppe um, konnten jedoch keine finden. Offenbar hatte irgendeiner unserer Feinde sie weggeschafft. Schließlich erspähten wir in einem Winkel einen großen Gummibaum. Geduckt und vor Verlegenheit schaudernd liefen wir hinüber und versteckten uns dahinter.

Endlich kam uns der Oberkellner zu Hilfe. Er ergriff schnell zwei Tischtücher und eilte damit zu uns. Wir hüllten uns in die Tücher und ließen uns dann von einem Piccolo zur Treppe führen, wobei wir den entrüsteten Damen ein mattes, abbittendes Lächeln zuwarfen und uns rührend bemühten, die Würde zu wahren. Die Nachhut bildete der Oberkellner mit unseren Koffern. Die beiden Mahatma Gandhis verzogen sich hastig in den Keller, wo sie sich rasch umzogen, ehe sie heimgingen.

Weder Harpo noch ich wurde zur Hochzeit eingeladen.

Ich erinnere mich nicht an den Namen, aber irgendein berühmter menschenfeindlicher Philosoph stand eines Morgens nach schlecht verbrachter Nacht auf und verkündete (nachdem er sich mit seinem Rasiermesser dreimal geschnitten hatte) einer gleichgültigen Welt, daß niemand unbedingt unglücklich sei, wenn sein bester Freund einen Mißerfolg erleide. Diese flüchtige Verallgemeinerung enthält gerade genügend Wahrheit, daß die meisten von uns ein schlechtes Gewissen bekommen, und sie kann gewiß auf die Theaterleute angewendet werden.

Da ich mein Leben lang nur beim Theater war, weiß ich nicht, wie die Menschen in anderen Berufen auf Erfolg und Mißerfolg ihrer Kollegen reagieren. Doch vermutlich macht sich der Neid fast überall breit.

Beim Theater geht es in fortwährendem Auf und Ab sehr unbeständig zu. Der Star von heute ist oft der Gescheiterte von morgen und umgekehrt. Wahrscheinlich wird man mich steinigen, aber ich behaupte, daß ein wesentlicher Teil der Theaterwelt Freude und Erleichterung empfindet, wenn am Broadway ein eklatanter Durchfall stattfindet. Das soll nicht unbedingt heißen, daß am folgenden Morgen alle die Direktoren, Regisseure und Bühnenkünstler auf der Straße einen Freudentanz vollführen; doch es ist nackte Wahrheit, daß fast jeder unruhig wird, wenn ein Rivale nicht nur an die Spitze gelangt, sondern sich sogar dort oben hält. Ein Dauererfolg beim Theater ist unverzeihlich. Der Mißerfolg beweist schlüssig, daß der Durchgefallene nicht mehr Talent hat als das ganze übrige Pack, und daß seine früheren Erfolge größtenteils auf schierem Glück beruhten.

Ich habe in Hollywood an Tischgesellschaften teilgenommen und in den

Augen einiger meiner Kollegen die schlecht verhohlene Schadenfreude bemerkt, während sie über den Verriß eines neuen Filmes sprachen oder über die Absetzung eines Stückes, das sich wegen mangelnden Besuchs nicht auf der Bühne halten konnte. Außer den Beteiligten weint niemand über einen Durchfall oder einen Mißerfolg. Ich sah Schauspielerinnen, die vorher stets Diät lebten, plötzlich ein Mahl verschlingen, das Heinrich dem Achten Ehre gemacht hätte, nur weil sie Schlechtes über eine Konkurrentin reden hörten.

Ich gestehe beschämt, daß auch meine Reaktion auf den Mißerfolg eines Kollegen mitunter an Ethik zu wünschen übrigließ. Es ist für einen Komiker keine reine Wonne, in der Garderobe zu sitzen und das Publikum über einen anderen Komödianten laut lachen zu hören. »Bravo!« ist ein herrliches Wort, wenn es einem zugerufen wird, aber ein mißtönendes Lob, wenn es dem Konkurrenten gilt. Wollte ich aus der Schule plaudern, so könnte ich von einer Bühnengröße erzählen, die ihre Garderobentüre abzuriegeln und dann das Wasser anzudrehen pflegte, nur um sicher zu sein, daß nichts von dem Beifall, der einem Kollegen galt, an ihre Ohren drang.

Kurz, kein Schauspieler gönnt einem anderen einen größeren Erfolg als sich selbst, und mag es auch von vielen abgestritten werden, keiner ist über den Mißerfolg seines besten Freundes wirklich unglücklich.

Vor vielen Jahren, als es uns noch nicht besonders gut ging, spielten wir in der Universitätsstadt Williamstown. Im gleichen Programm traten zwei junge, schöne, unbegabte Schwestern auf, die ich hier die Delaney-Zwillinge nennen will.

Es mangelte ihnen zwar an Können, aber sie waren so hübsch, so jugendlich und so gut gebaut, daß es keine Seele kümmerte, was sie auf der Bühne vollführten. Die Zuschauer setzten sich größtenteils aus Studenten zusammen, die wie alle Jünger der Wissenschaft in der ganzen Welt junge, schöne Mädchen sehr zu schätzen wußten.

Die Zwillinge ernteten einen so frenetischen und hartnäckigen Beifall, daß sie ihre Nummer wiederholten, um die Studenten an der Erstürmung der Bühne zu hindern.

Nachdem die Ovationen verklungen waren, traten wir auf. Wir hatten uns mittlerweile einiges Können erworben, und da unsere Nummer die größte Anzahl an Mitwirkenden aufwies, standen wir auf dem Programm fett gedruckt. Anscheinend machte weder diese Tatsache noch unsere Vorführung den Zuschauern Eindruck. Vielleicht dachten sie auch immer noch an die beiden Sexbömbchen, deren schöne Gestalten sie, wenn auch nur vorübergehend, in den Himmel versetzt hatten, welcher Männern unter fünfundzwanzig Jahren vorbehalten ist. Jedenfalls fielen wir mit Pauken und Trompeten durch. Es läßt sich nicht ermitteln, welche Temperatur damals während unserer Vorführung im Theater herrschte, aber meiner Schätzung nach muß sie ungefähr gleich gewesen sein wie das Wasser, das die »Nautilus« an dem Tage umspülte, als sie unter dem Nordpol dahinfuhr.

Als wir abgeschminkt und umgezogen waren, hatten die Zwillinge das Theater bereits verlassen. Ihre Garderobentür war angelehnt, und im Vorbeigehen sahen wir einige formlose Gegenstände an einem Nagel hängen. Sie sahen höchst verdächtig nach symmetrischen Formern aus. Für alle diejenigen, die vor dreißig Jahren noch nicht als Frau über die Erde wandelten, will ich erklären, was symmetrische Former waren. Wer damals allzu dünne Beine und Hüften hatte und überhaupt für den Zeitgeschmack zu mager ausgefallen war, der hüllte den unteren Teil des Körpers einfach in diese Polsterung und zog darüber ein Trikot an. Mochte man in der Badewanne auch wie ein unterernährtes Huhn aussehen, sowie man mit diesen Polstern angetan war, verschwanden alle Unvollkommenheiten, und der Körper wölbte sich an all den Stellen, wo der Schöpfer ihn in Wirklichkeit vernachlässigt hatte.

Ich schäme mich, zu erzählen, was nun geschah. Ein derartiges Geständnis sollte man nie vor der Öffentlichkeit machen, sondern höchstens dem Psychiater enthüllen. Obwohl es dreißig Jahre her ist, schäme ich mich immer noch meines Benehmens. Ich stellte Gummo als Wachtposten bei der Türe auf, stahl mich in die Garderobe der Zwillinge, nahm schnell die Polster vom Haken und brachte sie in mein Hotel, wo ich sie sorgsam in eine Schublade legte.

Als wir an diesem Abend zum Theater zurückkehrten, ging es hinter der Bühne ausnehmend lebhaft zu. Wir vernahmen den verzweifelten, unvermeidlichen Ruf des Direktors: »Die Vorstellung muß weitergehen!« vermischt mit dem Schluchzen der hübschen Zwillinge, die außer sich darauf beharrten, es sei ihnen unmöglich, aufzutreten. Verwundert fragte der Direktor immer wieder nach dem Grund. Schließlich ergaben sie sich und gestanden ihm, daß sie ohne die künstlichen Schwellungen nur zwei magere Mädchen ohne viel Talent wären. Sie hätten überall gesucht, fügten sie hinzu, aber die Grundlage ihrer Nummer sei rätselhafterweise verschwunden. Inmitten des Tumults drang ich, Heuchler, der ich war, in die Garderobe der Mädchen ein und erkundigte mich unschuldig nach der Ursache des Geschreis. Sie waren viel zu verlegen, um es mir zu erklären. Der Direktor, der niemals den Takt zwischen sich und die Kasse geraten ließ, rief: »Irgendein gemeiner Kerl hat sich hier eingeschlichen und die Polster der beiden gestohlen! Und jetzt, wo das Haus ausverkauft ist und von Studenten wimmelt, weigern sie sich schlankweg, aufzutreten!«

In Anbetracht meines Wissens fand ich das Wort »schlankweg« recht lustig. Ich antwortete leichthin: »Machen Sie sich wegen der Studenten keine Sorgen. Sie bekommen ja uns zu sehen.«

»Zum Teufel mit Ihnen und Ihren Brüdern!« knurrte der Direktor. »Die Zuschauer wollen diese Mädchen sehen. Ihre lausige Nummer interessiert sie nicht die Bohne!« Er schaute sich verzweifelt um. »Wo können nur die verdammten symmetrischen Former sein?«

Beim Wort »symmetrische Former« wandte ich galant den Blick ab. Die Zwillinge erröteten bis zu den Wurzeln ihrer Haare, die erst kürzlich frisch gefärbt worden waren. »Hm«, sagte ich in meinem besten Sherlock-Holmes-Ton, »nichts zu finden, was? Na, man weiß ja, das hier ist eine Universitätsstadt, und ich vermute, daß sich zwei liebestolle Studenten zwischen den beiden Vorstellungen hinter die Bühne geschlichen und die Polster zur Erinnerung oder zum Spaß gemaust haben.« Als ob mir ein Gedankenblitz gekommen wäre, fragte ich: »Waren sie versichert?«

Hierauf brachen die beiden mageren jungen Schönheiten in einen neuen Tränenstrom aus, und der Direktor stakste händeringend hinaus.

Da die Zwillinge an diesem Abend nicht auftreten konnten und die einzige andere Nummer eine Hundedressur war, heimsten wir einen ungeheuren Erfolg ein. Ich weiß nicht, wie es Gummo erging, aber ich schlief in dieser Nacht sehr schlecht. Ich mußte immerzu an die beiden armen, hilflosen, formlosen Mädchen denken, deren wesentlicher Teil in meiner Kommode ruhte. Es war ein häßlicher Streich gewesen, und während ich im Bett lag, plagte mich mein Gewissen. Es waren nette Mädchen, fand ich, und wenn sie ein bißchen rundlicher gewesen wären, hätte ich mich in die eine von ihnen oder in beide verlieben können.

Gegen Morgen hatte mein besseres Ich gesiegt. Ich packte die Polster in meinen Handkoffer und brachte sie vor dem Frühstück, ohne Gummo zu benachrichtigen, zum Theater zurück. Nachdem ich mich vergewissert hatte, daß niemand in der Nähe war, schlich ich mich in die Garderobe der Zwillinge und hängte die Grundlage ihres Künstlertums an den leeren Nagel.

Die Zwillinge traten an diesem Abend auf. Sie hatten sehr großen Erfolg, und wir fielen wie gewöhnlich durch. Trotzdem schlief ich in dieser Nacht viel besser.

Dreizehntes Kapitel

Es wächst der Mensch ...

Es ist sonderbar, wie das Leben den Menschen in eine Lage bringen kann, der man sich niemals gewachsen gefühlt hätte.

Lange Zeit schoben wir immer einen Fremden in unsere Nummer ein, weil wir selbst fühlten, daß unsere Bestrebungen noch ziemlich unzulänglich waren, und hofften, daß das Niveau etwas gehoben würde, wenn ein routinierter Sänger, Tänzer oder Komiker mit uns auftrat.

Wir zogen mit der sogenannten »Western Vaudeville Circuit« durch den Mittelwesten und spielten in vielen Universitätsstädten.

Die Studenten, die das Varieté besuchten, waren zähe Kunden. Wir spielten eine Kurzrevue, in der acht hübsche junge Mädchen als Choristinnen auftraten. Die meisten Universitäten beherbergten zwei- bis dreitausend Studenten. Da es nie genügend ortsansässige Mädchen gab, kann man sich ja vorstellen, wie gierig diese zukünftigen Akademiker unseren kleinen Harem beäugten.

Wenn wir mit unserer Darbietung ihr Mißfallen erregten, fanden sie nichts dabei, uns mit verschiedenen Gegenständen zu bewerfen. Manchmal wurde ein Teil der Bestuhlung auf die Bühne geschleudert. Es war auch gar nicht so einfach, die Mädchen unversehrt vom Theater zum Hotel und wieder zurück zu befördern. Meistens wurden sie von allen männlichen Mitgliedern der Truppe begleitet, die mit dem üblichen Knüppel bewaffnet waren.

In Ann Arbor, der geheiligten Zitadelle der Universität von Michigan, warteten eines Abends ungefähr vierhundert Studenten beim Bühnenausgang, fest entschlossen, sich unsere Choristinnen zu schnappen. Sie brüllten und grölten, und unsere vereinten Aufforderungen, sich wegzuscheren, wurden überhaupt nicht beachtet. Der Theaterdirektor ging nervös hinaus und beschwor sie, friedlich nach Hause zu gehen; aber sie hatten keine Lust, sich wegscheuchen zu lassen. Sie wollten nun einmal die acht Mädchen haben.

Anscheinend war dies für den Direktor nichts Neues. Nein, die Polizei ließ er nicht kommen. Es gab in Ann Arbor nicht genügend Polizisten, um mit vierhundert wildgewordenen, liebestollen Burschen fertigzuwerden. Er verschaffte uns eine weitaus wirksamere Eskorte. Er ließ die Feuerwehr kommen. Schnell entrollten die Feuerwehrmänner ihre Schläuche, schraubten sie an den nächsten Hydranten und setzten die Studenten unter unablässige Ströme hohen Wasserdrucks. Die Menge wich allmählich zurück; wir alle kletterten auf den Feuerwehrwagen und wurden sicher und wohlbehalten zu unseren Wohnhöhlen zurückgebracht.

Damals hatten wir in unserer Nummer einen Jungen namens Manny Linden, der in der Jolson-Manier singen konnte. (Zu jener Zeit sang fast jeder junge Sänger in der Jolson-Manier. Das zündete immer, als ob man die amerikanische Flagge schwenkte.) Die Zuschauer liebten ihn. Wir verdienten jeder fünfunddreißig Dollar in der Woche, Manny ebenfalls, aber als ihm der Kamm schwoll, beschloß er, seine Gage gleichfalls anschwellen zu lassen. In dieser Woche spielten wir in Champaign im Staat Illinois vor Studenten, die im Rufe standen, besonders rauh zu sein. Ungefähr eine Stunde vor der Premiere kam Manny in unsere Garderobe und verkündete, daß er nicht glücklich sei. Es gebe jedoch, fügte er hinzu, ein ganz einfaches Mittel, seine Traurigkeit zu lindern. Wenn zum Beispiel jeder von uns, nämlich Chico, Harpo und ich, wöchentlich dreißig statt fünfunddreißig Dollar bezöge, könnten die übrigbleibenden fünfzehn Dollar zu seiner Gage geschlagen werden. Da es unsere Nummer war, fanden wir es nicht ganz gerecht, wenn Manny jede Woche fünfzehn Dollar mehr verdiente als wir. Während wir düstere Blicke wechselten, deutete er an – das heißt, er deutete es nicht an, sondern sagte es ungeschminkt –, er bestreite sozusagen die ganze Nummer, und wir dürften uns glücklich schätzen, ihn engagiert zu haben. Mit bewundernswürdiger Bescheidenheit fügte er bei: »Ihr wißt ja, ich ernte mit meinen drei Liedern viel mehr Beifall als Harpo mit seiner Harfe und Chico am Klavier.« Er nahm sich nicht einmal die Mühe, mich oder meinen Beitrag zu erwähnen. Vermutlich fand er mein Auftreten nicht nennenswert. Jedenfalls war dies sein Ultimatum: Entweder erhielt er eine Wochengage von fünfzig Dollar, oder er trat nicht mehr auf.

Obwohl uns vor der Lücke graute, die durch sein Ausscheiden in unserer Nummer entstehen mußte, konnten wir das denn doch nicht schlucken. Er erbleichte ein wenig, als wir ihn nicht gerade liebenswürdig aufforderten, sich zum Teufel zu scheren. Wir brauchten weder ihn noch sein spärliches Talent, setzten wir hinzu, und wir würden ohne ihn durchkommen.

Da ich als einziger von uns überhaupt singen konnte, wurde ich auserwählt, die drei Lieder zu übernehmen, die Manny bisher gesungen hatte. Es waren *Get Out and Get Under, Won't You Be My Little Bumblebee* und *Somebody's Coming to My House*. Mit dem dritten hatte Manny die Zuschauer unweigerlich hingemacht.

Nach seinem Weggang begaben wir uns mit bangem Ahnen auf die kahle Bühne des leeren Theaters und entwarfen den folgenden Arbeitsplan. Ich sollte eine Strophe und einen Refrain des Liedes singen und dabei Jolson nach Möglichkeit imitieren. Chico begleitete mich auf dem Klavier, hinter dem Harpo kauern sollte. Beim zweiten Refrain fing ich zu tanzen an.

»A Night at the Opera« (1935).

Mitten darin sollte Chico aufspringen und mich packen, worauf wir zusammen über die Bühne wirbelten, während Harpo auf den Schemel hüpfte und das Klavierspiel fortsetzte. Kurz vor dem Ende des Liedes sollte ich Chico einen heftigen Schubs geben, der bewirkte, daß Harpo vom Klavierschemel flog. Chico spielte dann weiter, und ich beendete das Lied, während Harpo scheinbar bewußtlos auf dem Boden lag.

Natürlich hatten wir Lampenfieber, denn die Studenten konnten sehr unangenehm werden, wenn ihnen eine Darbietung nicht gefiel. Aber es klappte. Sie schluckten es. Sie johlten und stampften mit den Füßen, und wir mußten die ganze Nummer wiederholen.

Ich weiß, das mag nicht sehr bedeutsam erscheinen, doch für uns war es außerordentlich wichtig. Es war tatsächlich unser Wendepunkt, unsere Mündigkeitserklärung, unser erster scheuer Schritt über die geheimnisvolle Grenze, die Tingeltangel vom eigenen Schaffen trennt. Zum erstenmal in unserer Laufbahn wurde uns klar, daß wir ohne Hilfe von außen eine Nummer mit Erfolg auf die Beine stellen konnten. Wir brauchten keine Sänger, Tänzer und schwachen Komiker mehr. Wir bildeten jetzt eine Einheit. Wir waren »Die Brüder Marx«. Damals ließen wir's uns nicht träumen, daß dieser Name jemals etwas bedeuten würde; aber wir spürten, daß wir nun von der Zuversicht beseelt waren, die jeder Bühnenkünstler braucht. Wir hatten uns endlich von der Notwendigkeit befreit, durch einen Außenstehenden in Schwung gebracht zu werden, und von nun an konnten wir mit eigener Kraft vorwärtsdampfen.

Als wir immer noch bei der Keith-Tournee spielten, traten wir während einer Woche am Broadway im Fifth Avenue-Theater auf. Warum es das Fifth Avenue-Theater hieß, obwohl es am Broadway lag, habe ich nie begriffen; aber beim Theater lassen sich unergründbare Fragen immer mit einem Schulterzucken und mit der Erklärung »So ist es eben beim Theater« beantworten. Der Leiter dieser Bühne war ein temperamentvoller Ire namens Quinn – ein Feuerteufel.

Bisher hatte ich auf der Bühne stets einen stachligen Schnurrbart getragen, der mit Mastix angeklebt wurde. Er war leicht aufzusetzen, jedoch mörderisch abzureißen. Vielleicht beruhte es nur auf Einbildung, aber es schien mir, als ob meine Oberlippe von dem fortwährenden Ankleben und Abreißen des falschen Schnurrbarts immer dünner würde. Ich befürchtete allmählich, daß ich schließlich, wenn diese Kleberei weiterging, als der einzige Komödiant enden würde, der nichts als ein Kinn unter der Nase hätte. Schon seit einiger Zeit suchte ich eine Lösung dieses Problems, und das Schicksal kam mir endlich zu Hilfe. Wir hatten in diesem Theater fünf Vorstellungen am Tag, und gewöhnlich gingen wir gegen sechs Uhr essen. Nachdem ich an diesem Tag den Schnurrbart unter Schmerzen zum drittenmal abgerissen hatte, begaben wir uns zu einem

Restaurant, wo das Essen fünfundsechzig Cent kostete. (Fünfundsechzig mit Wein und achtzig mit Geflügel. In Tat und Wahrheit bestand das Fünfundsechzig-Cent-Menü aus Farce.) Anscheinend hatten wir beim Essen getrödelt, denn als wir beim Theater anlangten, wurde schon unsere Einführungsmusik gespielt. Da ich weder Zeit noch Lust hatte, mir den haarigen Muff anzukleben, beschmierte ich meine schwindende Oberlippe schnell mit schwarzer Schminke und eilte auf die Bühne, um komisch zu sein. Zu meiner Überraschung merkten die Zuschauer nichts von dem Unterschied, oder wenn es doch der Fall war, schienen sie keinen Anstoß daran zu nehmen. Sie lachten über die gleichen Pointen, über die sie zu lachen pflegten, als ich den Schnurrbart trug. Hernach sagte ich vergnügt zu mir selbst: »Heureka!« (Hier bietet sich mir zum erstenmal die Gelegenheit, das Wort »Heureka« zu benutzen, und ich finde, es paßt recht gut.) Jedenfalls gab ich dem Mastix und dem Pelz Valet.

Kaum war ich in meine Garderobe zurückgekehrt, da stürmte Quinn, der Direktor, mit schäumendem Munde herein. »Sagen Sie«, begann er, »vorige Woche haben Sie im Palace gespielt, nicht wahr?«

Jeder Zoll ein Schauspieler, antwortete ich: »Ja, und ich muß sagen, wir hatten riesigen Erfolg. Man fragte uns sogar, wann wir wiederkommen könnten. Was haben Sie also auf dem Herzen?«

»Was ich auf dem Herzen habe!« wiederholte er. »Ich will Ihnen sagen, was ich auf dem Herzen habe. Ich bezahle Ihnen die gleiche Gage wie das Palace, stimmt's? Nun, ich wünsche, daß Sie auch den gleichen Schnurrbart tragen wie im Palace. Verstanden?«

»Was für einen Unterschied bedeutet der Schnurrbart, den ich trage?« gab ich zurück. »Die Zuschauer haben heute abend ebenso laut gelacht wie vorige Woche im Palace. Mehr dürfen Sie nicht verlangen. Jetzt gehen Sie gefälligst!«

Ich war an diesem unvergeßlichen Abend ungewöhnlich tapfer. Der Grund? Meine drei Brüder standen hinter mir und ließen ihre Knüppel nachlässig, aber vielsagend baumeln.

Meine logischen Ausführungen (und die Knüppel) hatten ihm zweifellos den Wind aus den Segeln genommen, dennoch sagte er beim Hinausgehen: »Glaubt ja nicht, ihr könntet mir auf der Nase herumtanzen! Ich werde es euch schon zeigen!« Er kam nie mehr hinter die Bühne, und ich beendete die Woche sowie die Saison erfolgreich mit dem aufgeschminkten Schnurrbart.

Rund zehn Jahre traten wir in den großen Varietés auf. Damals war die Revue wirklich etwas. Um dem Leser eine Vorstellung davon zu vermitteln, wie viele erstklassige Revue- und Varieté-Theater es damals gab, will ich nur erwähnen, daß man ein ganzes Jahr lang in New York spielen konnte, ohne jemals den Koffer zu packen. (Vorausgesetzt, man besaß überhaupt einen Koffer.)

Wie alles – oder wie fast alles – verschwand die Revue schließlich. Der Film kam und versetzte der Revue den ersten niederschmetternden Schlag. Dann kam das Radio, und den Todesstoß gab natürlich das Fernsehen. Merkwürdig, daß sich eigentlich nichts wirklich ändert. Heute sehe ich auf dem Bildschirm die gleichen Nummern, mit denen wir im Varieté aufzutreten pflegten. Der einzige Unterschied besteht darin, daß wir vor fünfzehnhundert Zuschauern spielten, wohingegen heute zwanzig bis dreißig Millionen vor dem Bildschirm sitzen. Ein guter Rechner wird feststellen, daß man jetzt in einer einzigen Fernsehsendung mehr Zuschauer hat, als wenn man damals fünfzig Jahre lang im Varieté-Theater aufgetreten wäre. Erschreckend, nicht wahr? Ja, das ist manches beim Fernsehen. Doch davon später mehr.

Wir heimsten beim Varieté Erfolge ein und auch eine recht schöne Gage, aber zufrieden waren wir nicht. Wir wollten neue Welten erobern. Gewiß, wir waren Varieté-Sterne, sogar Sterne erster Ordnung, aber wir waren ehrgeizig und wollten noch höher klimmen. Wir wollten in der verfeinerten Atmosphäre herumfliegen, die Broadway hieß. Mochte man beim Varieté auch noch so große Erfolge ernten, man war doch nur ein Artist. Als Broadway-Schauspieler genoß man Vorrechte, die das Varieté nicht zu bieten vermochte.

Ich weiß, es klingt nicht glaubhaft, aber in jener Zeit waren Harpo und ich schüchtern, und stets unterschätzten wir unsere Begabung. Alle paar Tage kam Chico in die Garderobe und fragte: »Warum machen wir keine Broadway-Revue?«

Wir antworteten dann: »Schau, Chico, wir können nicht genug. Am Broadway hätten wir keinen Erfolg. Wir sind Artisten. Das Broadway-Publikum verlangt Klasse, und das fehlt uns.«

»Klasse! Was haben die Kollegen am Broadway uns denn voraus?« fragte Chico, der zu unser aller Glück niemals an mangelndem Selbstvertrauen litt.

»Je nun«, betonte ich, »am Broadway treten Ed Wynn, Willie Howard, Eddie Cantor, Al Jolson, Clark und McCullough, Frank Tinney, Montgomery und Stone auf... und noch einige recht bekannte Darsteller.«

»Unsinn!« fiel Chico ein. »Sie können nicht mehr als wir. Das sind lauter ehemalige Artisten. Wenn sie den Sprung machen konnten, warum wir nicht auch?«

»Du weißt doch ganz genau«, wandte ich ein, »daß das Broadway-Publikum viel kritischer ist als das Publikum in den Varieté-Theatern.«

»Es ist genau das gleiche Publikum, das uns seit Jahren zujubelt«, erwiderte Chico. »Der einzige Unterschied besteht darin, daß die Leute, die ein Broadway-Theater besuchen, ihre besten Kleider anziehen und zu spät kommen.«

Vielleicht hatte Chico recht. Vielleicht konnten wir genug, um es am Broadway zu versuchen. Aber wie sollten wir dabei vorgehen? fragten wir ihn. »Es ist nicht dasselbe wie eine Nummer in irgendeinem Varieté«, erklärte ich. »Wenn man in einem Broadway-Theater auftritt, wetteifert man unmittelbar mit Ziegfelds *Follies*, George Whites *Scandals* und all den anderen Ausstattungsrevuen.«

Die Produzenten dieser Revuen sparten keine Unkosten. Sogar in jenen Tagen, als der Dollar noch wirklich ein Dollar war und nicht das etwas komische Stück Papier, zu dem er nun hinabgesunken ist, fanden Ziegfeld, White, Dillingham und die übrigen Regisseure nichts dabei, zweihunderttausend Dollar oder mehr für eine Revue zu wagen. Allerdings steckten sie meistens sehr wenig eigenes Geld in diese Aufführungen. Sie hatten Geldgeber – und auch wunderschöne Choristinnen. Ich will damit nicht andeuten, daß diese bezaubernden Geschöpfe mit dem Aufbringen des Geldes etwas zu tun hatten, aber manch ein vermögender verheirateter Mann steckte fünf- bis zehntausend Dollar hinein, nur um zu sagen, er sei diesen Mädchen nahegekommen. Jedenfalls wurde mir die Sache so erklärt.

Es ist eine Arbeit für sich, das Geld für eine große, kostspielige Revue aufzubringen. Die Revue »Oklahoma« mit der Musik von Richard Rodgers und dem Text von Oscar Hammerstein konnte wegen mangelnder Geldmittel beinahe nicht herauskommen. Der durchschnittliche Theaterbesucher hat keine Ahnung, wieviel Schweiß sogar der erfolgreichste Produzent vergießen und welche Demütigungen er auf sich nehmen muß, ehe er endlich genügend Geld zusammengebracht hat, um mit den Proben zu beginnen. Ich weiß nicht mehr, welche Vorstellung es war, aber der Regisseur einer der größten Revuen, die jemals am Broadway ein Treffer wurden, gab fünfundsiebzig Auditionen (eine Audition bestand darin, die ganze Musik zu singen und die Rollen im einzelnen auszuspielen), und auch dann mußte er noch wochenlang alle Überredungskünste aufbieten, bevor die mißtrauischen Geldgeber einwilligten, die Mittel zur Verfügung zu stellen.

Wenn ein Geldgeber auch gelegentlich zu einem Verhältnis mit einem Mädchen kommt, die Mehrzahl dieser Leute beteiligt sich doch nicht aus diesem Grunde. Die meisten sind dickschädlige Geschäftsleute, die aufs Geld ebenso versessen sind wie der Nächstbeste. (Der Nächstbeste bin zufällig ich.) Diese Männer sind vom Theater bezaubert, und es macht ihnen ein gewisses Vergnügen, daran beteiligt zu sein. Außerdem sind die Mädchen wirklich sehr hübsch.

Die Zurückhaltung, mit der die Geschäftsleute im allgemeinen Geld in eine Revue stecken, ist einigermaßen gerechtfertigt. Eine Vorstellung kann in Detroit und in Boston ein Riesenerfolg sein, aber New York ist etwas anderes. In New York gibt es sechs Kritiker, deren Stimme Gewicht hat. Wenn vier von ihnen eine Aufführung verreißen, tut man gut daran, das Theater schon in der ersten Woche zu schließen, die Dekoration einem vorbeikommenden Trödler zu verkaufen und den Mädchen den Abschiedskuß zu geben. Die investierten dreihunderttausend Dollar sind dann pro Dollar keinen Cent mehr wert, außer als Steuerabzug.

Auch wenn die größten Namen mitmachen, ist es ein riesiges Wagnis. Für vier Brüder, die noch zu den Artisten zählten, schien es einfach keine Möglichkeit des Anfangs zu geben. Aber wir hatten den Broadway-Floh im Ohr. Wir brauchten nur noch einen Produzenten mit Geld, einen Librettisten und einen Komponisten.

Als sich Chico eines Tages in seiner naturgemäßen Umgebung, nämlich einem Spielsalon, aufhielt, lernte er einen Mann namens Herman Broody kennen. Er erzählte Chico, er stamme aus New Jersey und sei der größte Brezelfabrikant in Hackensack. Er fügte hinzu, er habe von jeher die Sehnsucht gehabt, beim Theatergeschäft mitzuwirken, und wenn sich die richtige Gelegenheit biete, wäre er nicht abgeneigt, zwanzig- bis fünfundzwanzigtausend Dollar zu investieren. Er sagte, er sei glücklich verheiratet und habe in Hackensack ein Rudel Kinder. Dann erzählte er Chico vertraulich und unter Erröten, er habe auch eine Freundin, die ihn bisher in Schach gehalten habe. Ihrer Ansicht nach sei sie fürs Theater bestimmt, und wenn er bei ihr Erfolg haben wolle, müsse er Einfluß gewinnen und ihr bei einer Vorstellung am Broadway ein Engagement verschaffen.

Chico sagte: »Herr Broody, es ist Ihnen doch klar, daß die Aufführung einer Revue am Broadway mindestens hunderttausend Dollar kostet.«

»Ich gebe höchstens fünfundzwanzigtausend«, erwiderte Broody, »und ehe ich einen einzigen Dollar investiere, muß ich die Garantie haben, daß Ginny – so heißt meine Bekannte – engagiert wird.«

»Sie geben fünfundzwanzigtausend«, sagte Chico, »und wir geben Ginny eine Rolle.« In einem Anfall der Großzügigkeit fügte er hinzu: »Wir werden auch für Ihre Frau und Ihre Kinder geeignete Rollen finden.« Broody erblaßte ein wenig, als seine Familie erwähnt wurde, und Chico fragte nachträglich: »Übrigens, hat Ginny überhaupt Talent?«

»Talent!« rief Broody. »Ich will Ihnen sagen, wie großartig sie ist. Voriges Jahr fand in Appleton – das ist nahe bei Jersey City – ein Walzerwettbewerb statt. Dabei gewann Ginny den zweiten Preis!«

Beruhigt sagte Chico: »Herr Broody, kein Zweifel, Ginny ist dafür geschaffen, ein Star zu werden. Wo sind denn nun die fünfundzwanzigtausend Dollar?«

Broody überhörte diese Frage und plapperte verzückt: »Menschenskind, wenn ich Ginny das erzähle, wird sie merken, daß ich es ernst meine. Stellen Sie sich vor, wenn ich nur einen Tag von ihr getrennt bin, fehlt sie mir schon. Am Montag wird der Scheck auf der Staatsbank deponiert sein, und drei Tage später können Sie mit dem Abheben anfangen.«

Wie gesagt, die Unkosten einer großen Revue belaufen sich auf zwei- bis dreihunderttausend Dollar. Wenn man aber die richtigen Lieferanten und Händler kennt, kann man für fünfundzwanzig blaue Lappen sehr, sehr viel kaufen. Es machte uns immer Spaß, die Namen auf der Rückseite der Versatzstücke zu betrachten, die wir schließlich für die Aufführung erstanden. Sie bildeten gewissermaßen ein *Who's Who* des Theaters. Bei diesem Sammelsurium von Überbleibseln war ungefähr jede Vorstellung vertreten, die in den vergangenen zwanzig Jahren am Broadway stattgefunden hatte. Da gab es Versatzstücke aus *The Girl of the Golden West, The Squaw Man, Way Down East, Turn to the Right* und aus vielen anderen Aufführungen. Wenn mich die Erinnerung nicht täuscht, hatten wir sogar ein Versatzstück aus der Flußszene von *Uncle Tom's Cabin* (Onkel Toms Hütte), in der Liza das Eis überquert.

Die Dekoration paßte nicht ganz, und die Musik war vermutlich die wahlloseste, die jemals an die Ohren eines Broadway-Publikums brandete. Die Mädchen sahen wie alle Choristinnen recht gut aus. Die übrigen Mitglieder des Ensembles entsprachen einer Liebhabervorstellung in Südamerika. Was uns jedoch zum Vorteil gereichte, das ließ sich mit Geld nicht kaufen. Wir verfügten über ein fünfzehnjähriges feuersicheres Komödienmaterial, über erprobte Szenen, denen das Varieté-Publikum von einer Küste zur anderen zugejubelt hatte.

Wir beschlossen, die Revue *I'll Say She Is!* zu nennen. Im Gegensatz zu den meisten großen Revuen konnten wir es uns nicht leisten, unser Ballett in millionenschwere Kostüme und Juwelen zu hüllen. Dazu fehlte uns das Geld. Es war eine armselig ausgestattete Revue, und wir mogelten uns von Anfang bis Ende durch. Junge, Junge, wie wir Kurven schnitten! Wir schnitten genügend Kurven, um eine ganz neue Straße daraus zu bauen. Ich weiß nicht, wie man sie heute nennt, aber in den zwanziger Jahren hießen die kleinen Tänzerinnen Ponies. Diese Ponies hatten wir. Sie waren billiger. Sie waren nicht überwältigend anzusehen, und sie konnten nicht singen, aber tanzen konnten sie wahrhaftig.

In der zweiten Probenwoche sprengte die Herzensdame des Brezelkönigs herein, begleitet von ihrem zukünftigen Geliebten. Er sah viel glücklicher aus als das letztemal. An seinem flotten Gang erkannte man, daß er anscheinend vorwärtskam. Wir scheuchten ihn schnell in den leeren Zuschauerraum.

Ginny war recht hübsch und, wie man zu sagen pflegt, gut gewachsen. Vor ihrem Erscheinen hatten wir den Choreographen ins Vertrauen gezogen und ihm erklärt, daß Ginny engagiert werden müßte. Ginny gehörte zu dem Geld, sagten wir ihm, und sie konnte ganz einfach nicht abgeschüttelt werden. Ehe Ginny auftauchte, schien sie kein großes Problem zu bilden. Nach dem, was Joe Broody berichtet hatte, nahmen wir an, daß sie eine ganz gute Tänzerin sei und gewiß das normale Gehüpfe des übrigen Balletts beherrschte. Der Choreograph räumte dem Ballett eine zehnminütige Pause ein, und das ganze Ensemble saß gespannt da, um zu sehen, was Ginny leisten würde. Der Choreograph forderte sie auf, etwas vorzusteppen.

Sie konnte ein paar Schritte, aber sie tanzte, als ob sie die Beine ihres Großvaters ausgeliehen hätte. Als sie fertig war, klatschte ihr Freund im Parkett eifrig Beifall. Das Ensemble kicherte und lachte. Nun standen wir wirklich vor einem Problem. Wenn Ginny nicht auftrat, gab es kein Geld. Wenn Ginny auftrat, gab es keine anständige Aufführung.

Nach ihrem Tanz eilte Herr Broody auf die Bühne. Ginny gab ihm einen flüchtigen Kuß auf die Wange. Er sagte: »Leb wohl, Liebling. Du wirst wundervoll! Ich liebe dich.« Dann wandte er sich an uns und verkündete: »Zur Premiere komme ich wieder.«

Harpo bemerkte: »Wie sollen wir uns aus dieser Affäre ziehen? Wenn sie bei der Premiere auftritt, gibt es bestimmt Lacher, aber an den falschen Stellen.«

Ich fragte: »Wie wär's, wenn sie sich ein Bein bräche?«

»Was für einen Zweck hätte das?« versetzte Chico. »Nach der Art, wie sie tanzt, scheint es mir, als hätte sie sich schon beide Beine gebrochen.«

»Wie wär's mit einer Entführung?« schlug ich hoffnungsfreudig vor. »Wir könnten sie im Keller verstecken, und niemand würde sie vermissen.«

»Broody würde sie vermissen«, entgegnete Chico, »und wenn sein Liebchen nicht in der Reihe mittanzt, bekommen wir niemals den Rest des Geldes.«

Die Premiere wurde ein großer Erfolg. Broody saß strahlend in der vordersten Reihe. Er hatte Rosen im Wert von fünfzig Dollar hinter die Bühne geschickt, die Ginny am Ende der Vorstellung überreicht werden sollten. Ginny bekam sie nie zu sehen. Der Bühnenportier brachte sie seiner Frau nach Hause. Ich erfuhr später, daß seine Frau durch dieses unerwartete Geschenk so mißtrauisch gestimmt wurde, daß sie drei Monate später die Scheidungsklage wegen Untreue einreichte.

Ginny trat überhaupt nicht auf. Am Abend zuvor hatte ihr ein Mitglied des Ensembles einen Trank eingeflößt, der sie arbeitsunfähig machte. (Man kreide es mir nicht an, ich befand mich zu dieser Zeit auf der Bühne.) Bei der zweiten Vorstellung tanzte sie. Obwohl wir als recht gute Komiker galten, konnten wir uns mit ihr nicht messen. Ihr Tanz rief mehr Lacher hervor als jeder Sketch in der Revue. Sie hatte überhaupt kein Gefühl für Rhythmus. Sie war den andern Mädchen immer um einen Schritt voraus oder hinkte ihnen nach. Im Grunde war sie ein nettes Kerlchen, und sie tat uns leid; aber mit ihrem Tanz schadete sie uns wirklich.

Zum Glück blieb Broody nur für die beiden ersten Vorstellungen. Er mußte nach Hackensack zurückkehren – vermutlich, um wieder Salz auf seine Brezeln zu streuen. Sooft er abwesend war, hielten wir Ginny von der Bühne weg. Wir gaben ihr die phantastischsten Gründe an, warum sie nicht auftreten könnte. Aber manchmal bestand sie darauf, auf der Bühne zu hüpfen, und dann erlitt die Vorstellung Einbuße. In der Presse wurde schon über sie gewitzelt. Wir wurden besorgt. Wir hatten auch finanzielle Probleme. Die Aufführung hatte das Budget von fünfundzwanzigtausend Dollar um zehntausend überzogen, und wir setzten Broody zu, das fehlende Geld herzugeben. Er hielt uns immer mit den Worten hin: »Keine Sorge, ihr werdet es bekommen.«

Die Liebe kam uns schließlich zu Hilfe. Zwei Wochen nach der Premiere verliebte sich Ginny in einen der Tänzer. Als Broody hinter die Bühne kam, um sie zu sehen, sagte sie ihm, sie liebe ihn nicht . . . habe ihn nie geliebt . . . habe ihn nur als Sprungbrett für ihre Laufbahn benutzt.

Broody schäumte. Er erließ sofort ein Ultimatum – entweder setzten wir Ginny hinaus, oder wir bekamen die fehlenden zehntausend Dollar nicht! Am liebsten hätten wir ihn abgeküßt.

Wir erklärten Ginny die Lage, gaben ihr die Gage für zwei Wochen und wünschten ihr alles Gute. Beim Abschied sagte sie: »Machen Sie sich meinetwegen keine Sorgen. Bei meinem Können werde ich bald wieder Arbeit finden.«

Sie hatte recht. Drei Wochen später bediente sie mich im Restaurant Child an der Fünfundvierzigsten Straße. Ich bedachte sie mit einem großen Trinkgeld – fünfundzwanzig Cent –, weil sie, allerdings ohne es zu wissen, den Brüdern Marx zum Stapellauf am Broadway verholfen hatte.

Vierzehntes Kapitel

Reichtum ist besser

Es gibt nichts Langweiligeres als die Chronik der Erfolge eines Bühnen-
darstellers. Ich erspare dies dem Leser absichtlich und hoffe nur, daß er
eines Tages, wenn er ein Buch schreibt, mir ebenso gefällig sein wird.
Ich will mich so kurz wie möglich fassen. Viele Jahre erstrahlte unser
Name am Firmament des Theaterhimmels. Nach dem Broadway-Erfolg
mit *I'll Say She Is!* änderte sich natürlich unser Leben. Jedes Mitglied der
Familie reagierte darauf verschieden.
Vater nahm unseren Erfolg als Schneider hin. Er wurde eine höchst ele-
gante Gestalt auf dem Broadway. Irgend jemand hatte ihm gesagt, wir
seien reich, und er beschloß, vollen Nutzen daraus zu ziehen. Er gab alle
seine alten Kleider meinem Großvater, der seit sieben Jahren tot war.
Seine neue Ausstattung bestand aus einer perlgrauen Melone, perlgrauen
Gamaschen, einer perlgrauen Weste, einem Cutaway, einer Brillantnadel
in Hufeisenform, perlgrauen Handschuhen und einem Spazierstock.
In voller Tracht sah Papa wie eine Gestalt aus, die von Madame Tussauds
Wachsfigurenkabinett abgelehnt worden wäre. Er legte sich einen leichten englischen Tonfall zu und spickte seine Rede mit vornehmen Wen-
dungen. Niemand verstand ihn, aber da er niemals verstanden worden
war, machte es keinen großen Unterschied.
Chico suchte nicht mehr die Spielsalons auf, sondern begann die blühenden Rennbahnen zu begünstigen. Nachdem er mit ihnen durch war, blühten sie sogar noch mehr.
Zeppo kaufte sich eine vierzehn Meter lange Jacht und raste über den
Long Island-Sund, als ob er für ein solches Leben geboren wäre.
Harpo, ein scheuer und stiller Bursche, machte bei den Algonquin-Leu-
ten mit, die damals wohl die berühmteste und glänzendste Rednergruppe
in Amerika war. An klaren Tagen versammelten sich die Mitglieder, dar-
unter George Kaufman, Marc Connelly, Robert Benchley, Alexander
Woollcott, Franklin P. Adams, Dorothy Parker, Newman Levy, Robert
Sherwood, Howard Dietz, im Park zum Essen und zum Kampf. Die witzi-
gen Einfälle und treffenden Sticheleien kamen schnell und tödlich, und
Gott mochte demjenigen beistehen, der keine Schlagfertigkeit hatte! Die
Eintrittsgebühr bestand in einer Giftzunge und einem halbverborgenen
Stilett. Es war sozusagen ein geistiges Schlachthaus, und ich bezweifle,
daß man in Amerika jemals wieder etwas Ähnliches erleben wird. Sie
spielten auch Poker und Krocket zu hohen Einsätzen, und kaum eine Wo-

che verging, ohne daß der ruhige kleine Harpo mit einem großen Geldbündel heimkam.

Außer daß ich Vater wurde – ich war übrigens verheiratet, aber davon will ich erst später erzählen (eine solche Biographie ist das hier) –, tat ich nicht viel. Obwohl ich auf der Bühne großen Erfolg hatte, war ich unbefriedigt. Ich hätte gern geschrieben. Die Tatsache, daß ich nicht einmal die Volksschule durchlaufen hatte, schreckte mich ab und hielt mich zurück. Fast alle anerkannten Schriftsteller, denen ich begegnet war, hatten studiert. ›Was ist ein Schauspieler?‹ dachte ich. ›Nichts! Nur ein Sprachrohr für die Worte eines anderen. Am Autor liegt es, ob der Schauspieler gut oder schlecht ist.‹

Schließlich brachte ich kleine Spottgedichte in Zeitungen unter. Dann begann ich längere Artikel zu schreiben. Ein paarmal ersetzte ich Woollcott, Percy Hammond und andere. Dann verkaufte ich ein paar Sachen an verschiedene Zeitschriften. Ein Artikel, den ich einmal für Franklin P. Adams in der New Yorker »World« schrieb, wurde von H. L. Mencken in seinem Buch *The American Language* (»Die amerikanische Sprache«) abgedruckt. Nichts von allem, was ich jemals als Schauspieler vollbrachte, erfüllte mich mit mehr Stolz.

Ich liebte es, Schauspieler zu sein, das Gelächter zu hören und mit einer Verbeugung für den Beifall zu danken. Ich liebe es immer noch, aber meine größte Freude war es von jeher, mich gedruckt zu sehen. Jetzt weiß der Leser, warum ich dieses Buch in Angriff genommen habe. Es lag nicht nur an dem zigeunerhaften Verleger mit seinen billigen Zigarren.

Beim Theater war ich als Improvisator bekannt. In Wirklichkeit war dieses Stegreifspiel eine Art Schriftstellerei, nur daß ich auf der Bühne keinen Gebrauch von Bleistift und Papier machte.

Was sich mit meiner Mutter bei der Premiere von *I'll Say She Is!* zugetragen hat, ist oft als Anekdote erzählt worden. Daß vier Söhne von ihr in einer erfolgreichen Aufführung am Broadway auftraten, bedeutete den Höhepunkt ihrer Laufbahn. Wie jede normale Frau hatte sie sich für den Anlaß ein neues Kleid bestellt. Wenn ich sage »bestellt«, meine ich nicht, daß sie ins Modehaus Bergdorf Goodman ging. Sie ließ ihre Schneiderin aus Brooklyn kommen. Während sie auf einem Stuhle stand, um das Gewand anzuprobieren, das bald die Premierenbesucher blenden sollte, rutschte sie aus und brach sich das Bein.

Ich glaube, eine derartige Katastrophe hätte die meisten Frauen gehindert, ins Theater zu gehen, aber nicht so meine Mutter. Die Premiere wurde dadurch für sie eigentlich noch aufregender. Ich bezweifle, daß jemals ein Mensch einen triumphaleren Einzug in ein Theater hielt. Lächelnd und fröhlich winkend ließ sie sich auf einer Bahre in den Zuschauerraum tragen und in einer Parkettloge absetzen.

Dies war ihr persönlicher Sieg. Dies war der Höhepunkt zwanzigjährigen Planens, Hungerns, Beschwatzens und mühsamen Hindurcharbeitens. Und ich bin sicher, daß dieser Abend ihr jede Minute des früheren schweren Lebens vergalt. Man muß einräumen, daß es ja auch ein höchst ungewöhnliches Ereignis war. Noch nie in der Geschichte des Theaters waren vier Brüder als Prominente in einer eigenen Vorstellung am Broadway aufgetreten, und eine Kleinigkeit wie ein gebrochenes Bein sollte sie dieses köstlichen Augenblicks nicht berauben.

Trotz der abgetakelten Dekoration und der schäbigen Ausstattung war *I'll Say She Is!* ein ungeheurer Erfolg. Die Presse erging sich in ekstatischen Lobeshymnen. Mehrere Kritiker schrieben: »Wo haben sich diese Schauspieler all die Jahre versteckt?« In Wirklichkeit hatten wir uns ja gar nicht versteckt. Wir hatten ringsum in New York lange Zeit in großen Varieté-Theatern gespielt. Vermutlich vernehmen die Kritiker hoch oben in ihren Elfenbeintürmen nicht viele Nachrichten aus der Außenwelt.

Wir spielten *I'll Say She Is!* drei Jahre lang. Dann nahm uns im Jahre 1926 Sam Harris, ein vortrefflicher Produzent, unter Vertrag. Er engagierte George S. Kaufman und Morrie Ryskind, wahrscheinlich die beiden besten satirischen Dramatiker, als Librettisten für uns. Zu Kaufmans und Ryskinds vielen Bühnenerfolgen gehörte *Of Thee I Sing*, das erste Singspiel, das den Pulitzer-Preis erhielt. Um den Erfolg unserer neuen Aufführung – *Cocoanuts* – zu sichern, engagierte Harris einen unbekannten Komponisten namens Irving Berlin, der bis dahin erst drei- oder vierhundert Schlager geschaffen hatte.

Das Stück wurde ein Volltreffer. Es handelte vom Wirtschaftsaufschwung in Florida, und zu jener Zeit bildete das Maklerwesen in Florida, ungefähr das verfänglichste Gesprächsthema. Berlins Musik war zwar gut, enthielt aber keinen großen Schlager, und das gab Veranlassung zu einem Scherz, den ich mir jahrelang mit Irving Berlin machte.

Als der Erste Weltkrieg in vollem Schwunge und Wilson Präsident war, schien es unvermeidlich, daß wir früher oder später hineingezogen werden würden. Aber die Kriegsgegnerschaft war sehr stark, besonders im Mittelwesten. Schlagerverfasser versuchen in ihrem Text immer die Gefühle des Publikums einzufangen. Irving Berlin schrieb Schlagertexte. So verfaßte er ein Antikriegslied, das sicherlich die Gefühle und Anschauungen von Millionen Amerikanern widerspiegelte. Das Lied hieß *Stay Down Here Where You Belong* (»Bleib hier unten, wo du hingehörst«). Leider lautete der Text folgendermaßen:

Tief unten, tief unten saß der Teufel und sprach mit seinem Sohn,
Der hinauf, hinauf gehen wollte.
Er rief: »Es wird mir hier unten zu warm, und darum

Will ich hinauf auf die Erde, wo ich ein bißchen Vergnügen finden
    kann.«
Der Teufel schüttelte nur den Kopf und antwortete seinem Sohn:
»Die Könige dort oben, die scheren sich nicht um die Mütter,
Die daheim bleiben müssen und ihren Kummer tragen.
Bleibe daheim, treibe dich nicht herum.
Hier unten ist es zwar heiß, aber oben wirst du es noch heißer finden.
Wenn du hinaufgehst, mein Sohn, dann wirst du dich bestimmt
    wundern,
Wie viele Menschen dort nicht zivilisiert sind.«
Refrain:
»Bleib hier unten, wo du hingehörst;
Die Menschen, die über dir leben, können Recht von Unrecht nicht
    unterscheiden.
Ihren Königen zu Gefallen sind sie alle in den Krieg gezogen,
Und keiner von ihnen weiß, wofür er kämpft.
Dort oben heißt es, ich sei ein Teufel, und ich sei schlecht;
Die Könige dort oben sind ärgere Teufel als dein Vater,
Sie brechen den Müttern das Herz,
Machen aus Brüdern Metzger;
Dort oben wirst du Höllischeres finden als hier unten!«

Viele Jahre vergingen, und Irving Berlin wurde der berühmteste und beliebteste Schlagerverfasser der Welt. Ein Kollege von ihm beklagte sich bitterlich, Berlin habe sämtliche Feiertage verbraucht: *I'm Dreaming of a*
White Christmas, Easter Parade (»Ich träume von einer weißen Weih-
nacht«, »Osterparade«) und so weiter. Berlin verbrauchte auch die meisten
Lorbeeren, die den verdientesten Schlagerverfassern Amerikas vorbehalten waren.

Im Verlauf der Zeit setzten Text und Philosophie seines Antikriegsliedes
Berlin in Verlegenheit, und er wollte es nie mehr hören. Mich hatte das
Lied von jeher bezaubert (wahrscheinlich bedürfte es eines Psychiaters,
um den Grund zu erklären), und ich wurde – vielleicht nur mit Ausnahme
des Verfassers – der einzige Mensch in den Vereinigten Staaten, der sowohl den Text als auch die Melodie im Kopf behielt. Sooft ich an einer Gesellschaft teilnahm, wo auch Irving Berlin anwesend war, richtete ich es
ein, daß mich irgendwann im Verlauf des Abends jemand bat, dieses Lied
zu singen. Berlin konnte das nie verstehen. Da war er nun der größte Min-
nesänger unserer Zeit, auf dessen Konto Hunderte von Schlagern gingen,
und sein Freund Groucho bestand darauf, gerade dieses eine Lied zu singen. Noch dazu mit lauter Stimme und jedes Wort des unsterblichen (und
für Berlin verhaßten) Textes betonend.

Wieder vergingen viele Jahre, und der Verband Amerikanischer Komponisten, Autoren und Verleger, der Sankt Nikolaus der Schlagerverfasser,

veranstaltete eine gigantische musikalische Ehrung für den »Meister«. Jeder Komponist und jeder Lyriker von Hollywood war anwesend. Alle die berühmten Berlin-Lieder wurden von sozusagen sämtlichen Mitgliedern des Verbandes gesungen und gespielt. Ich hatte Harry Ruby, den bekannten Schlagerverfasser und meinen zeitweiligen Freund, gebeten, mich bei der Wiedergabe eines bemerkenswerteren Werkes von Irving Berlin zu begleiten. Der Leser wird den Titel niemals erraten. Es war ein Antikriegslied, das »Bleib hier unten, wo du hingehörst« hieß.

Berlin, ein kleines Männchen, schien während des Vortrags noch mehr zusammenzuschrumpfen. Es war wohl keine sehr nette Handlungsweise von mir, und ich glaube, ich machte ihn damit unglücklich, denn später kam Irving Berlin zu mir herüber und fragte: »Groucho, warum mußt du immer dieses gräßliche Lied singen?«

»Es ist ein Antikriegslied, Irving«, antwortete ich, »und seit du es geschrieben hast, waren wir nur in drei verschiedene Kriege verwickelt. Einer davon – ich weiß nicht mehr, welcher – wurde als der Krieg bezeichnet, der allen Kriegen ein Ende machen soll.«

»Groucho«, sagte er, »ich möchte mit dir eine Abmachung treffen. Immer wenn du den unwiderstehlichen Drang spürst, dieses Lied zu singen, setz dich umgehend telephonisch mit mir in Verbindung, und dann schicke ich dir hundert Dollar, damit du es nicht singst. Das kann deine Privatversicherung werden.«

Ein paar Jahre verstrichen. Jetzt hatten wir 1958. Und zu Irving Berlins siebzigsten Geburtstag brachten die New Yorker »Times« einen langen Artikel zu seinen Ehren. Darin wurde sein Ausspruch zitiert: »Sooft Groucho mich sieht, will er unbedingt ›Bleib hier unten, wo du hingehörst‹ singen.«

Ich schrieb ihm folgenden Brief:

Lieber Irving,

Es freute mich sehr, in der vorigen Sonntagsausgabe der »Times« Dein Gesicht zu erblicken, und obwohl Du unfähig warst, einen Schlager für *Cocoanuts* hervorzubringen, halte ich Dich immer noch für eine einmalige Kombination von Beethoven und Shelley.

Nun zu dem Lied. Wenn Du als Schlagerverfasser gescheitert wärst, würde ich es niemals singen. Dann würde ich singen: *A Pretty Girl Is Like a Melody, Oh, How I Hate to Get Up in the Morning, Alexander's Ragtime Band, Say It With Music* oder *God Bless America*. Aber da Du schon zu Lebzeiten eine Legende geworden bist, kann Dir diese eine dichterische Entgleisung bestimmt nicht schaden.

Wenn Du nicht zugegen bist, nenne ich Dich immer den Mann, der in *Annie Get Your Gun* mehr Schlagererfolge gehabt hat als der sagenhafte Stephen Foster in seinem ganzen Leben.

Herzlichst Dein Groucho.

In seinem Antwortschreiben gab er zu, es sei wahr, er habe in *Cocoanuts* keinen erfolgreichen Schlager; aber er verteidigte sich damit, daß dies nicht allein seine Schuld sei. Er habe dem Produzenten Sam Harris ein Lied gebracht und ihm vorgespielt. Harris habe aufmerksam zugehört und dann gesagt, das Lied würde niemals ein wirklicher Schlager werden. Dieses Lied war *Always*.

»Vielleicht ist das der Grund«, schloß Irving Berlin, »warum ich in *Cocoanuts* keinen erfolgreichen Schlager hatte.«

Im Jahre 1928 waren wir bereit, *Animal Crackers* in New York herauszubringen. Abgesehen von all den Problemen, die sich ergeben, wenn man ein neues Werk am Broadway vom Stapel lassen will, sahen wir uns inmitten einer häßlichen Blutrache zwischen den Produzenten Jake und Lee Shubert und dem Kritiker Winchell. Die Sache schlug einigermaßen Wellen; es ging darum, wen die Götter vernichten würden und so weiter.

Mitte der zwanziger Jahre war Walter Winchell ein großer Mann. Seine Spalte war ein Muß, und außerdem rezensierte er die Broadway-Stücke. Sogar noch mächtiger als Winchell waren Jake und Lee Shubert, die auf ihrem Gebiet uneingeschränkt herrschten. Wie alle Produzenten liebten sie die Kritiker, wenn ihre Aufführungen gute Rezensionen erhielten, und haßten sie, wenn ihre Vorstellungen verrissen wurden. Kürzlich hatte Winchell auf ihre Darbietungen einige vergiftete Pfeile abgeschossen, und sie waren so wütend auf ihn, daß sie einen Ukas erließen und Walter Winchell das Betreten ihrer Theater verboten.

Ich will die Kritiker nicht verteidigen. Tatsache ist, ich weiß nicht, welchem Zweck sie dienen. Doch wie dem auch sei, sie haben das Recht, ihm in jedermanns Theater zu dienen, mögen die Folgen auch noch so katastrophal sein.

Jahrelang habe ich mir über das Wesen der Theaterkritik den Kopf zerbrochen. Ein Stück wird angeblich fürs Publikum geschrieben, aber wenn die Kritiker den Daumen nach unten drehen, hat das Publikum keine Möglichkeit, es jemals zu sehen. Wer hat ursprünglich entschieden, daß es Aufgabe der Kritiker sei, das Publikum zu »erziehen«? Wenn den Premierenbesuchern eine Aufführung gefällt, warum soll dann nicht auch das übrige Theaterpublikum die Möglichkeit haben, sie zu sehen?

Somerset Maugham wurde einmal gefragt, warum er es aufgegeben habe, fürs Theater zu schreiben. Er antwortete, es sei allzu schwierig, sowohl der Küchenmagd auf der Galerie als auch dem Kritiker der Londoner »Times« zu gefallen. »Ich glaube, ich kann für jeden von ihnen schreiben«, erklärte er, »aber ich kann nicht beiden gleichzeitig gefallen. Sie haben einen zu verschiedenen Geschmack.«

In New York City gab es etwa neunzig bis hundert anerkannte Theater.

Heute sind es ungefähr zwanzig. Sentimentalität und schwankhafte Späße sind von der Bühne buchstäblich verschwunden. Es gibt Dutzende von Stücken, die von Rassenmischung, Homosexualität, Jugendkriminalität, Wahnsinnigen und Morphinisten handeln; aber für Spaß ist auf der Bühne sehr wenig Raum geblieben. Ich glaube, das Fehlen herzlichen Gelächters ist teilweise schuld am gegenwärtigen Zustand des Theaters. Die Fröhlichkeit ist ihm größtenteils genommen worden, und zwar haben die Kritiker sie ausgemerzt.

Ein prominenter Rezensent – der Name tut nichts nur Sache – schrieb kürzlich über das Stück *Make A Million*, in dem Sam Levene die Hauptrolle hatte: »Dies ist weniger eine Rezension als ein Bekenntnis. Ich verbrachte den gestrigen Abend zu einem guten Teil damit, bei der Aufführung eines sehr schlechten Stückes zu lachen.«

Da haben wir's. Dieser Kritiker lachte den ganzen Abend, entschied aber schließlich, daß es »ein sehr schlechtes Stück« sei. Es war ja nur dazu geschaffen, die Leute zum Lachen zu bringen, und diesen Zweck erfüllte es. Das Theater verkündete nicht, daß man »König Lear« oder »Tod eines Handelsreisenden« bringen werde. Man verhieß nur die Aufführung einer lustigen Komödie – aber das war diesem Kritiker nicht gut genug.

Es wäre interessant, in Erfahrung zu bringen, wer diese sechs kritischen Herren in New York und ein Dutzend andere ringsum in Amerika verstreute Mörder als offizielle Hüter des Publikumsgeschmacks auserwählt hat. Warum lassen sie nicht für ein paar Jahrhunderte vom Theater ab und geben dem durchschnittlichen Theaterbesucher die Möglichkeit, das zu sehen, was er sehen möchte?

Wohlgemerkt, die Automobilindustrie greifen sie nicht an. Und warum nicht? Weil die beleidigte Firma prompt alle Inserate zurückziehen würde. Niemand schreibt schwarz auf weiß in einer Zeitung: »Man kaufe ja nicht die schäbigen Hemden, die es im Warenhaus Delaney für einen Dollar achtundsiebzig gibt.« Niemand warnt die Leserschaft, auf die neueste Ausgabe der Sonntagszeitung zu verzichten, weil sie »nicht an die Ausgabe der vergangenen Woche heranreicht«.

Wenn man fragt, warum denn die neuen Autos oder elektrischen Toastapparate nicht kritisiert werden, erhält man stets die abgedroschene Antwort: »Na ja, sehen Sie, das sind industrielle Erzeugnisse, und wir kritisieren keine Handelswaren und geschäftlichen Angelegenheiten. Wir kritisieren nur die Kunst.« Aber auch das Theater ist ein Geschäft. Wer da meint, Theater habe nur mit Kunst und nichts mit Geschäft zu tun, der erkundige sich einmal bei einem Produzenten, welcher gerade dreihunderttausend Dollar in eine Aufführung gesteckt hat, die zwar beim Publikum, jedoch nicht bei der Kritik angekommen ist.

Ich glaube, wenn die New Yorker Kritiker ihre Schreibmaschinen einpackten, in die Außenmongolei zögen und etwa zehn Jahre wegblieben,

dann würde das Theater wieder blühen wie zu Beginn des zwanzigsten Jahrhunderts, trotz der Konkurrenz durch Fernsehen, Kino, Sport und Sex.
(Nach dieser kleinen Stichelei würde ich mich selbst mit dem besten Stück der Welt nicht mehr nach New York wagen!)

Und nun zurück zu Winchell und den beiden kleinen Herrschern Jake und Lee. Es schien keine Rolle zu spielen, wer am Steuer saß. In diesem Augenblick waren es zufällig die Shuberts. Da sie nun im Sattel saßen, maßten sie sich alle Befugnisse an. Sie hatten Befehl gegeben, Winchell die Pforten zu verschließen, und ihr Wort war Gesetz. Wir traten in New York in einem ihrer Theater mit unserem neuen Stück *Animal Crackers* auf, und Winchell durfte es nicht rezensieren, ja, er durfte nicht einmal das Theater betreten. Inzwischen weiß der geneigte Leser, daß ich Kritiker nicht sehr liebe; aber zusammen mit Sam Harris, der auch bei *Cocoanuts* unser Produzent gewesen war, hatten wir unser Geld in diese Aufführung gesteckt, und wir sahen nicht ein, warum die Shuberts das Recht haben sollten, irgendeinem Menschen das Zusehen oder Rezensieren zu verbieten. Wir lieferten die Begabung, das Geld und die ganze Inszenierung. Dafür vermieteten sie uns ihr Theater, und für diesen verhältnismäßig unbedeutenden Beitrag heimsten sie einen wesentlichen Teil der Einnahmen ein. Es ging uns wie weiland den Teilnehmern am »Bostoner Teesturm« im Jahre 1773 ums Grundsätzliche. Es war nicht allzu wichtig, ob Winchell das Stück rezensierte oder nicht. Hingegen verteidigten wir sein Recht, das Theater zu betreten, oder eigentlich unser Recht, ihn das Theater betreten zu lassen.
Wir bekleideten Winchell mit Harpos Ersatzkostüm und auch mit seiner roten Perücke, und in diesem Aufzug stand er in der Kulisse und sah die ganze Aufführung. Der Inspizient der Shuberts, natürlich ein mißtrauischer Mensch, begriff nicht, wieso es hinter der Bühne zwei Harpos gab; doch wir erklärten ihm, daß Harpo bisweilen von besonderen Anfällen ergriffen würde, und wenn er einen solchen Anfall erlitte, müßte sein Double bereit sein, für ihn einzuspringen. Die Aufführung ging also vonstatten. Winchell kritisierte sie, und die Shuberts kamen nie dahinter, wie das vor sich gegangen war.

Die Shuberts bildeten keine Ausnahme. Sie waren nicht despotischer als ihre Vorgänger Klaw und Erlanger oder sonst einer der kleinen Könige, welche die Unterhaltungsindustrie verheerten.
Während der Herrschaft von Klaw und Erlanger beendete ein Herr namens General Lewis Wallace sein Meisterstück – »Ben Hur«. Das Buch hatte einen durchschlagenden Erfolg, und das Publikum verschlang es mit der gleichen Begeisterung wie eine spätere Generation den Roman »Vom

Winde verweht«. Man sprach nicht nur überall von dem Buch, sondern es wurde auch in Wagenladungen gekauft. Diese Neuigkeit drang auch schließlich zu Klaw und Erlanger durch.

In bezug auf Körpergröße glichen sie Weber und Fields. (Weber und Fields glichen Mutt und Jeff, und wenn man nicht weiß, wem Mutt und Jeff glichen ... je nun, sie glichen Klaw und Erlanger.) Klaw war der große und Erlanger der kleine. Der einzige Unterschied bestand darin, daß Klaw, im Gegensatz zu Lou Fields, Erlanger niemals die Finger in die Augen bohrte, um seinen Worten Nachdruck zu verleihen.

Nachdem sie das Buch gelesen hatten, dampften sie vor Erregung. Schnell riefen sie den General an und sagten ihm, daß sie gern die Dramatisierungsrechte erwerben würden. Wenn er sie hergäbe, fügte Klaw hinzu, würde er Erlanger sogleich nach Louisville zum General entsenden, so daß sie dann die finanziellen Einzelheiten festlegen könnten.

Erlanger war ein hebräisch aussehendes Geschöpf, das ein Bäuchlein, eine lange Zigarre und einen Filzhut spazieren führte. Am folgenden Tage wurde er von einem Diener, der genau drei Jahre jünger als Noah war, vor den erlauchten General geführt. Im Vergleich zu dem Diener sah der General wie ein Halbwüchsiger aus, obwohl er damals an die siebzig Jahre zählte. Es ließ sich schwer erkennen, wie groß er war, da er augenblicklich in einem tiefen Polstersessel kauerte.

Als Erlanger eintrat, zeigte die Miene des Generals eine Gleichgültigkeit, die ans Übernatürliche grenzte. Anscheinend war Erlanger bei geschäftlichen Besprechungen den Mangel an Herzlichkeit gewöhnt, und klugerweise beachtete er die Haltung des Generals nicht. Da er nicht zu den Menschen gehörte, die Zeit mit Floskeln verschwenden, kam er sogleich zur Sache. »Mein Name ist Abe Erlanger, und ich glaube, Sie wissen, warum ich hier bin. Mein Kompagnon und ich haben ›Ben Hur‹ gelesen, und wir finden es ein großartiges literarisches Werk. Wir sind überzeugt, daß sich daraus ein herrliches Stück machen läßt, und wir möchten die Dramatisierungsrechte erwerben. Unserer Meinung nach hat es das Zeug zu einem Volltreffer, und wenn wir uns einig werden können, wollen wir das Wagenrennen auf der Bühne mittels einer Art Tretmühle inszenieren. Wie Sie wissen, gehören wir zu den erfolgreichsten Produzenten von Bühnenstücken in der ganzen Welt, und wir haben die Mittel, Ihr Werk dem Theaterpublikum mit all der Großartigkeit darzustellen, die es verdient. Damit es sich für Sie lohnt, sind wir bereit, jeden annehmbaren Preis zu bezahlen.«

Der General hörte sich all dies mit geschlossenen Augen an. Zuerst dachte Erlanger, er habe den alten Mann mit seiner Beredsamkeit in hypnotische Trance versetzt; doch endlich öffnete der General das eine Auge und blickte stracks durch Herrn Erlanger hindurch. Dann schlug er allmählich das andere Auge auf. »Herr Erlanger«, schnarrte er, »sind Sie sich über die Bedeutung dieses Buches klar? Ich meine die religiöse Bedeutung.« Seine Stimme hob sich: »Das ist kein Buch, das einfach um finanziellen Gewinnes willen auf die Bühne gebracht werden kann. Es ist der Höhepunkt lebenslänglicher geistlicher Forschung, geschrieben aus dem tiefsten Innern meiner Seele. Dieses Buch wurde nicht um des Geldgewinnes willen geschrieben, obwohl ich mir«, fügte er hastig hinzu, »über seine finanziellen Möglichkeiten durchaus im klaren bin. Ich muß sicher sein, daß derjenige, der diese Geschichte dramatisieren darf, eine verwandte Seele ist. Sein Begriff von Christentum muß eine ähnliche Saite in meinem Herzen anschlagen und den Heiden und Ungläubigen klarmachen, daß unser Heiland Gottes Sohn war.«

Er erhob sich aus seinem tiefen Sessel und stakste zu dem kleinen Erlanger hinüber. Er fuchtelte mit dem knochigen Finger vor Erlangers Nase herum und fragte: »Herr Erlanger, glauben Sie an Jesus Christus, unsern Herrn?«

Erlanger, der sein ganzes Leben das Theatergeschäft betrieben hatte, war selten um eine schlagfertige Antwort verlegen; diese Frage aber lag etwas außerhalb des Gebietes, auf dem er sich zu Hause fühlte. Vorübergehend verblüfft, schwankte er wie ein allzu zuversichtlicher Boxer, der von einem schwächeren Gegner einen wohlgezielten Hieb erhalten hat.

Schließlich schüttelte er seine Benommenheit ab und gab eine Antwort, die nicht nur den alten General gründlich verdutzte, sondern meiner Meinung nach als eine der treffendsten Entgegnungen zu gelten hat. »Herr General«, sagte er, »Sie fragen mich, ob ich an Jesus Christus glaube. Offen gestanden, nein. Mein Kompagnon Klaw glaubt an ihn – aber er ist oben in Boston!«

Die Beziehung zwischen dem Burleskschauspieler und E. F. Albee, dem Haupt der Theateragentur »United Booking Office«, war primitiver Natur. Sie beruhte auf dem gleichen Grundsatz, der in Südamerika herrschte, ehe Fort Sumter beschossen wurde. Albee besaß sozusagen eine große Baumwollplantage, und die Schauspieler waren seine Sklaven. War man zum Beispiel für elf Uhr vormittags mit ihm verabredet, so konnte man von Glück sagen, wenn man ihn gegen vier Uhr nachmittags zu sehen bekam. Das war Absicht. Es war entschieden eine gemeine Taktik, aber in psychologischer Hinsicht ein schlauer Zug. Das ewige Warten im Vorzimmer brachte dem Schauspieler die Gottesfurcht bei. Manchmal richteten es seine Günstlinge so ein, daß man ihn überhaupt nicht zu sehen bekam.

Der Gebieter wußte sich wirklich in Szene zu setzen. Wenn man endlich vor den Erlauchten treten durfte, war alles gut vorbereitet. In seinem Privatbüro lag ein dicker Teppich, der das Geräusch der Schritte verschlang.

Sein Schreibtisch war ungefähr zwölf Meter lang, wenigstens schien es so, und darauf gab es nichts außer einer kostbaren Vase, die eine einzige Rose enthielt. Der einzige Stuhl im Raum war derjenige, auf dem der Gebieter saß. Der arme Schauspieler, der vor Angst zitterte, mußte also vor ihm stehen, und er trat von einem Fuß auf den andern wie ein Schuljunge, der gerade erwischt worden ist, als er das Mittagbrot des Lehrers stibitzen wollte. In dieser Umgebung hörte sich der Schauspieler demütig an, was Albee ihm über seine Gage für die nächste Spielzeit mitzuteilen hatte.

Ich erwähne Albee nur, weil er für seine Gattung kennzeichnend war. Diese Einstellung zum Schauspieler spiegelte sich auf der ganzen Linie bis hinunter zu den kleinen Tingeltangeln in der hintersten Provinz.

Einige Schauspieler, die über mehr Mut verfügten als die meisten, boten dem Gebieter Trotz und sagten ihm, sie würden bei der Konkurrenz, bei der Loew-Tournee, spielen, wenn sie nicht die Gage bekämen, die sie verdienten. Das erforderte beträchtliche Tapferkeit, denn sie wußten, daß sie auf die schwarze Liste kamen, wenn sie für Marcus Loew spielten, und dann nie mehr in einem Albee-Theater auftreten konnten. Manch ein Darsteller wurde durch Albees Gestapo oder, wie er es lieber nannte, durch das »United Booking Office« von der Bühne verdrängt.

Als die Gebrüder Warner feststellten, daß Schauspieler auf der Filmleinwand sprechen konnten, bedurfte es keiner Kristallkugel, um vorauszusagen, daß das Singspiel im Varieté-Theater erledigt war. Ich glaube, es wäre auch dann verschwunden, wenn die führenden Männer die Schauspieler wie Menschen behandelt hätten; aber es hätte sich vielleicht etwas länger gehalten. Und das Leben wäre für die gehetzten Darsteller, solange sie dabei tätig waren, angenehmer gewesen.

Seit den Tagen unserer Kindheit in New York hatten wir einen weiten Weg zurückgelegt, bis wir Sterne am Broadway geworden waren. Wir hatten eine wundervolle Kindheit gehabt, wenigstens schien es uns so in der Rückschau. Wir waren arm gewesen, und weder Kindermädchen noch Erzieherinnen hatten uns das Dasein versauert. Meine Mutter verrichtete die Hausarbeit, und wir spielten einfach auf der Straße, bis wir Hunger bekamen. Wenn einer von uns überfahren wurde, so war das eben Pech. Man konnte von einer Frau nicht verlangen, einen Haushalt zu führen und gleichzeitig fünf Buben im Auge zu behalten.

Wie ich bereits erzählte, beschäftigten wir uns mit all den Lauf- und Bewegungsspielen, die auf allen übrigen Straßen gespielt wurden. In unserer Straße aber gab es einen Jungen namens Leonard Dobbin, der sich in allem auszeichnete und es besser machte als die andern Kinder. Seine Überlegenheit beschränkte sich nicht auf körperliche Spiele. Auch bei all den geistigen Spielen, mit denen sich Kinder zu befassen pflegen, war er der beste. Überdies sah er sehr gut aus und bestrickte die meisten Mädchen, die es wert waren, bestrickt zu werden.

Leonard hatte immer gesagt, daß er Matura machen und dann Jura studieren wolle. Wir waren allesamt überzeugt, daß er dank seinen vielseitigen Gaben eines Tages bestimmt in einem hohen Gerichtshof einen hohen Posten einnehmen würde.

Ich sah ihn nicht mehr, bis wir zwanzig Jahre später in *Cocoanuts* auftraten. Als ich mich eines Tages in der Garderobe abschminkte, brachte mir der Bühnenportier eine Visitenkarte, auf der stand: »Leonard Dobbin, Rechtsanwalt.«

Leonard wurde hereingeführt. Wir waren zusammen aufgewachsen und dergleichen mehr, und so freute ich mich, ihn wiederzusehen. Er sah seinem Beruf entsprechend aus – wie ein junger Rechtsanwalt.

»Ich war heute abend im Theater, Julius, und sah dich«, sagte er. Beim Theater folgt einer solchen Eröffnung gewöhnlich die Bemerkung: »Du warst großartig« oder: »Ich habe mich köstlich unterhalten« oder: »Ihr habt mich wahrhaftig zum Lachen gebracht.« Selbst wenn er gesagt hätte: »Eine miserable Vorstellung, und du warst sehr schlecht«, wäre ich nicht sehr böse geworden; aber er stand einfach da und sah mich ziemlich mitleidig an.

Ich war erhitzt und müde, wie es bei den meisten Schauspielern nach dem letzten Vorhang der Fall ist, und sein Verhalten ärgerte mich. Ich ertrug es nicht länger und fragte schließlich: »Nun, Leonard, wie hat dir die Vorstellung gefallen?«

Er schnalzte ein paarmal mit der Zunge und schaute mich weiter an. Eigentlich sah er mich nicht an, sondern durch mich hindurch. Da er keine Antwort gab, fand ich es sinnlos, dieses Thema fortzusetzen. Ich entschied mich für ein anderes und erkundigte mich: »Na, wie ist es dir in der Welt ergangen? Und was treibst du jetzt?«

»Hast du meine Karte nicht gelesen?« rügte er. »Ich bin Rechtsanwalt.« Er reckte sich zu voller Höhe auf und fügte hinzu: »Ich bin der jüngere Teilhaber einer Anwaltsfirma. Ich verdiene hundert Dollar in der Woche, und Andeutungen zufolge soll ich nächstes Jahr hundertfünfundzwanzig bekommen!«

Damals verdiente ich zweitausend Dollar wöchentlich; doch das teilte ich ihm nicht mit. Ich war entschlossen, ihm irgendeine Ansicht über die Vorstellung zu entreißen. »Sag, Leonard«, drang ich in ihn, »hat dich die Aufführung nicht zum Lachen gebracht?«

Endlich äußerte er sich. »Ja, Julius, ich mußte öfters lachen. Es war im ganzen recht komisch, aber das ist nicht wichtig.«

Leicht verschnupft erwiderte ich: »Für mich ist es wichtig! Davon lebe ich nämlich.« Ich hätte hinzufügen können: ›Und zwar recht gut‹, doch ich unterließ es aus Höflichkeit.

»Julius«, sagte er ernst, »ich will ganz offen sprechen. Wir sind zusammen aufgewachsen, und ich habe von dir immer eine hohe Meinung gehabt. Jetzt will ich ganz ehrlich mit dir sein. Ich sah dich heute abend. Du bist fünfunddreißig Jahre alt, und du machst dich auf der Bühne zum Narren. Ich sah dich einmal in einer Revue, als du noch nicht dreißig warst, und damals hatte ich nicht viel dagegen. Aber wenn ich zusehen muß, wie ein Mensch deines Alters über Möbel springt, wie ein Verrückter tanzt und zu den Darstellerinnen unehrerbietige Bemerkungen macht, fühle ich mich verletzt. Du hast einen guten Kopf. Warum benutzt du ihn nicht für etwas Brauchbares? Du bist noch nicht zu alt. Du könntest immer noch Geschäftsmann, Arzt oder vielleicht sogar Anwalt werden. Wäre das nicht besser, als sich vor Tausenden von fremden Leuten zum Hampelmann zu machen?«

»Leonard«, antwortete ich, »ich kann dir gar nicht sagen, was deine Worte für mich bedeuten. Sowie die Spielzeit abgelaufen ist, werde ich deinen Rat befolgen, das Theater verlassen und eine Stellung suchen. Ein Wochenlohn von hundert Dollar würde mir sehr gefallen!«

»Na ja...« Er machte eine nachdenkliche Pause. »Du bist dir wohl darüber klar, daß du am Anfang nicht gleich hundert Dollar in der Woche verdienen würdest. Das ist nämlich ein hohes Gehalt, Julius. Aber ich glaube, du bist recht begabt, und es tut mir in der Seele weh, wenn du deine Begabung, auf diese Weise vergeudest. Denk darüber einmal nach.«

»Ich bin so froh, daß du heute abend zu mir gekommen bist«, sagte ich. »Unser kleines Gespräch war für mich eine Erleuchtung.« Ich drückte ihm die Hand, und er ging.

Zwei Jahre verstrichen, ehe ich ihn wieder traf. Zu dieser Zeit traten wir in *Animal Crackers* auf. Ich verdiente dreitausend in der Woche, und wir hatten gerade einen Vertrag für fünf Filme mit Paramount abgeschlossen, für die wir eine Million fünfhunderttausend Dollar erhalten sollten. Der Filmvertrag und die Gage für *Animal Crackers* zusammen ergaben nahezu sechstausend Dollar in der Woche. *Animal Crackers* war ein noch größerer Erfolg als *Cocoanuts*. Die Eintrittskarten kosteten mehr, und die Einnahmen waren höher. Im vierten Monat der Serienaufführung tauchte unser Freund Dobbin auf. Wieder lieferte der Portier seine Karte ab. Diesmal war sie in Gold gestochen.

Als er meine Garderobe betrat, tauschten wir die üblichen Begrüßungsworte aus, und dann saß ich da und hoffte wieder auf ein paar schmeichelhafte Bemerkungen. Ich hätte es besser wissen sollen. »Nun, wie hat dir die Vorstellung gefallen, Leonard?« begann ich, da ich beschlossen hatte, ihn diesmal sogleich zu stellen.

Er sah mich betrübt an. »Julius, du hast mich enttäuscht. Als ich mich vor zwei Jahren von dir trennte, stand ich unter dem Eindruck, daß du meinen Rat befolgen und das Theater verlassen würdest; aber ich sah heute abend die Vorstellung, und da triebst du noch immer dieselben albernen, lächerlichen Dinge wie früher.«

»War es denn nicht lustig?« fragte ich. »Hörtest du das Publikum nicht vor Lachen brüllen?«

»O doch«, gab er zu, »und auch ich mußte ein paarmal lachen. Aber du bist jetzt siebenunddreißig Jahre alt. Schämst du dich nicht, als Clown aufzutreten und dich in deinem Alter zum Narren zu machen?«

Er klang allmählich wie eine angeknackste Grammophonplatte. »Lassen wir das«, antwortete ich. »Sag mir lieber, wie geht es dir nun?«

»Ich habe Neuigkeiten für dich«, verkündete er strahlend. »Die erwartete Lohnerhöhung von fünfundzwanzig Dollar bekam ich nicht. Statt dessen wurde mein Lohn um fünfzig Dollar erhöht! Und es wird nicht lange dauern, dann verdiene ich zweihundert Dollar in der Woche. Stell dir vor! In meinem Alter zweihundert Dollar in der Woche zu verdienen!«

Als Menschenfreund hatte ich nicht das Herz, die sechstausend Dollar zu erwähnen, die ich jede Woche einsteckte. Ich saß nur da und ließ ihn weiterschwärmen. Abgesehen davon, daß er einige noch schwülstigere Phrasen einwarf, ließ er den gleichen Vortrag vom Stapel wie vor zwei Jahren.

Als er endlich leergelaufen war, sagte ich: »Leonard, du hast mich überzeugt! Ich nehme Abschied vom Theater. Daß ein Mensch in deinem Alter wöchentlich hundertfünfzig Dollar verdient, macht mir klar, wie dumm meine Lebensweise ist. Du bist ein glänzendes Beispiel für den Fortschritt, und *Animal Crackers* soll mein Schwanengesang auf der Bühne sein.«

Erst zehn Jahre später sah ich Leonard wieder. Inzwischen liefen unsere Filme überall in der Welt, ich hatte Geld auf drei verschiedenen Banken und besaß einen Vigognemantel und zwei Cadillacs.

Es war auf der Fünften Avenue am Ostersonntag. Leonard Dobbin trug einen Filzhut, einen dunklen, eng anliegenden Anzug und einen Spazierstock; er war begleitet von einer vergrämt aussehenden Dame und zwei unglücklich aussehenden Knirpsen. Wir begrüßten einander. Dann begann er wieder mit dem üblichen Takt den Besserwisser zu spielen. »Du hast mich bitterlich enttäuscht, Julius. Du sagtest mir, du würdest von der Bühne abgehen.«

Ich lächelte höflich. »Ich bin ja vom Theater weg, Leonard. Ich bin jetzt beim Film.«

»Na ja«, erwiderte er mit einem Schulterzucken, »ich glaube, du wirst immer ein Clown bleiben. Es ist wirklich eine Schande. Du hättest ein achtbarer Mensch werden können. Du wärst ein guter Anwalt geworden.«

Da es keinen Zweck hatte, bei diesem Thema zu bleiben, fragte ich: »Und wie geht es dir, Leonard?«

Sein Gesicht erhellte sich wie ein Spielautomat. »Julius, du wirst es nicht glauben, aber man hat mich zum gleichberechtigten Teilhaber in der Firma ernannt. Voriges Jahr verdiente ich ganze achtzehntausend Dollar!«

Ich wollte ihm seinen Osterspaziergang nicht verderben, indem ich ihm erzählte, daß ich, Film- und Theatergagen zusammengenommen, ebenfalls nahezu achtzehntausend verdiente. Nur verdiente ich sie zweiundfünfzigmal im Jahr. Ich verabschiedete mich einfach von dem selbstgerechten Spießbürger, seiner freudlosen Familie und seinem Rat und ging weiter.

Bestimmt ist er bis zum heutigen Tage überzeugt, daß ich es zu nichts gebracht habe, und daß er selbst auf der Stufenleiter des Erfolgs eine hohe Sprosse erreicht hat.

Fünfzehntes Kapitel

Mein großer Erfolg im denkwürdigen Jahr 1929

Bald zog ein noch viel heißerer Boden als die Bretter, welche die Welt bedeuten, meine Aufmerksamkeit auf sich, übrigens die Aufmerksamkeit des ganzen Landes. Es war ein kleines Ding, das sich Börse nennt. Im Jahre 1926 machte ich zum erstenmal ihre Bekanntschaft. Es war eine angenehme Überraschung, festzustellen, daß ich mich als ein recht schlauer Spekulant erwies. Wenigstens schien es so, denn alles, was ich kaufte, ging in die Höhe. Ich hatte keinen Finanzberater. Wer brauchte so etwas? Man konnte die Augen zumachen, mit dem Finger irgendwohin auf die große Tafel stechen, und die Papiere, die man soeben gekauft hatte, begannen zu steigen. Ich machte mir den Vorteil nie zunutze. Ich fand es absurd, ein Papier zu dreißig zu verkaufen, wenn man wußte, daß sich der Wert innerhalb eines Jahres verdoppeln oder verdreifachen würde.

Meine Gage in *Cocoanuts* betrug zweitausend Dollar in der Woche; aber das war ein Taschengeld im Vergleich zu dem Mammon, den ich in der Wall Street theoretisch scheffelte. Wohlgemerkt, das Spekulieren machte mir Spaß, aber die Gewinne ließen mich ziemlich gleichgültig. Ich nahm Börsentips von allen und jedem entgegen. Heute läßt es sich kaum glauben, aber Vorfälle wie folgende waren damals ganz alltäglich.

Ich fuhr in Boston im Hotel Copley Plaza mit dem Aufzug in die Höhe. Der Liftjunge erkannte mich und sagte zu mir: »Wissen Sie, Herr Marx, vorhin waren zwei Herren hier im Lift, wirklich große Kanonen mit doppelreihigem Anzug und einer Nelke im Knopfloch. Sie unterhielten sich über die Börse, und sie sahen aus, als verstünden sie etwas davon. Sie dachten, ich hörte nicht zu; aber wenn ich mit dem Aufzug fahre, halte ich immer die Ohren offen. Ich will nicht mein ganzes Leben lang mit diesem Kasten hinauf und hinunter rutschen. Also, ich hörte den einen Herrn zum anderen sagen: ›Stecken Sie alles Geld, das Sie flüssig machen können, in United Corporation.‹«

»Wie heißt das Papier?« fragte ich.

Er warf mir einen verachtungsvollen Blick zu. »Haben Sie denn nicht aufgepaßt? Ich nannte es doch. Der Herr sagte: United Corporation.«

Ich gab ihm fünf Dollar und eilte in Harpos Zimmer. Sofort unterrichtete ich ihn über die mögliche Goldmine, auf die ich im Aufzug gestoßen war. Harpo hatte gerade gefrühstückt und trug immer noch seinen Schlafrock.

»Unten in der Hotelhalle ist ein Maklerbüro«, sagte er. »Warte, bis ich

»At the Circus« (1939).

mich angezogen habe, dann wollen wir hinuntergehen und diese Aktie packen, bevor sich die Nachricht herumgesprochen hat.«

»Bist du nicht bei Trost, Harpo?« entgegnete ich. »Wenn wir warten, bis du dich angezogen hast, kann die Aktie um zehn Punkte gestiegen sein!«

Also liefen wir, ich in meinem Straßenanzug und Harpo in seinem Schlafrock, durch die Halle zum Maklerbüro, und eiligst schnappten wir United Corporation im Werte von hundertsechzigtausend Dollar mit fünfundzwanzigprozentiger Deckung.

Für die wenigen Glücklichen, die im Jahre 1929 nicht zugrunde gerichtet wurden und von Wall Street keine Ahnung haben, will ich erklären, was eine fünfundzwanzigprozentige Deckung bedeutet. Wenn man zum Beispiel Papiere im Wert von achtzigtausend Dollar kaufte, brauchte man nur zwanzigtausend Dollar in bar auf den Tisch des Hauses zu legen. Den Restbetrag blieb man dem Makler schuldig. Es war wie Gelddiebstahl.

An einem Mittwochnachmittag traf Chico auf dem Broadway einen Mann, der erwerbsmäßig Börsentips zu geben pflegte. Dieser Mann flüsterte ihm zu: »Herr Marx, ich komme gerade von der Börse, und dort redet man von nichts anderem als von Anaconda Copper. Die Aktie wird für hundertdreißig Dollar verkauft, und es geht das Gerücht, daß sie auf fünfhundert steigen wird! Greifen Sie zu, ehe es zu spät ist!«

Chico lief mit der Nachricht von dieser Goldgrube schnurstracks ins Theater. Wir hatten Nachmittagsvorstellung, und wir schoben den Beginn um eine halbe Stunde hinaus, bis unser Makler uns endlich versicherte, daß wir das Glück gehabt hätten, sechshundert Aktien zu erwischen. Wir waren selig. Chico, Harpo und ich waren ein jeder stolzer Besitzer von zweihundert Anteilen dieser goldgeränderten Sicherheit. Sogar der Makler beglückwünschte uns und sagte: »Es ist eine Seltenheit, daß ein Außenstehender Anaconda erwischt.«

Höher und höher stiegen die Papiere. Wenn wir unterwegs waren, rief mich der Regisseur Max Gordon jeden Morgen aus New York an, nur um mir den Stand der Börse anzugeben und die weitere Entwicklung vorauszusagen. Seine Prophezeiung blieb sich stets gleich: »Sie werden steigen, steigen, steigen.« Bis dahin hatte ich keine Ahnung gehabt, daß man reich werden konnte, ohne zu arbeiten.

Eines Morgens riet mir Max, eine Aktie zu kaufen, die Auburn hieß. Das war eine Automobilfirma, die es heute nicht mehr gibt. »Sie hat Tempo«, sagte er, »sie wird springen wie ein Känguruh. Kaufe sie sofort, ehe es zu spät ist.«

Nachträglich fügte er hinzu: »Warum steigst du nicht aus *Cocoanuts* aus und läßt deine lächerliche Gage fahren? Die zweitausend Dollar sind ja nur ein Taschengeld. Nach der Art, wie du dein Geld verwaltest, würde ich sagen, daß du in einer Stunde im Maklerbüro mehr verdienen kannst, als wenn du dich eine Woche lang durch acht Vorstellungen am Broadway durcharbeitest.«

»Dein Rat ist bestimmt gut, Max«, antwortete ich. »Aber ich habe Kaufman, Ryskind, Irving Berlin und meinem Produzenten Sam Harris gegenüber gewisse Verpflichtungen.«

Was ich damals nicht wußte, das war die Tatsache, daß Kaufman, Ryskind, Berlin und Harris damals auch Aktien auf Prozentbasis kauften, und daß sie schließlich durch ihre Finanzberater vernichtet werden sollten. Jedenfalls rief ich auf Max Gordons Rat hin sofort meinen Makler an und trug ihm auf, für mich fünfhundert Aktien der Auborn Motor Company zu kaufen.

Ein paar Wochen später schlenderte ich mit Max Gordon über den Golfplatz. Dicke, teure Havannazigarren hingen zwischen unseren Lippen. Mit der Welt war alles gut bestellt, und Max strahlte. Tags zuvor war Auburn um achtunddreißig Punkte gestiegen. Ich fragte meinen Golfpartner: »Max, wie lange wird das noch so weitergehen?«

Max antwortete mit einer Zeile von Al Jolson: »Bruder, du hast noch nicht viel gesehen!«

Das erstaunlichste an der Börse von 1929 war die Tatsache, daß kein Mensch jemals ein Papier verkaufte. Die Leute kauften einfach weiter. Eines Tages erkundigte ich mich ziemlich schüchtern bei meinem Makler über dieses sonderbare Phänomen. »Ich verstehe nicht viel von der Börse«, begann ich abbittend, »aber wie kommt es eigentlich, daß die Papiere immerzu weitersteigen? Sollte es nicht zwischen dem Umsatz einer Firma, ihren Dividenden und dem Verkaufspreis der Aktie irgendeine Beziehung geben?«

Über meinen Kopf hinweg betrachtete er ein neues Opfer, das soeben sein Büro betreten hatte, und antwortete: »Herr Marx, Sie haben in bezug auf die Börse noch viel zu lernen. Was Sie über Wertpapiere nicht wissen, würde ein Buch füllen.«

»Hören Sie, mein Guter«, sagte ich, »ich bin hergekommen, um mich belehren zu lassen. Wenn Sie mir die Sache nicht richtig erklären wollen, werde ich mir einen anderen Makler suchen. Also, was wollten Sie sagen?«

Gebührend eingeschüchtert erwiderte er: »Herr Marx, vielleicht ist es Ihnen nicht klar, aber das hier ist kein amerikanischer Markt mehr. Wir haben jetzt einen Weltmarkt. Wir erhalten Kaufaufträge aus allen Ländern Europas, aus Südamerika und sogar aus dem Orient. Erst heute früh erhielt ich eine Order aus Hindustan, tausend Aktien Crane Plumbing zu kaufen.«

Ziemlich vorsichtig erkundigte ich mich: »Halten Sie das für einen guten Kauf?«

»Gibt nichts Besseres«, versetzte er. »Das ist eine große Installationsfirma, und wenn wir etwas allesamt brauchen, so sind es sanitäre Anlagen.« (Ich hätte noch ein paar andere Dinge gewußt, aber ich war nicht sicher, ob sie auf der Börse gehandelt wurden.)

»Komisch«, sagte ich, »ich habe indische Freunde in Süddakota, die keine sanitären Anlagen haben.« Ich lachte herzlich über meinen witzigen Einfall; doch da er keine Miene verzog, fuhr ich fort: »Sie sagen, aus Hindustan hätte man Order für Crane Plumbing gegeben? Hm. Wenn aus so weiter Ferne eine Bestellung eintrifft, muß man dort etwas Heißes wissen. Kaufen Sie für mich zweihundert Aktien. Nein, dreihundert.«

Als die Papiere weiterhin aufwärts schossen, wurde ich zunehmend unruhig. Mein bißchen Verstand riet mir, zu verkaufen; aber wie alle anderen Dummköpfe war ich habgierig. Es widerstrebte mir, mich von irgendeinem Papier zu trennen, das in ein paar Monaten bestimmt das Doppelte wert sein würde.

Heute lese ich häufig in der Zeitung Briefe aus dem Publikum, in denen sich die Theaterbesucher beklagen, weil sie für zwei Eintrittskarten zu *My Fair Lady* hundert Dollar bezahlen mußten. (Ich persönlich finde, daß es sich lohnt.) Nun, ich bezahlte einmal achtunddreißigtausend Dollar, um Eddie Cantor im Palace zu sehen.

Wir wissen alle, daß Eddie ein glänzender Komiker ist. Sogar er gibt es gern zu. Er hatte eine wunderbare Rolle. Er sang *Margie, Now's the Time to Fall in Love* und *If You Knew Susie*. Er brachte das Publikum mit aktuellen Witzen zu brüllendem Gelächter und trug zum Schluß noch *Whoopee* vor. Er war, wie man zu sagen pflegt, »toll«. Er hatte das zwingende Etwas, das den üblichen Komiker zu einem großen Schauspieler macht.

Cantor war in Great Neck mein Nachbar. Da wir schon vor langer Zeit Freundschaft geschlossen hatten, ging ich zu ihm hinter die Bühne. Eddie hörte sich immer sehr gern reden, und ehe ich ihm sagen konnte, wie gut mir sein Spiel gefallen hatte, zog er mich in die Garderobe, schloß rasch die Türe, blickte ringsum, um sich zu überzeugen, daß uns niemand hörte, und sagte: »Groucho, ich liebe dich!« An dieser Begrüßung war nichts Besonderes; so sprechen Theaterleute häufig miteinander. Es besteht beim Theater das ungeschriebene Gesetz, daß zwei Menschen (Schauspieler und Schauspielerin, Schauspielerin und Schauspielerin, Schauspieler und Schauspieler oder sonst eine Paarzusammenstellung), die sich begegnen, die Begrüßung normaler Leute strikt zu vermeiden haben. Statt dessen müssen sie sich gegenseitig mit Liebesbeteuerungen überschütten, die in anderen Kreisen gewöhnlich aufs Schlafzimmer beschränkt bleiben.

»Goldschatz«, fuhr Cantor fort, »wie hat dir mein Spiel gefallen?« Ich drehte mich um, weil ich dachte, hinter mir könnte ein Mädchen sein. Leider war keins da, und mir wurde klar, daß er mich angeredet hatte. »Eddie, mein Liebling«, antwortete ich mit echter Begeisterung, »du warst großartig!« Ich wollte ihm noch mehr Blumensträuße zuwerfen, doch da schaute er mich mit seinen großen, glänzenden Augen prüfend an, legte mir die Hände auf die Brust und fragte: »Mein Engel, besitzt du Goldman-Sachs?«

»Mein Schatz«, erwiderte ich, »nicht nur besitze ich keine, sondern ich habe auch nie davon gehört. Was ist Goldman-Sachs?«

Er packte mich an beiden Rockaufschlägen und riß mich an sich. Sekundenlang dachte ich, er wolle mich küssen. »Du behauptest, noch nie von Goldman-Sachs gehört zu haben!« rief er ungläubig. »Das ist die sensationellste Anlage – eine Holdinggesellschaft erster Klasse!«

Er sah auf seine Uhr und sagte: »Hm, jetzt ist es zu spät. Die Börse ist schon geschlossen. Aber morgen früh, mein Püppchen, nimm sofort deinen Hut, fliege zu deinem Makler und schnapp dir zweihundert Goldman-Sachs-Aktien. Ich glaube, heute standen sie auf hundertsechsundfünfzig, und bei hundertsechsundfünfzig sind sie ein Geschenk!« Eddie klopfte mir den Rücken, ich klopfte ihm den Rücken, und wir trennten uns.

Junge, Junge, war ich froh, daß ich zu Cantor hinter die Bühne gegangen war! Man stelle sich nur vor, wenn ich dieser Nachmittagsvorstellung im Palace-Theater nicht beigewohnt hätte, wäre ich niemals zu diesem Tip gekommen. Am folgenden Morgen sauste ich noch vor dem Frühstück zum Maklerbüro, gerade als die Börse aufmachte. Ich legte fünfundzwanzig Prozent von achtunddreißigtausend Dollar hin und wurde glücklicher Besitzer von zweihundert Aktien der Firma Goldman-Sachs, der größten Holdinggesellschaft in Amerika.

Ich verbrachte nun meine Vormittage damit, in einem Maklerbüro zu sitzen und auf eine große Tafel zu starren, auf der es von Symbolen wimmelte, die ich nicht verstand. Wenn ich nicht sehr frühzeitig dort war, konnte ich gar nicht mehr hinein. Einige Maklerhäuser hatten mehr Publikum als viele Broadway-Theater.

Fast jeder, den ich kannte, schien zu spekulieren. Die meisten Gespräche beschränkten sich darauf, wie hoch Soundso vorige Woche gestiegen waren, oder sie handelten von irgendeiner Aktie, die bald drei zu eins gestückelt werden sollte. Der Spengler, der Eismann, der Metzger, der Bäkker, sie alle lechzten danach, reich zu werden, und warfen ihre Einnahmen – in vielen Fällen auch ihre ganzen Ersparnisse – in den Rachen der Börse. Ab und zu schwankte der Markt, doch dann befreite er sich von dem Widerstand der Baissespekulanten und des gesunden Menschenverstandes und setzte seinen steten Aufstieg fort.

Hin und wieder ließ ein Finanzprophet seine düstere Stimme ertönen und warnte das Publikum, daß die Preise in einem Mißverhältnis zum eigentlichen Wert stünden, und daß der Hausse eine Baisse folgen müßte. Aber diesen dummen Konservativen und ihren albernen Mahnworten schenkte kaum jemand Beachtung. Auch Barney Baruch, der Sokrates vom Central Park und Finanzzauberer Amerikas, äußerte ein Wort der Warnung. An den genauen Wortlaut erinnere ich mich nicht mehr, aber er sagte etwas Ähnliches wie: »Wenn sich die Börsennachrichten auf der ersten Seite der Zeitung breitmachen, wird es Zeit, auszusteigen.«

Beim Goldrausch von 1849 war ich nicht dabei. Doch ich stelle mir vor, daß das damalige Fieber demjenigen glich, von dem nun ganz Amerika angesteckt war. Präsident Hoover angelte, und die übrigen Regierungsbeamten schienen von den Vorgängen überhaupt nichts zu merken. Ich bin nicht sicher, ob irgend etwas erreicht worden wäre, wenn sie die Nase hineingesteckt hätten; jedenfalls rutschte die Börse fröhlich ihrem Schicksal entgegen.

An einem bestimmten Tage begann der Markt zu schwanken. Ein paar furchtsame Kunden bekamen es mit der Angst zu tun und begannen abzuladen. Das geschah vor mehr als dreißig Jahren, und ich entsinne mich der verschiedenen Stadien der Katastrophe, die uns überfiel, nicht so genau; doch wie zu Anfang der Hausse jeder zu kaufen wünschte, so begann bei der einsetzenden Panik nun jeder abzustoßen. Zuerst vollzog sich der Verkauf ordnungsgemäß, aber bald verjagte die Angst jegliche Vernunft, und jeder warf seine Papiere in die Arena, um zu retten, was noch zu retten war.

Jetzt wurden die Makler von Angst erfaßt und schrien nach zusätzlicher Deckung. Das war ein Witz, denn die meisten Spekulanten hatten kein Geld mehr, und die Makler verkauften Wertpapiere zu jedem Preis, den sie nur einbrachten. Ich gehörte zu den Dümmeren. Leider hatte ich noch immer Geld auf der Bank; fieberhaft schrieb ich Schecks aus, um die Deckung zu liefern, die schnell dahinschmolzen. Dann erklärte sich Wall Street an einem bestimmten Dienstag besiegt und brach zusammen. Die Erklärung der Niederlage war eine angemessene Geste, denn inzwischen weinte das ganze Land.

Einige meiner Bekannten verloren Millionen. Ich hatte mehr Glück. Ich verlor nur zweihundertvierzigtausend Dollar. Oder hundertzwanzig Arbeitswochen zu je zweitausend Dollar. Ich hätte noch mehr verloren, aber das war alles Geld, das ich besaß. Am Tage des endgültigen Börsenkrachs rief mich mein Freund und zeitweiliger Finanzberater Max Gordon aus New York an. Mit vier Wörtern tat er einen Ausspruch, der im Laufe der Zeit wohl alle denkwürdigen Zitate der amerikanischen Geschichte überflügeln wird. Ich meine solch unsterbliche Aussprüche wie »Gebt das Schiff nicht auf«, »Feuert erst, wenn ihr das Weiße ihrer Augen seht«, »Gebt mir die Freiheit, oder gebt mir den Tod!« und »Ich habe meinem Vaterland nur ein Leben zu opfern«. Alle diese Worte werden neben Max Gordons bemerkenswertem Ausspruch verhältnismäßig unbedeutend. Er war zwar von Natur kein schwülstiger Redner, aber diesmal unterschlug er sogar das übliche »Hallo«. Er sagte lediglich: »Groucho, alles ist aus!« Ehe ich antworten konnte, war die Verbindung abgebrochen.

Keiner der Marktanalytiker, die gelehrte Abhandlungen verfaßt haben, scheint mir den ganzen Trümmerhaufen so treffend geschildert zu haben wie mein Freund Max Gordon. Mit diesen vier Wörtern sagte er alles. Es war tatsächlich alles aus. Ich glaube, ich lebte nur weiter, weil mich das Wissen tröstete, daß alle meine Freunde im gleichen Boot saßen. Wie jedes geteilte Leid halbes Leid ist, so auch das finanzielle Unglück.

Hätte mein Makler meine Aktien verkauft, als sie zu sinken begannen, so hätte ich ein wahres Vermögen gerettet. Doch da ich mir nicht vorzustellen vermochte, daß sie noch mehr fallen würden, hatte ich mir von der Bank Geld geliehen, um die notwendige Deckung zu leisten. Die Anaconda-Copper-Aktien (der geschätzte Leser erinnert sich wohl, daß wir den Beginn der Vorstellung um eine halbe Stunde hinausschoben, um sie zu schnappen?) schmolzen dahin wie der Schnee auf dem Kilimandscharo (man glaube ja nicht, ich hätte meinen Hemingway nicht gelesen) und sanken schließlich auf $2^7/_8$. Der heiße Tip des Bostoner Liftjungen in bezug auf United Corporation fand bei $3^1/_2$ sein Ende. Gekauft hatten wir sie bei 60. Cantors Nachmittagsvorstellung im Palace war hinreißend und ebensoviel wert wie jedwede Vorstellung am Broadway. Aber Goldman-Sachs zu hundertsechsundfünfzig Dollar? Eddie, Liebling, wie konntest du? Bei der äußersten Baisse bekam man diese Aktie für einen einzigen Dollar.

Sechzehntes Kapitel

Weiße Nächte, warum seid ihr blau?

Bei dem berühmten Börsenkrach verlor man nicht nur. Für meine zweihundertvierzigtausend Dollar bekam ich galoppierende Schlaflosigkeit, und in den Kreisen, in denen ich mich bewegte, bildete jetzt nicht mehr die Börse das Hauptthema der Unterhaltung, sondern die Schlaflosigkeit.

Bisher hatte ich mir nie klargemacht, daß Schlaflosigkeit für so viele Menschen so ungeheuer interessant ist. Wenn man auf einer Gesellschaft von Baseball, von Politik oder von den steigenden Obstpreisen sprach, verzogen sich die meisten Damen zur Bar und holten sich ein neues Glas. Wenn das Gespräch auf Gesichtsmassage, Salatsaucen oder auf die Frage kam, ob die Röcke bei der neuen Mode einen oder zwei Schlitze haben würden, begannen die meisten Männer Karten zu spielen oder mit der Dänischen Dogge des Gastgebers zu ringen. Wenn aber nach dem Börsenkrach irgend jemand stöhnte, er habe in der vergangenen Nacht kein Auge zugetan, gelangten die Gäste, die vorher halb geschlafen hatten, mit einem Ruck zu vollem Bewußtsein und lauschten mit gespitzten Ohren der ausführlichen Schilderung der qualvollen Nachtstunden.

Früher konnte ich keinen Anspruch darauf erheben, Fachmann auf diesem Gebiet zu sein, aber als Berufseule habe ich seit 1929 massenhaft Kenntnisse erworben, die den Dilettanten nützlich sein können, welche nur neun oder zehn Jahre lang hilflos an der Bettdecke gezupft haben. Der Leser möge sich also gemütlich hinlegen, und dann wollen wir über sein Problem ein wenig sprechen, ja? Erstens einmal, was macht Ihnen überhaupt zu schaffen? Ihre Steuererklärung? Etwas Alltägliches wie die Wasserstoffbombe? Oder etwas Wichtiges wie ein tropfender Wasserhahn, der seltsamerweise tagsüber still ist und erst gegen drei Uhr nachts zu lecken beginnt?

Man muß sich darüber klar sein, daß nicht alle Schlaflosen von den gleichen Kümmernissen und Sorgen geplagt werden, und was den einen heilt, ist für den andern Gift. Wie steht es denn mit dem Bett, in dem Sie sich wälzen? Benutzen Sie eine weiche Matratze, eine orthopädische, oder schlafen Sie auf den Sprungfedern wie die Hindus? Viele Ärzte empfehlen, auf dem Fußboden zu schlafen, wenn man spät nachts leicht benebelt oder, medizinisch ausgedrückt, »blau« heimkommt. Ich hingegen rate Ihnen, die Ärzte zu vergessen, und ich rate Ihnen, auf dem Fußboden zu schlafen, wenn Sie nüchtern sind. Das ist in vieler Hinsicht empfehlenswert. Erstens einmal spart man die Kosten eines Bettes. Das dadurch gesparte Geld kann man dann dazu benutzen, wieder betrunken zu werden. Überdies besteht keine Gefahr, zu fallen, wenn man auf dem Fußboden schläft, es sei denn, man liegt zufällig neben einer unbedeckten Einsteigöffnung.

Der Schlaf ist ein schwer zu haschender Wildfang, und man muß sehr darauf Bedacht nehmen, ihn nicht zu erschrecken. Wenn man ihn allzu angriffig verfolgt, scheut er wie ein Reh und huscht davon.

Eine ehemalige Freundin von mir namens Hornblower (die wir aus Taktgründen Delaney nennen wollen) war mit einem Mann verheiratet, der seit den Flitterwochen keinen Schlaf mehr fand. Ich meine seine zweiten Flitterwochen. Die ersten durchschlief er ganz. Sie war ein verhältnismäßig treues Weib und versuchte ihn in Schlaf zu wiegen, indem sie ihn hypnotisierte, ihn an den Füßen kitzelte und ihm aus einem verbotenen Buch vorlas. Keines dieser Schlafmittel half, und eines Nachts sagte er ihr unwirsch, sie solle sich um ihre eigenen Angelegenheiten kümmern, er werde mit seinem Problem auf seine Weise fertig werden.

Als ich eines Abends mit seiner Frau Whist spielte, sah ich Delaney (geborenen Hornblower) Vorbereitungen fürs Zubettgehen treffen. An diesem Abend wählte er Maßnahme L 2: Heiße Nudelsuppe, Senfbad, drei Aspirintabletten, Ohrenschützer und eine schwarze Schlafmaske. Früh am folgenden Morgen taumelte er, verzweifelt und ermattet infolge seiner üblichen schlaflosen Nacht, mit Selbstmordgedanken ins Wohnzimmer. Mittlerweile hatten seine Frau und ich schon vor einigen Stunden, gelangweilt vom Whist, das Kartenspiel aufgegeben und uns einem anderen Spiel zugewandt. Natürlich hatten wir Delaney und sein Problem ganz vergessen, und als er gegen fünf Uhr, immer noch die Ohrenschützer und die schwarze Maske tragend, das Zimmer betrat, hielt ich ihn irrtümlicherweise für einen Einbrecher und nahm hastig durch den Hintergarten Reißaus.

Einige Wochen später traf ich in einem abgelegenen Lokal zufällig Frau Delaney, und selbstverständlich erkundigte ich mich nach ihrem Mann und seiner Schlaflosigkeit. Sie erzählte mir, daß er seit jener Nacht nie mehr die geringsten Schlafschwierigkeiten gehabt habe. Das Heilmittel war überraschend einfach. Er war aus dem Schlafzimmer ausgezogen und schlief statt dessen im Wohnzimmer auf dem Sofa. Seine Frau und ich spielten nie wieder Whist. Aber ich leide immer noch an Schlaflosigkeit.

Viele Menschen finden Schlaf, indem sie Schafe zählen. Es ist ratsam, die Schafe, wenn möglich, im Schlafzimmer zu haben. Wenn man aber gegen Wolle allergisch ist (und die meisten wollenen Pullover, die ich kaufe, scheinen es zu sein), kann man dem Schlaf auch schmeicheln, indem man Panther zählt. Natürlich besteht dabei die Gefahr, daß man von den Panthern aufgefressen wird; aber wenn man an Schlaflosigkeit leidet, ist dies das Beste, das einem widerfahren kann.

Bisher haben wir nur über die körperliche oder weniger ästhetische Seite des Schlafens gesprochen. Wie steht es jedoch mit Ihrem Gemütszustand, und in welchem Maße sind Sie mit Traumas behaftet? Was für Gedanken sickern durch Ihren Dickschädel, wenn Sie Heiaheia machen wollen? Wirbelt es in Ihrem Kopf? Schießt er Funken und Raketen in den Weltraum ab?

Wenn Sie verheiratet sind, und wenn Ihre Frühstücksgefährtin aussieht wie ein kleiner grüner Gast von einem anderen Planeten, stehen Sie fraglos vor einem ernsten Problem. Nehmen wir an, Ihr Traummädchen sei Sophia Loren. (Das ist nur eine hypothetische Aufstellung, da mein Traummädchen zufällig eine Verbindung von Sophia Loren, Marilyn Monroe und Ava Gardner ist.) Doch um des lieben Seelenfriedens willen wollen wir annehmen, daß es nur Sophia Loren sei. Daran ist gewiß nichts Böses. Millionen prächtiger, aufrichtiger junger Männer denken Tag und Nacht an sie. Also, ehe Sie ins Bettchen gehen, müssen Sie sich von dieser Torheit freimachen und sagen: »Mensch« oder »Julius« oder wie Sie zufällig heißen mögen, »hör zu Mensch (oder Julius), ich rede jetzt ernst mit dir und weise dich zurecht. Du bist mit einer treuen und fürsorglichen Frau verheiratet, also saubere Gedanken, Mensch, saubere Gedanken!«

Wenn das nicht hilft, nehmen Sie ein heißes Fußbad, drei Tassen Kakao, und sowie der Tag anbricht, hüpfen Sie aus dem Bett und sausen mit einem Düsenflugzeug nach Vegas, Reno oder Mexiko City.

Ein weiteres Schlafhindernis ist die Gewohnheit, über vergangene Fehler nachzugrübeln. Eine kleinere Katastrophe, die 1928 während der Aufführungen von *Animal Crackers* stattfand, gab mir die Möglichkeit, eine ganz hübsche Zeitspanne schlafloser Nächte zu erleben.

Als ich mir eines Abends meinen schwarzen Schnurrbart für die Abendvorstellung anschminkte, brachte mir der Bühnenportier eine Karte und erklärte: »Draußen ist ein Herr Evans. Er möchte mit Ihnen sprechen. Sagt, es sei wichtig.«

Da ich ein vorsichtiger Mann bin, fragte ich: »Ein Gerichtsdiener? Ein Versicherungsagent? Worum handelt es sich?«

Der Portier zuckte die Schultern. »Keine Ahnung. Ich finde nur, er sieht nach Bargeld aus. Er hat einen kostspieligen Anzug an und trägt einen Spazierstock.«

Das hörte sich nicht an, als ob der Besucher mich übers Ohr hauen wollte; daher sagte ich: »Schön, schicken Sie ihn her.«

Er trat ein, und ich schätzte ihn rasch ab. Er sah nach akademischer Bildung aus mit einem guten Schuß Großindustrie. Wir drückten einander die Hand, und er kam sogleich zur Sache.

»Herr Marx«, begann er, »Sie sind fraglos einer der berühmtesten Zigarrenraucher in der ganzen Welt.«

Ich nahm diese wohlverdiente Schmeichelei mit Anmut entgegen, und er fuhr fort: »Ich bin hier als Vertreter der Reklamefirma, die sich mit der Werbung für die beliebteste amerikanische Zigarette befaßt. Wenn Sie Ihren Namen für unsere Zigarette hergeben, erhalten Sie von uns tausendfünfhundert Dollar. Ich habe den Scheck und den Vertrag bei mir.«

Evans schaltete eine bedeutungsvolle Pause ein und nannte den Namen einer Zigarette, die tatsächlich die bestbekannte in Amerika war. Inzwischen wird der Leser wohl schon wissen, welche Marke gemeint ist. Ja, es war keine geringere als die weltberühmte Delaney-Zigarette.

»Herr Evans«, antwortete ich, »ich fände es unanständig von mir, einer Industrie, die ich immer wieder vor dem finanziellen Zusammenbruch bewahrt habe, für tausendfünfhundert Dollar untreu zu werden. Es stimmt durchaus, daß ich einer der berühmtesten Zigarrenraucher in der Welt bin. Vielleicht der berühmteste. Und gerade aus diesem Grunde würde ich es als einen Verrat an der ganzen Havanna-Tabakindustrie betrachten, wollte ich für etwas so Minderwertiges wie die Zigarette Reklame machen.« Schon während ich diese geschwollene Erklärung abgab, wurde mir klar, wie hohl sie klang.

Der Werbefachmann beachtete meinen Wortschwall zum Glück nicht, sondern fragte: »Fänden Sie es auch untreu, wenn wir das Honorar auf zweitausendfünfhundert erhöhen?«

Ich schüttelte den Kopf. Mittlerweile war ich ziemlich böse. »Herr Evans, meine Lauterkeit kennt keine Grenzen. Sie läßt sich nicht mit etwas so Gewöhnlichem wie Geld messen. Sie reicht über zweitausendfünfhundert und noch weit, weit darüber hinaus. Zu den wenigen Dingen, die dem Menschen auf seinem Lebenslauf vergönnt sind, gehören sein guter Leumund und sein guter Ruf als Unbestechlicher. Ich habe nicht die Absicht, sie für lumpige zweitausendfünfhundert Dollar zu opfern. Und nun entschuldigen Sie mich bitte.«

Evans überhörte dieses großartige Geschwätz und sprach weiter, als ob er kein Wort vernommen hätte.

»Angenommen, Herr Marx«, gurrte er listig, »ich böte Ihnen einen Scheck auf fünftausend Dollar? Wären Sie dann bereit, für die Delaney-Zigarette Reklame zu machen?«

Bei der Erwähnung von fünftausend Dollar fing meine Lauterkeit ein ganz klein wenig zu schwanken an. Fünftausend waren eine schöne Stange Geld. Ich fühlte mich versucht, weich zu werden; aber nach der hochtrabenden Rede, die ich soeben vom Stapel gelassen hatte, blieb mir keine andere Wahl, als meine edle Gesinnung beizubehalten.

Der eifrige Herr Evans war jetzt heiß auf der Spur. »Fünftausend Dollar sind eine ganz schöne Summe, Herr Marx. Sie könnten mit dem vielen Geld zwei Cadillacs kaufen.«

»Herr Evans«, erwiderte ich von oben herab, »Sie wissen es vielleicht nicht, aber ich habe schon zwei Cadillacs. Was sollte ich mit vieren anfangen?«

»Hm«, machte er. »Ei, Sie könnten jedem Ihrer Brüder einen schenken.«

Ich richtete mich zu voller Höhe auf und entgegnete: »Alle Brüder Marx haben zwei Cacillacs.«.

»Gut, lassen wir die Wagen«, gab er nach. »Ich muß sagen, mit Ihnen ist schwer ins Geschäft zu kommen. Anscheinend interessieren Sie sich nicht für Geld.« (Ich wollte schon antworten: ›Ha, ganz im Gegenteil‹, faßte mich aber noch im letzten Augenblick.) »Ich mache Ihnen jetzt noch ein Angebot – mein letztes Angebot. Entweder – oder. Ich gebe Ihnen siebentausendfünfhundert Dollar, wenn Sie nur Ihren Namen unter dieses Stück Papier setzen und uns damit erlauben, mit Ihrem Namen für die Delaney-Zigarette Reklame zu machen.«

Bei der Erwähnung von siebentausendfünfhundert Dollar wurde ich schwach. Mein chronischer niedriger Blutdruck sprang beinahe auf den normalen Stand, und das Zimmer drehte sich um mich. Während die Habgier die Rechtschaffenheit verdrängte, machte ich rasch ein paar Schritte und verriegelte die Türe der Garderobe, damit Evans nicht entrinnen konnte. Ich drehte mich um und blickte ihm gerade in die Augen.

»Ist das wirklich Ihr letztes Angebot?«

»Allerdings«, antwortete er. »Siebentausendfünfhundert Dollar sind viel Geld, wenn man gar keine Arbeit dafür leisten muß.«

»Einverstanden. Geben Sie mir den Vertrag.« Ich unterzeichnete ihn hastig, und er überreichte mir einen Scheck auf siebentausendfünfhundert Dollar, zahlbar an Groucho Marx. Ich muß gestehen, das verwirrte mich. Woher wußte er, daß ich die tausendfünfhundert, zweitausendfünfhundert und fünftausend ablehnen und für siebentausendfünfhundert zu haben sein würde? Ich steckte den Scheck schnell ein, wir drückten einander die Hand, und ich begleitete ihn zur Türe. Ehe er sich verabschiedete, langte er in seine Tasche und holte einen anderen Scheck hervor, den er mir zeigte. Er war auf Groucho Marx ausgestellt, und die Summe betrug zehntausend Dollar! Nie werde ich seine letzten Worte vergessen, die er äußerte, während er diesen Scheck zerriß: »Herr Marx, hätten Sie noch etwas länger ausgehalten, dann hätten Sie die zehntausend haben können.«

An diesem Abend war ich auf der Bühne nicht sehr komisch.

Siebzehntes Kapitel

Etwas von Weinen, das zum Weinen ist

Dieses Kapitel ist jenen Lesern unehrerbietig zugeeignet, die sich an einer Autobiographie nur freuen können, wenn der Verfasser ab und zu eine Handvoll statistische Lebensdaten einwirft. Übrigens hat mich mein Verleger, der sich immer einmischt, dazu gezwungen. Er behauptet steif und fest, er könne das Buch nicht als Autobiographie herausgeben, wenn ich nicht von mir selbst erzähle. Offen gestanden, ich kann mir viel pikantere Themen vorstellen.

In der zweiten Hälfte der zwanziger Jahre war ich männlichen Geschlechts, ein Meter siebzig groß, graumeliertes schwarzes Haar, graue Augen, wog unbekleidet hundertdreiundfünfzig Pfund und wohnte in einer Zehnzimmerwohnung in Great Neck auf Long Island, zusammen mit einer Frau und zwei kleinen Kindern. Mit einem Sohn namens Arthur und einer Tochter namens Miriam, wenn man unbedingt die Einzelheiten wissen muß.

Dieser Sohn war ungefähr zu der Zeit auf dem Schauplatz erschienen, als das Achtzehnte Amendement gesetzkräftig wurde. Darauf kann man nicht sehr stolz sein, aber ich glaube, daß mein Sohn Arthur die Auszeichnung genoß, während der dreizehnjährigen Prohibition der jüngste Alkoholschmuggler in Amerika zu sein.

Wir spielten in Vancouver im Orpheum-Theater, und damals kam meine Familie auf der Tournee mit. Als zivilisiertes Land ließ sich Kanada durch die irrlichternden Versprechungen der Prohibition nichts vormachen. Fast jedem Bühnenkünstler, der in Kanada auftrat, gelang es irgendwie, ein paar Flaschen ins Land der Freiheit und in die Heimat der Alkoholschmuggler zu schaffen.

Arthur war damals drei Monate alt. Ich weiß nicht, ob es heute auch noch zutrifft, aber zu jener Zeit trugen Säuglinge lange, fließende Gewänder. Wir hatten in Vancouver zwei Flaschen kanadischen Whisky erstanden. Bei der Rückkehr in die Vereinigten Staaten wurde man üblicherweise nach Konterbande durchsucht. Meine Frau versteckte unsere illegalen zwei Flaschen in Arthurs faltenreichem Kleidchen. Als die Bühnenkünstler durch den Zoll geschleust wurden, stöberten die Beamten in Koffern, Schachteln, Versatzstücken und anderen möglichen Verstecken; doch wir überlisteten sie, denn sie kamen gar nicht auf den Verdacht, daß dieses Abbild einer besorgten Mutter mit unschuldigem Kind zwei Flaschen Feuerwasser ins Land schmuggeln könnte.

Die Moral von der Geschicht: Wer etwas von einem Land ins andere schmuggeln möchte, versehe sich mit einer Mutter und einem Kindlein in langem, fließendem Gewande.

Die Prohibition hat mir viel angetan. Nicht nur mir, sondern auch den übrigen Amerikanern. Sicherlich waren viele wohlmeinende Menschen, die sie billigten und dafür stimmten, der Überzeugung, daß es nur ein paar Wochen dauern würde, bis jeder seine übriggebliebenen Schnapsflaschen an der Wand zerschmettern und das Gelübde der Entsagung ablegen werde.

Das ist keine besonders neuartige Annahme, aber die Welt ist voller Menschen, die glauben, sie könnten das Leben anderer lenken, indem sie einfach ein Gesetz erlassen. Es gibt in Amerika ausgedehnte Gruppen, die, wenn sie es vermöchten, alles verbieten würden, was ihnen persönlich nicht zusagt – Rauchen, Trinken, Tanzen, Kinobesuch, Salami und sogar die Liebe, wenn sie sich Vorschriften machen ließe.

Nun, wir wissen jetzt, welchen Erfolg das Achtzehnte Amendement hatte. Nicht nur hielt es keinen Menschen vom Trinken ab, sondern es rief auch das Gangstertum hervor, das heute fast ebenso mächtig ist wie die Regierung.

Amerika hatte von jeher seinen normalen Prozentsatz an Taschendieben, Fälschern, Bankräubern, Rohlingen und sonstigen kleinen Verbrechern. Aber wozu einer alten Dame die Geldbörse oder einem Blinden die Kupferstücke aus dem Teller stibitzen, wenn man mit der Herstellung gefälschten Alkohols Millionen scheffeln konnte? Trotz dem Achtzehnten Amendement und dem allmählichen Verschwinden echten Whiskys hatten die Leute immer noch Durst und sehnten sich ab und zu nach einem Schluck. Doch anstatt den Bürgern zu erlauben, wie wohlerzogene Damen und Herren gemäßigt zu trinken, richtete die Regierung es in ihrer üblichen Weisheit so ein, daß der unter Zollverschluß lagernde Whisky, den wir tranken, manchmal ganze zwei Wochen im Walde gereift war.

Millionen Menschen, die ihr Leben lang abstinent gewesen waren, die nie eine Bar oder ein Nachtlokal betreten hatten und den Freuden eines Whiskysodas oder eines Martinis gleichgültig gegenüber gestanden hatten, entwickelten plötzlich ein Verlangen nach Schnaps. Ich gehörte zu diesen Millionen. Vor dem 16. Januar 1920 hatte ich nie Alkohol zu mir genommen. Nicht etwa, daß ich aus moralischen Gründen dagegen gewesen wäre, sondern ich fand einfach keinen Geschmack an dem Zeug. Das ist übrigens auch jetzt noch der Fall. Ich trinke ab und zu auf einer Gesellschaft, um nicht als einzig Nüchterner aufzufallen. Aber als die Prohibition aufkam, gelangte ich zu dem Schluß, daß der Alkohol, wenn er verboten war, etwas an sich haben müsse, das ich bisher noch nicht entdeckt hatte.

Von dem Tage ab, an dem der schwere Schlag fiel, verwendete ich einen guten Teil meiner Zeit darauf, mit seidenhemdigen Alkoholschmugglern um ihren verwässerten Schnaps, der ausgesuchte Etiketten trug, zu schachern. Sie versicherten mir, daß dieses Zeug »direkt vom Schiff« käme. Nach der Art zu urteilen, wie es mir die Kehle verbrannte, war anzunehmen, daß es direkt vom Schiff kam – einfach von den Seiten abgekratzt und auf Flaschen gezogen.

Im Jahre 1926 wohnte ich in Great Neck und sattelte zur Schauspielbühne um. Da redet man von Sodom und Gomorrha, von Feuerland und Hollywood, aber fünf Jahre nach Einführung des Prohibitionsgesetzes verbrachte ein großer Teil der Menschen, die ich auf Long Island traf, die meiste Zeit damit, sich eines Verbrechens schuldig zu machen. Ich war immer noch ein gemäßigter Trinker, nicht weil ich bestrebt war, dem Gesetz zu gehorchen, sondern weil ich befürchtete, vorzeitig sterben zu müssen, wenn ich allzuviel von dem Gesöff zu mir nahm, das da verhökert wurde. Ich ging zu Gesellschaften, wo die Gäste gegen zwei Uhr nachts oder sogar noch früher wie Korkholz aufgestapelt waren. Oh, ich weiß, man kann sich heute (und auch morgen) einen ebenso großen Rausch antrinken, und wenn man ein ernster Trinker ist, kann man am nächsten Morgen mit einem gewaltigen Kater aufwachen, doch wenigstens trinkt man Whisky. Und von reinem Whisky kann man nicht sterben, wenn man sich nicht gerade die Leber zugrunde richtet.

Obwohl das Trinken von Feuerwasser jetzt erlaubt ist, scheint man sich in Amerika deswegen immer noch zu schämen. Es darf dafür beim Fernsehen keine Reklame gemacht werden, nicht einmal bei den ganz späten Sendungen, die erst nach Mitternacht ausgestrahlt werden. In den Inseraten der Zeitschriften zum Beispiel tritt niemand offen auf und sagt: »Bruderherz, wenn du dich richtig besaufen willst, ist Uralter Schlangenbiß das geeignete Getränk für dich.« Nein, man geht vorsichtig um die Wahrheit herum wie ein Mensch, der mit einer weidwunden Wildkatze in einem kleinen Zimmer eingesperrt ist.

Wenn man eine bestimmte Whiskysorte aus Kentucky anpreisen will, zeigt die Zeitungsreklame einen alten Oberst, der vor einer kleinen Schnapsbrennerei auf einem Baumstumpf sitzt. Er ist makellos angezogen und von einem hellen Cowboyhut gekrönt. In der rechten Hand hält er ein Glas mit zehnjährigem minderwertigem Whisky, und aus seinem Munde kommt das Spruchband: »Meine Lieben, wir haben nur eine kleine Brennerei. Wir stellen nicht viel Alkohol her, aber was wir destillieren, das braucht sieben lange Jahre zum Reifen. Ihr seht, meine Lieben, wir haben nur eine kleine Brennerei.«

Manchmal besteht die Reklame in drei Männern, die auf einem Schimmel sitzen und fröhlich Wodka-Martini schlürfen. Mir persönlich fällt es schwer genug, auf einem Schimmel zu bleiben, ohne die zusätzliche Verpflichtung, einen Wodka-Martini zum Munde zu führen. Außerdem scheint es mir, daß der Rücken eines Pferdes nicht der bequemste Platz ist, wenn man sich betrinken will. Warum gehen diese drei Zechbrüder nicht in eine Wirtschaft, wenn sie ein Glas kippen wollen? Das wäre bestimmt weniger auffällig.

Ich gebe es ungern zu, aber wenige Menschen können der Macht und dem Druck der modernen Hochspannungsreklame widerstehen. Dieses Inserat hat mich in solchem Maße erweicht, daß ich jetzt keinen Wodka-Martini trinken mag, wenn ich nicht mit zwei Bekannten auf einem Schimmel sitze. Noch etwas hat mir bei dieser Reklame von jeher zu schaffen gemacht: Wem gehört dieser Gaul? Und welchen Geschlechts ist er, wenn überhaupt? Gehört er der Reklamefirma? Oder ist es einfach ein heimatloser Schimmel, der eines schönen Tages zufällig durch die Gegend streifte und absichtlich, da er nichts Besseres zu tun hatte, auf die drei Zechbrüder zuging, die in einem Baume saßen und Wodka-Martini hißten? Gehört jedem der drei Männer ein Teil des Pferdes? Wenn ja, welches Teil? Oder ist es ein Gemeinschaftspferd, das allen drei Männern in seiner Ganzheit gehört? Gesetzt den Fall, einer von ihnen will es gesattelt reiten? Was geschieht dann mit den beiden andern? Kehren sie zu dem Baum zurück? Oder bleiben sie einfach mitten in der Luft hängen, bis ihr Gefährte mit dem Gaul wiederkommt?

Eines Tages wird ein gütiger Weiser diese wichtigen Fragen beantworten. Bis dahin können wir uns nur wundern.

Ich will keine Namen nennen, aber einige meiner besten und begabtesten Freunde starben dank der Prohibition lange vor ihrer Zeit. Der Schaden, den die Neunmalklugen, die dieses Gesetz erließen, in Amerika angerichtet haben, kann niemals einigermaßen geschätzt werden. Die Prohibition schuf Al Capone, Dutch Schultz und Hunderte von anderen »kleinen Cäsaren«.

Nun genug der Sozialphilosophie. Um zu Great Neck zurückzukehren – viele Leute, die die übersetzten Preise der Alkoholschmuggler nicht zahlen konnten, beschlossen jetzt, ihren eigenen Freudenspender herzustellen. Ich hatte einen Freund (er lebt nicht mehr), der Orangensaft mit Grenadine zu mischen pflegte und dann als Anreiz zehn bis fünfzehn Tropfen Aethylbenzin hinzufügte.

Eines Tages kam mein Vater zu mir ins Haus. Als ich ihm ein Getränk anbot, schüttelte er den Kopf und sagte: »Groucho, warum trinkst du diesen schlechten Schnaps? Warum trinkst du nicht Wein?«

»Schau, Papa«, antwortete ich, »der Wein, den man heutzutage bekommt, ist ebenso schlecht wie der Schnaps. Da kann ich geradesogut reinen Alkohol trinken.«

Er lächelte. »Du weißt, Groucho, ich komme aus Frankreich. Nicht aus Paris oder Marseille, sondern aus der Weingegend. Ich kann dir einen Wein machen, der ebenso gut ist wie die Qualitätsweine, die man vor der Prohibition hier bekommen konnte.«

»Wie willst du denn Wein herstellen?« fragte ich. »Du weißt doch, daß es jetzt keine Trauben gibt.«

»Ich benutze keine Trauben«, erwiderte er.

»Du kannst Wein ohne Trauben machen? Das ist ein schönes Kunststück, wenn du's wirklich kannst!«

»Trauben sind altmodisch«, erklärte er. »Ich benutze helle Rosinen und Malz. Besorg du mir drei Dutzend Weinflaschen und Korken, und ich stelle dir in drei Wochen einen Qualitätswein her, der ein solches Bouquet hat, daß du deine Freunde nicht vom Hause weghalten kannst.« Sein Gesicht leuchtete auf. »Vielleicht können wir zusammen ein Geschäft aufmachen. Marx-Weine, hergestellt aus Rosinen, Malz und einem Geheimrezept. Wir werden überall in der Welt Kunden haben!«

Die letzten Worte hatten einen vertrauten Klang. »Papa«, sagte ich, »du magst überall in der Welt Kunden haben, aber in den Vereinigten Staaten wirst du sie nicht haben.«

»Unsinn!« entgegnete er. »Es ist doch nicht verboten, ein bißchen Wein herzustellen. Ist das etwa gegen das Gesetz? Unsinn! Was man im eigenen Hause herstellt, ist die eigene Privatangelegenheit. Und wenn man uns hindern will«, fügte er hinzu, »verklage ich den Staat.« Er sah mich pfiffig an. »Du weißt doch, seit man das neue Gesetz durchgebracht hat, kann man das.«

Am folgenden Morgen machte sich Papa vergnügt in den Keller auf; mit sich schleppte er einen drei Meter langen Gummischlauch, verschiedene Korken, Flaschen, Rosinen, Malz und einen großen Sack.

»Papa«, fragte ich, »was hast du da in dem Sack?«

»Groucho«, antwortete er, »obwohl du mein Sohn bist, kann ich dir das nicht sagen. Es ist mein Geheimnis.« Während er bedeutungsvoll mit dem Finger an dem Sack bohrte, fuhr er fort: »Das ist das Zeug, mit dem das Kunststück bewerkstelligt wird! Jeder sonst, der Wein herstellt, benutzt nur Rosinen und Malz. Aber ohne dieses Zeug . . .« Er bohrte wieder mit dem Finger an dem Sack, »bekommt man bloß trübes Spülwasser. Warte nur ab. Marx-Weine, Import und Export. Wir werden Millionen verdienen!«

Gegen fünf Uhr nachmittags war das geheimnisvolle Gebräu fertig, und alle Flaschen reihten sich sauber aufgestapelt mit dem Korken nach unten an der Wand. Mein Vater sah ziemlich abgespannt aus, als er aus dem Keller auftauchte. »Groucho«, bemerkte er, »weißt du, daß du da unten Ratten hast?«

»Natürlich«, gab ich zurück. »Wo möchtest du denn, daß ich sie habe – im Wohnzimmer?«

»Warum versuchst du sie nicht loszuwerden?« fuhr er fort, ohne zu merken, daß ich soeben einen glänzenden Witz von mir gegeben hatte.

»Ich habe es versucht, aber es ist ein hoffnungslose Sache. Unser Haus steht nämlich nahe an der Ecke, nur ein paar Meter von einem Abzugskanal entfernt. Die Ratten kommen aus dem Abzugskanal herauf und gelangen durch irgendeinen unterirdischen Gang in unseren Keller. Aus allen Teilen von Long Island hatte ich schon Kammerjäger hier. Sie stellten Fallen auf und streuten Gift. Ich glaube, es gibt nichts, womit sie's nicht schon versucht haben, aber alles war vergeblich.«

»Stell dir vor«, sagte er, »während ich die Flaschen abfüllte, sprang eine Ratte über mein Knie.«

»Ja, ich weiß Papa. Das ist einer der besten Springer, den wir da unten haben. Ich dachte schon allen Ernstes daran, ihn für die Olympischen Spiele anzumelden.«

Immer wenn ich hinunterging, um im Ofen zu stochern, bewaffnete ich mich mit einem Baseballschläger. Einmal tötete ich vier Ratten an einem Tage. Ich erlangte eine ganz schöne Übung. Es galt, entweder sie oder ich, und da ich das Haus bezahlt hatte, im Gegensatz zu den Ratten, schien es nur recht und billig zu sein, daß meine Interessen vorgingen.

Als ich etwa drei Wochen später eines Abends gerade zu Bett gegangen war, gab es einen schrecklichen Aufruhr, und das Haus zitterte, als ob ein Erdbeben stattgefunden hätte. Nachdem ich rasch die untere Hälfte meines Pyjamas angezogen hatte (und jetzt weiß der Leser wie ich schlafe – wenn das keine ehrliche Autobiographie ist!), rannte ich hinunter und gesellte mich zu meiner Familie, die soeben in irrer Hast der Haustür zustrebte.

Auf der Straße befand sich außer uns kein Mensch. ›Das ist sonderbar‹, dachte ich. ›Es muß ein privates Erdbeben gewesen sein. Anscheinend wurde nur mein Haus heimgesucht.‹

Wir blieben draußen, schlotternd vor Kälte und voller Angst, daß sich das Erdbeben wiederholen könnte. Bei Tagesanbruch krochen wir beunruhigt ins Bett zurück. Mittags kam mein Vater.

»Was habt ihr denn?« fragte er. »Ihr seht alle so elend aus. Ist etwas geschehen?«

»Papa«, sagte ich, »heute nacht um drei Uhr wurde unser Haus von einem Erdbeben getroffen, und wir haben kein Auge zugetan.«

»Ein Erdbeben? Hm. Was ihr alle braucht, das ist ein guter Schluck von meinem Wein«, erklärte er. »Deswegen bin ich nämlich gekommen. Heute sind die drei Wochen um, und der Wein ist fertig.«

Er hätte einen Tag früher kommen sollen. Was wir für ein Erdbeben gehalten hatten, war nur der explodierende Wein meines Vaters. Scherben und Korken lagen überall im Keller verstreut, und der Wein floß, als ob es sich um einen Silvesterabend auf Spesenkonto handelte. Zwischen all den Trümmern schliefen ein Dutzend Ratten den Schlaf der Toten. Zuerst dachte ich, sie wären betrunken; aber da kein einziger Rülpser zu vernehmen war, nahm ich an, daß sie Weinkenner waren und sich aus dem Qualitätswein meines Vaters nicht viel machten.

Von diesem Wein bekam ich nie einen Tropfen zu trinken. Aber während der acht Jahre, die wir noch in dem Hause in Great Neck wohnten, sahen wir nie mehr eine Ratte. Es wird sich zwar niemals feststellen lassen, doch jetzt neige ich zu dem Glauben, daß der rätselhafte Bestandteil in dem geheimnisvollen Sack meines Vaters die erste Stufe zur Wasserstoffbombe war.

Achtzehntes Kapitel

Man nennt ihn den goldenen Staat

Am Ende unserer acht rattenlosen Jahre in Great Neck zogen meine Frau, die Kinder und ich nach Kalifornien um, zusammen mit einer großen Sammlung Familienangehöriger von verschiedenerlei Größe, Gestalt und Geschlecht. *Animal Crackers* war zwei Jahre am Broadway gelaufen und war nun abgespielt. Der Grund für den Goldrausch, der unsere Familie nach dem Westen trieb, war ein Filmvertrag – Balsam auf die Wunden von 1929. Wir bevölkerten den Zug und fuhren los, um im Filmland unser Anrecht auf ein Stück Boden geltend zu machen. Das war im Jahre 1931. Als wir in Los Angeles ausstiegen, war die Luft erfüllt vom süßen Duft der Orangen- und Zitronenblüten. Der Ansturm auf Kalifornien hatte noch nicht eingesetzt, und Hollywood hatte immer noch etwas Stilles, Ländliches.

Der Tonfilm war gerade erst in die Filmindustrie eingedrungen und versetzte die meisten Beteiligten in höllischen Schrecken. John Gilbert, Greta Garbo, Charlie Ray, Tom Mix, William S. Hart, Douglas Fairbanks, Mary Pickford und einige andere bildeten die Herrscher der Leinwand. Die Steuern waren immer noch unbedeutend, und Hollywoods Könige und Königinnen lebten weitaus luxuriöser als manche regierenden Familien in Europa. Die meisten von ihnen warfen ihr Geld zum Fenster hinaus, als ob sie es im Keller selbst herstellten. Sie schwelgten in Badewannen aus reinem Gold, prächtigen Rolls-Royces mit Chauffeur, Sekt zum Frühstück und Kaviar alle fünfzehn Minuten. Es war eine Welt von jener Art, die es heute nur noch auf den Seiten der Filmzeitschriften und für die Söhne einiger weniger lateinamerikanischer Diktatoren gibt.

Bei den oberen Zwanzig gab es viel Begabung, aber die übrigen schafften es größtenteils mit ihrem Gesicht und ihrer Figur. Manche Künstlerinnen kannten die Produzenten viel besser, als es der Gattin vergönnt war. Im Verlauf der Zeit wurden viele von ihnen die Gattin, und die früheren Ehefrauen wurden Agentinnen oder Immobilienhändlerinnen.

Dies war ein Märchenland, desgleichen es seit den glühendheißen Tagen des Alten Roms nicht mehr gegeben hatte. Bei den Gesellschaften ging es toll zu, und auch die meisten Gäste benahmen sich toll. Keine Gesellschaft wurde als Erfolg betrachtet, wenn nicht mehrere Überlebende in ihrem Abendkleid ins Schwimmbecken geworfen wurden, und mit den Abendkleidern meine ich keine Pyjamas.

Der heutige Filmstern ist von anderem Blut. Er ist vor finanziellem Unglück ebenso gesichert wie die Rockefeller-Stiftung. Er hat einen Agenten, einen Steuerberater, einen Rechtsanwalt und einen Geschäftsleiter. Wenn er sich gut benimmt, darf er in der Woche ganze fünfzig Dollar ausgeben. Viele von ihnen haben ihre Finger in Erdöl, Viehzucht und Immobilien. Ich kenne zwei Filmsterne, die eine Schaffarm in Australien besitzen. Einer meiner Freunde besitzt eine Kegelbahn, und wenn er eine Ruhepause zwischen zwei Filmen hat, verbringt er die Abende damit, Kegel aufzustellen.

Vielleicht bin ich außer Verkehr gesetzt, aber Hollywood gehört heute zu den bravsten und langweiligsten Städten in den Vereinigten Staaten. Die wenigen Namen, die aus der Reihe tanzen, schleichen weg nach Las Vegas, New York oder Europa. Meistens geht jeder um Mitternacht zu Bett, entweder um am folgenden Morgen in aller Frühe frisch vor der Kamera zu erscheinen, oder um den Steuerberater zu treffen, von dem man die neuesten Geheimnisse der Kapitalvermehrung erfährt. Hollywood wird allmählich genau wie Philadelphia. Benjamin Franklin würde sich heute hier ganz zu Hause fühlen.

Als wir zum erstenmal nach Hollywood reisten, fuhren wir mit der Eisenbahn. Heutzutage benutzt außer einigen Feiglingen fast jeder das Flugzeug. Damals brauchte man siebzehn Stunden, um von New York nach Los Angeles zu fliegen, und für einen Sonderzuschlag konnte man eine Koje und zwei Schlaftabletten bekommen. Die Flugzeuge waren dreimotorige Fords, und manchmal brachten sie es auf zweihundert Stundenkilometer, wenn nicht der eine Motor wegflog. Wenn dies geschah, räumte die Gesellschaft gewöhnlich ein, daß der Flug mißlungen war.

In einem größeren Filmatelier gab es einen Schauspieler, der zu den glänzendsten Sternen gehörte und hauptsächlich in Filmen auftrat, die vom Fliegen handelten. Er war immer der Held, und er stellte stets einen furchtlosen Piloten dar, der in den letzten Metern erbarmungslos Dutzende von feindlichen Maschinen niedermähte. Keiner in ganz Hollywood war so tapfer wie er. Es war nicht allgemein bekannt, aber er hatte noch nie in einem wirklichen Flugzeug gesessen. Er hatte Todesangst davor, und im Atelier machte er daraus kein Geheimnis. Wenn er in einem Film flog, übernahm immer ein Double die grobe Arbeit. Auf der Großaufnahme durfte das Publikum das grimmige Profil des Helden bewundern, der nachlässig Gummi kaute, während er die Deutschen oder die bösen Orientalen, je nach dem, worum es sich handelte, verachtungsvoll abknallte. Dieser Stern hatte eine Herzensdame in New York; aber leider hatte die Herzensdame einen Gatten in Europa, der kabelte, daß er bald zu seinem geliebten Weibe zurückkehren werde. Auf diese Nachricht hin rief sie sogleich unseren Helden an und sagte ihm, wenn er sie in den Armen halten wolle, solle er sich die vier langen trübsinnigen Tage in der Eisenbahn aus dem Kopf schlagen und ein Flugzeug besteigen. Sie sagte:

»Wenn du den ganzen Tag im Studio für Geld fliegst, kannst du doch gut eine einzige Nacht für die Liebe fliegen.« Darauf hatte er keine Antwort. Und ich bezweifle, daß ein anderer sie gehabt hätte. Der Gedanke, daß der Gatte seiner Freundin die Frechheit hatte, gerade in dem Augenblick aus Europa zurückzukehren, in dem er die Gattin des Mannes besuchen wollte, erfüllte ihn mit Verzweiflung und Zorn. Der Zorn siegte schließlich über die Verzweiflung und gab ihm den falschen Mut ein, den er brauchte, um sich auf einen so gefährlichen Flug einzulassen.

Ich benutzte zufällig dasselbe Flugzeug, aber (das füge ich bedauernd hinzu) nicht aus demselben Grunde. Sowie das Flugzeug Burbank verlassen hatte, begann unser Held wie ein Zwergpudel zu wimmern. Fliegen war damals noch verhältnismäßig gefährlich, aber die Fluggesellschaften waren schlau und setzten in jeder Maschine eine wunderschöne Hosteß ein, um die männlichen Passagiere abzulenken. Unser Freund blickte immerzu zum Fenster hinaus, und während der Boden zurückwich, rannen ihm Schweißtropfen über die klamme Stirn.

»Was hast du denn, Delaney?« erkundigte ich mich (inzwischen weiß der Leser, weshalb ich ein Pseudonym benutze). »Warum schaust du immerzu zum Fenster hinaus und windest dich auf deinem Sitz? Du hast doch wohl keine Angst vor dem wilden blauen Jenseits?«

Er sah mich aus glasigen Augen an. »Wo ist der erste Zwischenhalt?«

Ich antwortete: »In Phoenix in Arizona.«

»Ich weiß nicht, was du vorhast, aber in Phoenix werde ich diese verfluchte Kiste verlassen«, verkündete er.

Zur Behandlung dieses Feiglings schien es mir das beste zu sein, nach der Hosteß zu läuten, einem atemraubenden Wesen, und sie alle ihre Reize spielen zu lassen. Während sie ihn mit der vorschriftsgemäßen Koketterie zu beschwichtigen suchte, stand ich ihr bei, indem ich ihm das Rückgrat steifte.

»Ich sah deinen letzten Film«, sagte ich. »Den Film, in dem du sieben feindliche Flugzeuge abschießt. So etwas von Tapferkeit. Du verstehst dich wahrhaftig darauf, durch die Wolken aufzusteigen. Sag einmal, hast du eigentlich nie Angst?«

Er blickte mich an, er blickte die Hosteß an, und dann fragte er: »Wie lange geht es noch, bis wir in Phoenix landen?«

Sowie uns befohlen wurde, für die Landung den Gurt umzuschnallen, ergriff er sein Handgepäck und strebte dem Ausgang zu. Die Hosteß und ich packten ihn. Vor Angst war er zu schwach, um viel Widerstand zu leisten, und nach einigem Hin und Her gelang es uns schließlich, ihn auf seinen Sitz zu drücken. Kaum war das Flugzeug wieder in der Luft, da wandte er sich mir zu und fragte: »Wo ist der nächste Zwischenhalt?«

»In Nashville in Tennessee«, antwortete ich.

»Wie lange, bis wir dort sind?«

»Ungefähr vier Stunden.« Ich klopfte ihm beruhigend die Schulter. »Natürlich nur, wenn wir nicht abstürzen.«

Er erbleichte. »Glaub ja nicht, daß wir nicht abstürzen könnten! Jedenfalls ist Nashville meine Lieblingsstadt. Dort habe ich viele Freunde, und dort werde ich aussteigen, und kein Mensch wird mich in dieser Todesfalle festhalten!«

Als die Maschine in Nashville aufsetzte, ergriff er abermals seine Siebensachen. Doch diesmal stand ich, als die Türe geöffnet wurde, vor ihm und versperrte ihm den Weg. Ich nannte ihn jetzt laut beim Namen. (Es war ein berühmter Name.)

»Wenn du hier aussteigst«, schrie ich ihn an, »wird jede Zeitung in Amerika morgen diese Geschichte auf der ersten Seite bringen. Paß auf, du Dummkopf, man hält dich allgemein für einen großen Helden, und du kannst es dir nicht leisten, die Wahrheit an den Tag kommen zu lassen. Wenn das Publikum erfährt, was für ein Angsthase du in Wirklichkeit bist, wirst du beruflich erledigt sein. Du wirst zum Gespött werden. Kein Mensch wird dich mehr engagieren, so daß du zu deiner alten Arbeit zurückkehren mußt.«

Bei dem Wort »Arbeit« wurde er blaß. Seit vielen Jahren hatte er kein Benzin mehr in ein Auto gegossen. »Lieber wäre ich wieder an der Tankstelle als in dieser Blechbüchse oben in der Luft!« rief er und bemühte sich verzweifelt, mich wegzuschieben.

Er war schon halbwegs draußen, als Hilfe in Gestalt der neuen Stewardeß erschien, die sich über die Treppe heraufschlängelte. Die erste war hübsch gewesen, sehr hübsch. Diese zweite war geradezu unbeschreiblich. Sie war eine Mischung der Garbo und der schönen Helena. Bestimmt bedeutete diese peinliche Lage nichts Neues für sie, denn sogleich ergriff sie die Zügel und schaltete ihren ganzen Zauber ein, der für alle Männer im Flugzeug genügte, einschließlich des Piloten, des Navigators und zweier Jünglinge, die sie soeben im Flughafen zurückgelassen hatte.

Unser Held sank in seinen Sitz; vor diesem fabelhaften Geschöpf schämte er sich seines feigen Verhaltens. Als das Flugzeug wieder absetzte, wandte er sich mir zu und flüsterte matt: »Groucho, wo ist der nächste Zwischenhalt?«

Ich antwortete: »In Washington.«

»Ich will dort aussteigen«, sagte er. »Ich schleiche mich still hinaus, und niemand wird es merken.«

»Einen Augenblick«, erwiderte ich. »Du bist nun schon so lange unterwegs. Alle andern Passagiere wissen, daß du hier im Flugzeug bist. Behaupte ja nicht, du hättest für die letzte Strecke keinen Mut mehr. Von Washington nach New York sind es ja bloß noch zwei Stunden.«

»Es ist mir gleich, und wenn es nur zwei Minuten wären«, raunte er heiser. »Siehst du denn nicht, daß ich einem Nervenzusammenbruch nahe bin?

Ich sage dir, ich halte es nicht mehr aus! Ich habe eine Pistole bei mir, und ich erschieße jeden, der mich aufhalten will!«

Das Flugzeug näherte sich jetzt Washington. Die Hosteß hatte alles versucht, hatte Reize spielen lassen, die ihr selbst bis jetzt bestimmt unbekannt gewesen waren, hatte ihm sogar, wenn ich mich nicht irre, zugeflüstert: »Wenn Sie im Flugzeug bleiben, komme ich zu Ihnen in die Koje, sowie wir Washington hinter uns haben.« Hätte sie mir diesen Vorschlag gemacht, so wäre ich ewig in dem Flugzeug geblieben, wenigstens bis Siam; aber auf den Filmhelden hatte weder dieses unglaublich reizvolle Angebot noch meine Überredungskunst irgendwelche Wirkung. Sowie das Flugzeug aufgesetzt hatte, ergriff er schnell sein Gepäck und war draußen, während sich die Propeller noch drehten.

Ein paar Tage später traf ich ihn in New York. Nach der Begrüßung fragte ich ihn: »Na, Lindbergh, wie bist du denn hergekommen?«

»Sehr einfach«, antwortete er. Er war ganz Lächeln. »Ich nahm in Washington den Nachtzug und kam am folgenden Morgen hier an. Glaub mir, das ist die einzige Art zu reisen. Und du kannst deinen letzten Dollar darauf wetten, daß mich kein Mensch, aber wirklich kein Mensch jemals wieder in ein Flugzeug bringen wird.«

Unser Held verbrachte eine Woche in New York mit seiner Freundin, ging ins Theater und belustigte sich in Vergnügungslokalen. Am siebenten Tage erschien ein Abgesandter aus dem Atelier und teilte ihm bedauernd mit, daß er schon am nächsten Tage wieder in Hollywood sein müsse, um einige Szenen nochmals zu drehen. Die Uraufführung des Filmes war bereits festgelegt, und die Aufnahmen mußten binnen sechsunddreißig Stunden gemacht werden. Um diesen Stundenplan einzuhalten, blieb keine andere Möglichkeit, als zurückzufliegen.

Auf diese Neuigkeit hin geriet unser Freund in gewaltige Wut. Er schrie: »Lieber gebe ich das Filmen auf, bevor ich mich dazu bringen lasse, nochmals in die verfluchte Luft aufzusteigen!«

Der Vertreter der Filmgesellschaft war jedoch viel schlauer als unser Held (und als ich). Er bestand nicht darauf. Ja, er sagte gar nichts. Am Abend machte er mit unserem Freund eine Runde durch die Nachtlokale und ließ ihn stockbetrunken werden. So betrunken, daß er nichts mehr von sich wußte. Dann flitzte er mit ihm zum Flughafen und verfrachtete ihn in ein Flugzeug nach Los Angeles.

Als die Hosteß ihn mittels kalter Kompressen, Riechsalz und etlicher Pappbecher schwarzen Kaffees glücklich zu sich gebracht hatte, landete die Maschine in Los Angeles. Ein Wagen der Gesellschaft holte den Stern am Flughafen ab und brachte ihn sogleich ins Atelier. Der Garderobier steckte ihn in sein Pilotenkostüm, der Regisseur verstaute ihn ins Pappeflugzeug, und als die Kamera zu surren begann, saß er da, wieder einmal der fliegende Wagehals, den ganz Amerika kannte und liebte.

Als *Animal Crackers* abgespielt waren und wir nach Hollywood gingen, wollte Paramount als unseren ersten Film *Cocoanuts* drehen. Kurz nach unserer Ankunft wurde ich zu einer Sitzung gerufen, bei der man mir mitteilte, daß ich den angeschminkten schwarzen Schnurrbart aufgeben müßte.

Als ich nach dem Grunde fragte, erklärte man mir: »Kein Mensch hat auf der Leinwand jemals einen angeschminkten Schnurrbart getragen. Das Publikum ist so etwas Unechtes nicht gewöhnt und würde es einfach nicht glauben.«

»Das Publikum glaubt uns ohnehin nicht«, entgegnete ich. »Es lacht nur über uns, und werden wir dafür nicht bezahlt?«

Der ewige Kampf um die Tradition! Wir mußten uns schließlich auf einen Vergleich einlassen. Wir willigten ein, eine Versuchsszene mit dem angeschminkten Schnurrbart zu drehen, die dann in einem Kino am Ort lief. Die Reaktion war die gleiche wie einst im Varieté an der Fünften Avenue. Dem Publikum schien es einerlei zu sein, was für einen Schnurrbart ich trug, solange es auf der Leinwand nur lustig zuging.

Auf der Bühne fiel ich oft aus der Rolle und sprach das Publikum persönlich an. Nach dem ersten Drehtag sagte der Produzent von *Cocoanuts* (inzwischen hat er sich vom Film zugunsten der Industrie zurückgezogen): »Herr Marx, Sie dürfen nicht aus der Rolle fallen und die Zuschauer anreden.«

Wie alle Menschen, die sich an die Tradition klammern, irrte er sich. Ich sprach mit dem Publikum in jedem Film, in dem ich auftrat. (Manchmal antwortete man mir. Das fand ich ziemlich verwirrend.) Trotzdem blühte die Filmindustrie weiter, brachte ihren Anteil an guten und schlechten Filmen hervor, und niemand schien es zu stören, wenn ich aus der Rolle fiel.

Es gibt Menschen, die ihr Leben lang nichts anderes tun als Fortschritt oder Veränderung bekämpfen. Sicher waren es ihre Vorfahren, die über den ersten automatischen Anlasser spotteten und laut lachten über die Brüder Wright und ihre albernen Versuche, sich mit ihrer technischen Neuheit in die Luft zu erheben.

Sicher waren auch die Bauern ziemlich skeptisch, als ihnen geduldig auseinandergesetzt wurde, daß die sanitäre Einrichtung nicht unbedingt auf dem Hof beim Schweinestall angebracht werden müßte, sondern gut und gern im Wohnhaus Platz finden könnte. Und viele Kühe müssen empört gewesen sein, als die vertraute schwielige Hand des Bauern verschwand und durch einen am Euter angebrachten elektrischen Apparat ersetzt wurde.

Man stelle sich vor, wie betrübt die Barbiere gewesen sein müssen, als die Männer anfingen, den elektrischen Rasierapparat zu benutzen. Übrigens, wenn die Vollbartmode weitergeht, wird es nicht lange dauern, und bei beiden Geschlechtern wird das Laubwerk sprießen. Wenn dieser Tag kommt, das sage ich voraus, wird es nur noch einen einzigen Barbier in der ganzen Welt geben – und er wird in Sevilla sitzen und Pfirsiche rasieren.

Um in meiner Geschichte zwanzig Jahre vorauszueilen – ich erlebte einmal etwas Ähnliches, als die Seriensendung *You Bet Your Life* vom Fernsehen ausgestrahlt werden sollte, nachdem sie lange im Rundfunk gelaufen war. Als erstes wurde ich gefragt, wie ich mich anzuziehen gedachte. Ich antwortete, ich würde einen normalen Anzug tragen, auf einem hohen Schemel sitzen und die Leute über ihr Leben ausfragen, genau wie ich es am Radio gemacht hatte.

Ein Blutsbruder aller übrigen Obstruktionspolitiker sprang auf und rief: »Herr Marx, Sie müssen sich darüber klar sein, daß es sich hier nicht um Rundfunk handelt. Hier handelt es sich um Fernsehen, und Fernsehen ist wie ein Film auf einer kleineren Leinwand. Es muß etwas laufen. Sie können nicht einfach wie ein Ölgötze dasitzen.« (Der Mann war ein wirklicher Witzbold.) »Sie müssen Ihren komischen Gang bieten und auf der Bühne herumhüpfen.«

»Unsinn«, entgegnete ich.

»Unsinn! Unsinn!« entrüstete er sich, wobei er auf und ab sprang. »Was ist das für eine Antwort?«

»Keine sehr gute«, räumte ich ein, »aber Sie führen ja auch keinen geschliffenen Dialog.«

»Soll das heißen, daß Sie einfach auf einem Schemel sitzen werden und sich überhaupt nicht rühren?« forschte er.

»Keinen Muskel«, gab ich zurück.

»Das geht doch nicht«, beharrte er.

»Passen Sie auf«, sagte ich. »Neulich sah ich Sam Levenson im Fernsehen. Er trug einen gewöhnlichen Anzug, stand auf einem Fleck und ließ einen Monolog vom Stapel. Und als er fertig war, schrien die Leute im Zuschauerraum nach einer Zugabe.«

Darauf hatte er keine Antwort. Er langte nur in seine aschgraue Rocktasche, holte zwei trockene Martini hervor, goß sie hinter die Binde und ging stumm ab, ein geschlagener Mann.

Um zum Gegenstand dieses Kapitels zurückzukehren: das Publikum, das im Kino sitzt, hat so gut wie keine Ahnung von den vielen wunderlichen und schwierigen Problemen, vor denen der Regisseur steht. Zum Beispiel hatten wir, als wir *A Day at the Circus* drehten, eine wichtige Szene, in der ein Gorilla vorkam. Ich weiß, jetzt wird man mir widersprechen, aber in den Straßen von Hollywood laufen sehr wenige Gorillas herum. Tatsache ist, es gab in der gesamten Filmindustrie nur zwei, und beide waren auf

Jahre hinaus besetzt. Es herrschte ein ausgesprochenes Affenmonopol, und ich schlage vor, wenn der Staat damit fertig ist, die sinnlose Beziehung zwischen Du Pont und General Motors zu untersuchen, könnte er einmal (zum großen Nutzen der Unterhaltungsindustrie) die Gorillalage begutachten.

Da wir weder die Zeit noch das Material hatten, einen lebendigen Gorilla zu fangen und zu dressieren, mußten wir einen Schauspieler engagieren, dessen Fach derartige Rollen waren. Theaterspielen ist der einzige Beruf, in dem der Mensch ein bescheidenes Vermögen verdienen kann, indem er einfach in einem Gorillafell steckt.

Der Komplikationen waren viele. Der Schauspieler, der als Gorilla engagiert worden war, hatte nämlich einen Agenten, aber er hatte kein Gorillafell. Wir stellten dann fest, daß das Gorillafell auch einen Agenten hatte. An dem Tag, wo die Szene gedreht wurde, befanden sich beide Agenten an Ort und Stelle, um ihre Interessen zu wahren und sich zu vergewissern, daß sie ihre Prozente bekamen. Es war ein ungemein heißer Tag, und die starken Scheinwerfer auf dem Plateau machten ihn noch heißer. Mutter Natur hatte es in ihrer üblichen Nachlässigkeit versäumt, den Gorilla mit einem Fenster oder sonst einer Lüftungsanlage auszustatten. Andernfalls wäre der Herr in dem Fell imstande gewesen, ewig weiterzuleben. Doch da er keine Möglichkeit hatte, frische Luft zu schnappen, suchte er sich einen leichten Ausweg und löste das Problem, indem er ohnmächtig wurde.

Erschrocken ob des drohenden Verlustes ihrer Provision rannten die beiden Agenten zu ihrem Ernährer hinüber und knöpften eifrig den haarigen Pelz auf. Schnell zogen sie den Innenmann heraus und duschten ihn zum Bewußtsein zurück. Als er endlich zu sich kam, jammerte er, er habe schon einen guten Teil seines Lebens in einem Gorillafell verbracht, aber noch nie ein solches Ding bewohnt, an dem keine Lüftungsanlage angebracht worden sei. Die beiden Agenten und der Gorillamann tauschten dann alle die üblichen Höflichkeiten aus, die sie kannten. Das Fell hingegen, das kein Wort mehr gesprochen hatte, seit es vor vielen Jahren im Urwald gefangen worden war, lag einfach auf dem Boden, ein lebloses haariges Häuflein Unordnung.

Der Regisseur, den das Fluchen der Agenten entsetzte, und dem die Weisheit des Königs Salomon ganz und gar fehlte, unterdrückte schließlich das Gezänk, indem er unvermittelt ankündigte: »Mittagessen!«

Während des ganzen Essens konnte man durch den Lärm, den der Zirkusherkules beim Salatkauen vollführte, den Gorillamann heftig mit seinem Agenten streiten hören. Er weigerte sich schlichtweg, nochmals in das Fell zu kriechen, wenn nicht Mittel und Wege gefunden würden, um ihn mit einem Mindestmaß an frischer Luft zu versehen. Der Fell-Agent

»Go West« (1940).

saß während des ganzen Essens still und ruhig da. Immerhin warnte er den Regisseur, daß die Gewerkschaft der Filmgorillas gesetzliche Vergeltungsmaßnahmen ergreifen würde, wenn man irgendwie an seinem Gorillafell herumpfuschte.

Nachdem sich der Affenmensch an Erdnußbutter und Joghurt erlabt hatte, erhob er sich vom Tisch mit der Entschuldigung, es sei Zeit für ihn, die Herrentoilette aufzusuchen. (Anscheinend ging er dorthin nur nach einem Stundenplan.) Wie sich später nach Rückverfolgung seiner Spur herausstellte, begab er sich in die Küche und lieh sich vom Koch einen Eispikkel aus. Hierauf eilte er zum vorübergehend verlassenen Plateau, hängte das Fell an einen Haken und bohrte hastig zahlreiche Löcher in seinen luftundurchlässigen Freund.

Nach dem Mittagessen wurde weitergedreht. Jeder schien glücklich zu sein. Der Regisseur versuchte wieder mit der Naiven anzubandeln, der Gorilla benahm sich wie jeder andere selbstbewußte Arbeitsaffe, die beiden Agenten waren jetzt dicke Freunde, was seltsamerweise der Wirklichkeit entsprach. Sie saßen Seite an Seite und schwelgten in tierischen Erinnerungen. Sie beschlossen sogar, im nächsten Jahr vielleicht zusammen nach Afrika auf eine Safari zu gehen und für den Affenmann ein paar neue Felle zu holen. Sie waren so liebenswürdig, daß sich der Fell-Agent freiwillig erbot, in die Kantine zu gehen und für den Schauspieler im Fell eine Kokosnuß zu ergattern.

Im Gegensatz zur Arbeit mit echten Schauspielern wurde mit diesem Ersatzgorilla so gut wie alles in einer einzigen Sequenz gedreht. Gegen vier Uhr arbeitete der Affenmann so reibungslos, daß der Fell-Agent mißtrauisch zu werden begann. Er ging schließlich zu dem Regisseur hinüber und bat ihn, eine Drehpause einzuschalten.

»Hier ist etwas faul«, sagte er. »Er steckt seit fast drei Stunden in dem Fell und ist noch nicht ohnmächtig geworden. Meiner Erfahrung nach wird der Mann in dem Fell immer im Lauf von zwei Stunden ohnmächtig.«

Der Agent des Affenmannes sprang sofort auf und rief: »Mein Klient wird nie ohnmächtig, wenn er nicht in einem zweitrangigen Fell steckt!«

Der erste Agent lief rot an. »Es wird nicht mehr gedreht«, verkündete er heftig, »bevor ich mein Eigentum untersucht habe!«

Es geschah zum erstenmal, daß er das Fell als »Eigentum« bezeichnete, und ich muß sagen, es klang eindrucksvoll. Die Kamera hörte zu surren auf, der Agent knöpfte das Fell auf, steckte die Nase hinein, befahl dem Affenmann kurz, herauszukommen, und nahm seinen Platz drinnen ein.

Eine oder zwei Minuten später tauchte er wütend auf. »Irgend jemand hat in meinen Gorilla Löcher gebohrt!« schrie er. »Ich werde die MGM verklagen, daß sie mir jedes Kupferstück, das sie hat, zahlen muß!« (Das war noch vor der Television, und die MGM hatte immer noch viele Kupferstücke.) Ohne ein weiteres Wort warf er sich sein Fell über die Schulter und stakte, ähnlich wie D'Artagnan aussehend, zornig aus dem Plateau.

Drei Tage vergingen. Keine Kamera surrte, und die Unkosten schwollen an, während der Regisseur die ganze Stadt nach einem anderen Gorillafell verzweifelt absuchte. Ach, es war keins zu haben.

Schließlich spürte der Affenmann, der sich ohne flaumigen Pelz ungemütlich fühlte, in San Diego einen Mann auf, der ein Orang-Utan-Fell besaß. Sogar ein Kind weiß, daß ein Orang-Utan viel kleiner ist als ein Gorilla; aber sonderbarerweise hatte der Affenmann davon keine Ahnung, und er kaufte ungestüm das Fell, ohne es anzuprobieren. Wir gaben uns alle Mühe, ihn in das Fell zu zwängen; aber es war hoffnungslos. Als ihm schließlich klar wurde, daß er zu groß für das Fell war, brach er zusammen und weinte wie ein Gorillasäugling. Für Gefühle war jedoch keine Zeit. Wir hatten mit der Wirklichkeit zu tun und auch mit dem Produzenten. Ein Film mußte fertig gedreht werden, und so war man gezwungen, einen kleineren Affenmann zu engagieren, dessen Fach es war, in und um San Diego Orang-Utans zu verkörpern. Überdies mußte man, weil die Gewerkschaft es verlangte, dem ursprünglichen Affenmann die Gage für die weiteren Drehtage zahlen und eine psychiatrische Behandlung vergüten.

Zuerst erwähnte uns nach der Premiere niemand. Unsere künstlerischen Leistungen waren für die Katz. Das Publikum hatte nur Augen für den

Gorilla. Aber überkritische Zuschauer beschwerten sich, in einigen Szenen schiene der Gorilla größer als in anderen, wodurch die Glaubwürdigkeit der Liebesgeschichte entschieden geschwächt werde. Im Foyer erklärte ich einer zornigen Gruppe (die meisten von ihnen hatten Freikarten gehabt), dieser Gorilla habe vor vielen Jahren in einem der ersten Tarzanfilme in Afrika mitgemacht, und da der Tierschutzverein damals dort noch unbekannt gewesen sei, habe er sich eine seltene Tropenkrankheit zugezogen. Dieses Virus, das jahrelang schlummern könne, sei mitten in der Dreharbeit zum Leben erwacht und habe alle seine Hormone einschrumpfen lassen. Daher der Unterschied in der Größe des Gorillas. Wie alle zungenfertigen Erklärungen schien diese Darstellung niemand zu befriedigen. Als der Film dann lief, mußten die Kinos den Preis für die Eintrittskarte vielen Gorillaliebhabern zurückerstatten, die sich beschwerten, sie hätten nicht bezahlt, um die Brüder Marx zu sehen, sondern einen ausgewachsenen Gorilla, und man hätte sie mit einem zusammengeschrumpften Affen betrogen.

Neunzehntes Kapitel

Im Innern von Hollywood

Vor dem Aufkommen des Fernsehens warf man in der Filmindustrie mit dem Wort »Genie« mit all der unbekümmerten Ungezwungenheit um sich, die eine Bauchtänzerin bei einer karnevalistischen Veranstaltung entfaltet. Vermutlich gab es damals eine ganze Anzahl Genies, aber ich begegnete nur einem. Sein Name war Irving Thalberg. Er war so begabt, daß MGM sogar ein Gebäude nach ihm benannte. Wie alle großen Talente brauchte er kein Gebäude, um sein Andenken zu erhalten. Er starb im Alter von siebenunddreißig Jahren, und in den siebzehn Jahren, die er beim Film arbeitete, bahnte er einen breiten Weg. Wenn man meint, das Wort »Genie« sei übertrieben, so seien hier einige Filme aufgezählt, die er gemacht hat: *The Big Parade, Ben Hur, Merry Widow, He Who Gets Slapped, The Hunchback of Notre Dame, Broadway Melody, Grand Hotel, Anna Christie, Min and Bill, Trader Horn, The Divorcee, The Big House, Barretts of Wimpole Street, Madame X, Mutiny on the Bounty, Good Earth, Camille, Romeo and Juliet.*

Man kann der Liste noch die beiden Filme hinzufügen, die Thalberg mit uns machte: *A Night at the Opera* und *A Day at the Races*. Während wir beim Film arbeiteten, wirkten wir im Verlauf der Jahre bei vierzehn Streifen mit. Zwei waren überdurchschnittlich. Einige waren ganz gut. Einige waren jämmerlich. Die beiden besten wurden von Thalberg gemacht.

Ich erinnere mich noch gut an meine erste Begegnung mit Irving Thalberg. Wie gewöhnlich hatte Chico die Zusammenkunft bei einem Bridgespiel eingefädelt. Thalberg sagte: »Ich würde gern ein paar Filme mit euch machen. Ich meine wirkliche Filme.«

Ich flammte auf: »Was ist denn mit *Cocoanuts, Animal Crackers* und *Duck Soup*? Wollen Sie behaupten, sie wären nicht lustig?«

»Natürlich sind sie lustig«, erwiderte er, »aber es sind keine Filme. Es kommt darin keine Handlung vor.«

»Das Publikum lacht oder etwa nicht?« bemerkte Harpo. »In *Duck Soup* wird soviel gelacht wie in allen übrigen Groteskfilmen, die Chaplinfilme eingeschlossen.«

»Das ist wahr«, stimmte er zu, »es ist ein sehr komischer Streifen, aber in einem Film braucht man nicht so viele Lacher. Ich werde mit euch einen Film machen, der halb so viele Lacher einbringt, aber er wird eine richtige Story enthalten, und ich wette, er wird doppelt so viel Mammon wie *Duck Soup* einbringen.«

Nachdem wir den Vertrag unterzeichnet hatten, fragte er uns, wen wir als Drehbuchautoren wünschten. Natürlich antworteten wir: »Kaufman und Ryskind.« Das war der letzte Rat, den wir ihm gaben.

Ein Glück, daß wir nicht gewettet hatten. Unser erster Film war *A Night at the Opera*, und er brachte doppelt so viel wie *Duck Soup* ein.

Es war nicht leicht, Thalberg zu Gesicht zu bekommen. Er erschien mittags im Atelier und ging gegen Mitternacht. Fast alle seine Mitarbeiter hatten Angst vor ihm – vielleicht ist das ein zu starkes Wort, sagen wir lieber, tiefen Respekt. Aber wir hatten allzu lange beim Varieté Erfolg gehabt, um uns von dieser Kathedralen-Atmosphäre beeindrucken zu lassen, und in seinem Beisein benahmen wir uns absichtlich wie Lausbuben. Er war diese rauhe Vertraulichkeit von seinen Angestellten nicht gewöhnt, und ich glaube, deswegen hatte er uns gern. Wir belustigten ihn.

Die gesellschaftliche Seite von Hollywood sagte Thalberg nichts. Für Krocket und Polo hatte er nie Zeit, und abgesehen von einem gelegentlichen Bridgespiel galt sein ganzes Interesse dem Film. Er erlaubte nie, daß sein Name auf der Leinwand genannt wurde. Aus dieser Art Publizität machte er sich nichts. Er sagte: »Wenn der Film gut ist, wird man wissen, wer ihn produziert hat. Wenn er schlecht ist, kümmert es keine Seele.«

Wir fragten ihn einmal, warum er nicht wünschte, daß sein Name genannt wurde. Er antwortete: »Ich will nicht, daß mein Name auf der Leinwand erscheint, weil die Ehre andern erwiesen werden sollte. Wenn man in der Lage ist, sich selbst Ehre zu machen, dann braucht man das nicht.«

Er hatte immer drei bis vier Sitzungen, die gleichzeitig in nebeneinanderliegenden Büros stattfanden. Er schoß hinein und hinaus, hier eine Hand leihend und dort einen Vorschlag machend.

Eines Nachmittags hatten wir gerade angefangen, in seinem Büro eine komische Szene zu besprechen, als er sagte: »Wartet, Kinder. Ich bin in einer Minute wieder da.« Aus der Minute wurden zwei Stunden. Ein paar Tage später wiederholte er diesen Kniff. Das drittemal wurden wir böse. Wir schoben sämtliche stählernen Aktenschränke vor die beiden Türen und ließen ihn nicht in sein Büro, bis er versprach, uns nicht wieder wegzulaufen.

Zwei Tage verstrichen. Wir hatten soeben wiederum eine Besprechung begonnen, als er sich abermals entschuldigte. Uns konnte er nichts vormachen. Wir wußten, daß er verschwunden war, um einer anderen Sitzung beizuwohnen. Während seiner Abwesenheit zündeten wir die Holzscheite im Kamin an und ließen aus der Kantine Kartoffeln kommen. Als Thalberg zurückkehrte, saßen wir alle splitterfasernackt vor einem prasselnden Feuer und brieten eifrig Kartoffeln über den Flammen. Er lachte und sagte: »Wartet einen Augenblick, Kinder!« Er telephonierte in die Kantine und bestellte Butter zu den Kartoffeln. Nie mehr lief er uns weg.

Ein anderer berühmter Produzent, der merkwürdigerweise Delaney hieß, pflegte mit seinen Gästen im Garten Krocket zu spielen. Sie spielten um ziemlich hohe Einsätze, und als einmal der Gastgeber verkündete, er werde den Holzball nun durch den vierten Bogen schlagen, widersprach ein mutiger Gast: »Entschuldigen Sie, aber Sie sind erst beim dritten Bogen.«

Der Produzent rief: »Ich sage Ihnen, ich bin beim vierten Bogen!«

Der Gast entgegnete ruhig: »Wenn Sie unbedingt betrügen wollen, höre ich mit dem Spiel auf und gehe nach Hause.«

Der Gastgeber schwang drohend den Hammer und gab zurück: »Was soll das? Sind Sie etwa für Stevenson?«

Dieser Produzent hatte einen ausgeprägten Sinn fürs Filmische, aber außerhalb des Ateliers schweifte sein Denken zu allen möglichen unlogischen Schlußfolgerungen ab. Die Tatsache, daß er mitten in einem harmlosen Krocketspiel einem Gast den Vorwurf machen konnte, für Stevenson zu stimmen, und daß er es wie eine politische Bezichtigung klingen ließ, schien ihm durchaus sinnvoll zu sein.

Meine persönlichen Beziehungen zu diesem berühmten Produzenten waren immer ganz oberflächlich und flüchtig. Wir trafen uns mehr als dreißig Jahre lang auf Gesellschaften, in Lokalen und bei Filmpremieren. Seine Begrüßung blieb sich immer gleich. Jedesmal hob er mit den Worten an: »Wie geht es Ihrem Bruder Harpo? Er ist wirklich ein feiner Kerl.«

Nachdem ich dreißig Jahre lang diese unhöfliche Zerstreutheit über mich hatte ergehen lassen, riß mir schließlich die Geduld. »Hören Sie zu«, sagte ich zu ihm, »ich habe Harpo ebenso gern wie Sie, wahrscheinlich noch viel lieber, aber warum fragen Sie mich seit dreißig Jahren immerzu, wie es Harpo geht? Wollen Sie sich nicht zur Abwechslung einmal nach meinem Ergehen erkundigen?«

Er legte mir beruhigend die Hand auf die Schulter und antwortete: »Groucho, eines Tages werde ich Sie schon noch fragen, wie es Ihnen geht. Aber gerade jetzt wüßte ich gern – wie geht es Harpo?«

Wir hatten beim Film einige recht interessante Regisseure. Ein Freund von mir, ein Schriftsteller, beschrieb einen dieser Regisseure, bei dem er gearbeitet hatte, mit der bitteren Bemerkung, er sei der eiserne Vorhang zwischen den Zuschauern und der Bühne.

Einen Regisseur hatten wir, einen sehr erfolgreichen, dessen einzige Regieanweisung für die Schauspieler folgendermaßen lautete: »Also, Kindchen, in dieser Szene trittst du auf und verzapfst eine Ladung Unsinn.« Es kümmerte ihn nicht, wovon die Szene handelte. Es konnte eine Liebesszene, eine dramatische oder eine komische Szene sein. Das bedeutete keinen Unterschied. Seine Anweisungen blieben sich stets gleich. Die Schauspieler verzapften immer Unsinn.

Es ist zweifellos wahr, daß die Filmindustrie in den letzten zehn Jahren durch die offensichtlichen Vorteile, die das Fernsehen dem Publikum bietet, ernste Einbuße erlitten hat. Andererseits hat das Fernsehen infolge der finanziellen Mißlage der Filmindustrie eine Gelegenheit gegeben, die Hunderte von absoluten Nichtskönnern abzuschütteln, die unaufhörlich, Tag und Nacht, arbeiteten und alle Filme zugrunde richteten, bei denen sie mitwirkten.

Einige unserer Produzenten waren Faulpelze. Wir hatten einen (nennen wir ihn Delaney), der gern dem Glücksspiel frönte, und das war auch bei dem Herrn der Fall, der dem Atelier vorstand. (Nennen wir ihn ebenfalls Delaney.) Einmal war dieser Produzent arbeitslos, und kein Atelier wünschte seine Dienste. Um die Sache noch schlimmer zu machen, hatte er bei dem Oberbonzen unseres Ateliers rund dreißigtausend Dollar Spielschulden. Der Bonze, der kein Dummkopf war (außer wenn es sich darum handelte, Filme zu produzieren), erkannte, daß sehr wenig Aussicht für ihn bestand, diese Schuld jemals einzutreiben, wenn er dem unbeschäftigten Produzenten keine Arbeit in seinem Atelier gab. Ehe wir's uns versahen, hatte der Bonze seinen Spielkameraden für die Produktion eines unserer Filme engagiert.

Ich will nun kurz einen Tag aus dem Leben dieses Produzenten beschreiben. Aber zuerst sollte ich lieber ihn beschreiben. Er war ein großer, schwammiger Mann mit einem Hängebauch, den er fortwährend mit beiden Händen in die Höhe schob, als fürchtete er, er könnte auf den Boden fallen und mit Füßen getreten werden. Er hatte eine laute, zornige Stimme, die er nur benutzte, wenn er ganz sicher war, selbst nicht zu wissen, wovon er sprach. Er hatte eine klassische Unwissenheit von der Bedeutung einer Story; aber seiner Ansicht nach mußten die Geräusche, die aus seiner Kehle kamen, wenn er bei einer Sitzung brüllte, anstatt zu sprechen, für irgendeinen im Zimmer einen Sinn ergeben.

An dem Film arbeiteten drei begabte, schüchterne Schriftsteller, die erst kürzlich aus dem Osten gekommen waren. Wenn sie zu einer Sitzung ins Büro des Produzenten gerufen wurden, zitterten ihnen jedesmal die Knie.

Vor langer Zeit einmal hatte dieser Produzent einen klugen Geist gehabt, doch als er glücklich zu uns abgeschoben wurde, mußte sich dieser Geist verflüchtigt haben, und der Mann war nur noch eine große hohle Schale. Er aß wie ein Scheunendrescher, spülte den Alkohol hinunter und war unermüdlich hinter den Damen her. (Zum Glück für die jungen Mädchen meistens erfolglos.)

Es war üblich, daß die Angestellten um neun Uhr morgens im Atelier erschienen. Unser Held trudelte gegen elf Uhr ein, in ganzer Größe mit einem gewaltigen Kater. Nach der Ankunft ergriff er sofort das Telephon und rief seine Frau an. Dann berichtete sie ihm mit allen Einzelheiten, was

sie an saftigen kleinen Skandälchen seit seinem Weggang am Morgen auf-
gespeichert haben mochte. Nachdem er den ganzen Stadtklatsch erfahren
hatte, erhob er sich, rückte seinen Bauch an den Platz und begab sich zum
Büro des Direktors, um dort hinter verschlossener Tür ein Spielchen zu
machen und etwas Gin zu genehmigen. Wenn er glücklich in sein Arbeitszimmer zurückkehrte, ging es auf ein Uhr zu – Zeit fürs Mittagessen.

Da die ausgezeichnete Kantine des Ateliers diesem Epikur nicht zusagte,
suchte er gewöhnlich ein sehr teures Restaurant auf, das einige Kilometer
entfernt lag. Hier führte er sich etliche Martini, ein Hors d'œuvre, zwei
Fleischgänge mit Beilagen, Kaffee und eine Batterie Brandy zu Gemüte.
Danach kletterte er in seinen unbezahlten Cadillac und kehrte in sein Büro zurück, angefüllt mit unverdauten Speisen, Blähungen und Bosheit. Gegen
halb drei sah er sich genötigt, doppeltkohlensaures Natron zu sich zu nehmen,
weil sein Inneres rebellierte. Seine Rülpser ähnelten jetzt den Geräuschen einer großen Ölquelle, die gerade zu sprudeln beginnt. Wenn die verschiedenen
Geräusche dann nachließen, war es drei Uhr und Zeit für eine Siesta.

Gegen vier Uhr bellte er nach seinen drei schüchternen Drehbuchautoren, die stundenlang im Vorzimmer gesessen und mit bösen Vorahnungen
auf seinen Ruf gewartet hatten. Sie wurden von einer sehr hübschen jungen Sekretärin hineingeführt, mit der unser Freund bald ein Verhältnis zu
haben hoffte. Er las dann widerwillig durch, was die Autoren am Vormittag an Dialogen ausgeschwitzt hatten. Nach der Lektüre der Szenen
schüttelte er den Kopf, betrachtete mitleidig die drei Schriftsteller und
schüttelte von neuem den Kopf. Dann gab es ein zehnminutiges unheilvolles Schweigen, dem zehn Minuten folgten, in denen er schrie und mit
beiden Händen auf den Schreibtisch schlug. Wenn alle Gegenstände auf
dem Pult im Takt auf und ab tanzten, rief er: »Mist, lauter Mist!« Dann
saß er einfach da, stützte den Kopf in die Hände und starrte stumm die
drei Schriftsteller an, die den weiten Weg aus dem Osten nach Kalifornien
gemacht hatten, um glücklich zu werden.

Wenn die Stille unerträglich wurde, blickten die Schriftsteller einander
an, standen dann wie auf ein Zeichen hin auf, sammelten ihre abgewiesenen Szenen zusammen und stahlen sich wortlos in ihre Höhle zurück. Natürlich waren sie über die Reaktion ihres Produzenten unglücklich, aber
das Bewußtsein, mit dem Leben davongekommen zu sein, verlieh ihnen
die notwendige Kraft, noch einen Tag zu überstehen. Ich beeile mich, hinzuzufügen, daß dieses Ungeheuer nicht den durchschnittlichen Holly-
wooder Produzenten bildete. Er stand allein auf seinem Feld.

In einem anderen Atelier gab es einen Produzenten, der zweitausend Dollar in der Woche verdiente; doch im Gegensatz zu dem vorhin beschrie-
benen war er ein Ehrenmann und ein Gelehrter, aber leider nicht in bezug
aufs Filmwesen.

Er hatte keine Laster. Er trank nicht, er rauchte nicht, und er war seiner Frau treu. Sein einziger Anspruch auf Ruhm und auf seinen Beruf bestand in der Tatsache, daß er sämtliche Lincoln-Biographien gelesen und in seinem Arbeitszimmer ein großes Ölbild von ihm hängen hatte. Er wußte über den großen Befreier mehr als Ida Tarbell, Carl Sandburg, Raymond Massey und Frau Lincoln zusammen.

Bei den Sitzungen hörte er sich, einerlei, worum sich das Problem drehte, alle Vorträge und Lösungen der Schriftsteller geduldig an. Nachdem jeder sein Sprüchlein gesagt hatte, erhob er sich, brachte die Versammlung zum Schweigen und ließ ernst eine lange, gewundene Rede über irgendeinen alltäglichen Vorfall in Lincolns Leben vom Stapel. Während er sprach, huschte ein leichtes Lächeln über sein Gesicht. Damit zeigte er seinen Zuhörern, daß er viele Eigenschaften Lincolns hatte – Nachsicht, Seelenstärke und einen stillen Sinn für Humor.

Nach Beendigung seiner niedlichen kleinen Anekdote brachen die Konferenzteilnehmer in eine Orgie der Bewunderung über diesen ruhigen kleinen Mann aus, der so fesselnd und vertraut von unserem geheiligten Präsidenten erzählen konnte. Wenn sie abzogen, vollständig vergessend, weshalb sie eigentlich in sein Büro gekommen waren, konnte man sie sagen hören: »So ein wundervoller Mann ... so interessant. Wissen Sie, in gewisser Weise erinnert er stark an Lincoln.«

Dieser Schwindler saß viele Jahre lang im gleichen Atelier. Er machte alle möglichen Filme, alle durchweg belanglos und mittelmäßig. Aber wie konnte man einen Mann hinaussetzen, der so sehr an unseren Märtyrerpräsidenten erinnerte? Sooft sein Name aufkam, sagte bestimmt irgend jemand: »Es ist wahr, er macht miserable Filme, aber erinnert er euch nicht an Lincoln?«

Zufällig machte er in all den Jahren nie einen Film, der das Leben des großen Befreiers behandelte. Dieser Film wurde von einem anderen Atelier hergestellt. Es war eine prachtvolle Leistung, aber in finanzieller Beziehung wurde er ein riesiger Mißerfolg.

Und die Moral von der Geschicht – wenn man in großer Not ist oder mit dem Rücken zur Wand steht, muß man einfach irgendeinen dunklen Gegenstand ausgraben, den man jahrelang versteckt hat, und jeden damit anöden.

Nicht alle Filmleute, die in diesem Kapitel vorkommen, müssen namenlos bleiben. Da waren zum Beispiel die Brüder Delaney, die ich der Kürze halber Warner nennen will.

Vor einigen Jahren erhielt ich einen Brief von meinem Anwalt. Er war an mich adressiert, aber dem Anwalt zugestellt worden. In Hollywood bekommt niemand seine eigene Post. Sie wird immer dem Anwalt, dem Arzt, dem Geschäftsführer oder dem Agenten zugestellt. Wenn man vom

Zahnarzt Post bekommt, beantwortet man sie nicht einmal. Man schickt ihm einfach die wenigen übriggebliebenen hohlen Zähne, worauf er sie füllt und dem Anwalt seines Patienten sendet. Das ist alles sehr verwirrend.

Der Brief, von dem ich erzählen wollte, kam aus der juristischen Abteilung der Gebrüder Warner. Sie waren ziemlich böse, weil wir im Begriff standen, einen Film mit dem Titel *A Night in Casablanca* zu drehen. Vor fünf Jahren hatten die Warner Brothers einen Film mit Humphrey Bogart und Lauren Bacall gemacht, der einfach *Casablanca* hieß, und sie drohten uns mit einem Prozeß, wenn wir nicht von dem Titel absahen, der allzusehr dem ihres eigenen Filmes glich.

Da mein Anwalt verreist war, schrieb ich ihnen folgenden Brief:

Sehr geehrte Brüder Warner,
Anscheinend gibt es mehr als eine Möglichkeit, eine Stadt zu erobern und sie als Eigentum zu behalten. Zum Beispiel hatte ich bis zu der Zeit, wo wir diesen Film planten, keine Ahnung, daß die Stadt Casablanca ausschließlich den Brüdern Warner gehört. Doch schon ein paar Tage nach unserer Ankündigung erhielten wir Ihr langes, unheilvolles juristisches Schriftstück, in dem Sie uns warnen, den Namen Casablanca zu benutzen. Anscheinend ist Ihr Ururgroßvater Ferdinand Warner im Jahre 1471 auf der Suche nach einer Abkürzung zu der Stadt Burbank über die Küste Afrikas gestolpert und hat sie, seinen Alpenstock erhebend (den er später gegen hundert Anteilscheine der Gemeinde eintauschte), Casablanca getauft.

Ihre Stellungnahme ist mir einfach unverständlich. Selbst wenn Sie vorhaben, Ihren Film wieder laufen zu lassen, wird der durchschnittliche Kinofreund bestimmt den Unterschied zwischen Ingrid Bergman und Harpo beizeiten begriffen haben. Ich weiß nicht, ob ich dazu imstande wäre, aber ich würde es gern versuchen.

Sie behaupten, daß Casablanca Ihnen gehört, und daß niemand sonst diesen Namen ohne Ihre Einwilligung benutzen darf. Wie steht es denn mit »Warner Brothers«? Gehört Ihnen dieser Name auch? Wahrscheinlich haben Sie das Recht, sich Warner zu nennen, aber was ist mit den Brüdern? Im Berufsleben waren wir lange vor Ihnen Brüder. Wir machten als »The Marx Brothers« Tourneen, als Vitaphon erst ein Schimmer im Auge des Erfinders war, und schon vor uns hat es andere Brüder gegeben – die Brüder Smith, die Brüder Karamasow und so weiter.

Wie steht es also mit Ihnen, Jack Warner? Wollen Sie behaupten, daß sie einen Originalnamen haben? O nein, der Name Jack wurde schon lange vor Ihrer Geburt benutzt. Im Augenblick fällt mir zwar nur ein Jack ein, nämlich Jack der Bauchaufschlitzer, der seinerzeit ganz hübsche Figur machte.

Was Sie betrifft, Harry, so unterzeichnen Sie Ihre Schecks wahrscheinlich in dem festen Glauben, Sie wären der erste Harry aller Zeiten, und alle anderen Harrys müßten Betrüger sein. Ich weiß jedoch von zwei Harrys, die Ihnen vorangegangen sind. Es gab einen Harry Lighthorse, der sich als Revolutionär Ruhm erwarb, und einen Harry Appelbaum, der an der Ecke der Dreiundneunzigsten Straße und der Lexington Avenue wohnte. Leider wurde Appelbaum nicht sehr bekannt. Als ich zuletzt von ihm hörte, verkaufte er im Warenhaus Weber und Heilbroner Krawatten.

Nun zum Burbank-Atelier. Ich glaube, so nennt Ihr Brüder Euren Sitz. Der alte Burbank ist nicht mehr auf der Welt. Vielleicht erinnert Ihr Euch an ihn. Er war ein großer Gärtner. Seine Frau sagte oft, er hätte zehn grüne Daumen. Sie muß sehr witzig gewesen sein. Burbank war der Zauberer, der so viele Obstbäume und Gemüsepflanzen kreuzte, bis die armen Pflanzen in einem so wirren und wackligen Zustand waren, daß sie nie zu entscheiden vermochten, ob sie das Eßzimmer als Fleischgericht oder als Nachtisch betreten würden.

Das ist natürlich reine Vermutung, aber wer weiß – vielleicht sind Burbanks Hinterbliebene nicht sehr glücklich über die Tatsache, daß sich eine Fabrik, die Filme herstellt, in ihrer Stadt niedergelassen und Burbanks Namen als Etikette für ihre Produkte angenommen hat. Es ist sogar möglich, daß die Familie Burbank weitaus stolzer auf die Kartoffel ist, die ihr Ahne hervorgebracht hat, als auf die Tatsache, daß Ihr Atelier *Casablanca* oder gar *Gold Diggers of 1931* produziert hat. Dies alles scheint eine ziemlich bittere Tirade zu ergeben, aber ich versichere Ihnen, so ist es nicht gemeint. Ich liebe Warners. Die Brüder Warner gehören zu meinen besten Freunden. Es ist sogar möglich, daß ich Ihnen Unrecht tue, und daß Sie von dieser Neidhammel-Einstellung selbst gar nichts wissen. Es würde mich keineswegs wundern, wenn die Leiter Ihrer juristischen Abteilung von diesem grotesken Streit nichts ahnen, denn ich kenne viele von ihnen, es sind prächtige Burschen mit schwarzem Lockenhaar, doppelreihigem Anzug und einer Liebe zu ihrem Landsmann Saroyan.

Mir schwant, daß dieser Versuch, uns an der Benutzung des Titels zu hindern, das Geisteskind eines vorwitzigen Winkeladvokaten ist, der in Ihrer juristischen Abteilung eine kurze Lehrzeit abvolviert. Ich kenne den Typ gut – frischgebacken von der Universität weg, erfolgsgierig und viel zu ehrgeizig, um den natürlichen Gesetzen des Aufstiegs zu folgen. Dieser finstere Advokat stachelte wahrscheinlich Ihre Rechtsberater, die größtenteils prächtige Burschen mit schwarzem Lockenhaar, doppelreihigem Anzug und so weiter sind, dazu an, uns Vorhaltungen zu machen. Das werden wir ihm nicht durchlassen! Wir werden ihn bis zum höchsten Gerichtshof bekämpfen! Keinem bleichgesichtigen Abenteuerjuristen soll es gelingen, zwischen den Warners und den Marxs böses Blut zu schaffen. Im

Grunde sind wir allesamt Brüder, und wir wollen Freunde bleiben, bis der letzte Meter von *A Night in Casablanca* über die Spule taumelt.

Mit besten Empfehlungen
Groucho Marx

Aus irgendeinem wunderlichen Grunde schien dieser Brief die Brüder Warner in Verwirrung zu bringen. Sie schrieben mir – in allem Ernst – und fragten, ob ich ihnen kurz angeben könnte, wovon unser Film handelte. Sie meinten, die Sache lasse sich gütlich beilegen. Ich antwortete mit dem folgenden Schreiben:

Sehr geehrte Herren,
Von der Story gibt es nicht viel zu erzählen. Darin spiele ich einen Doktor der Theologie, der den Eingeborenen predigt und im Nebenberuf den Wilden an der Goldküste von Afrika Büchsenöffner und Seemannsjacken verhökert.
Wenn ich Chico kennenlerne, arbeitet er in einem Lokal, wo er den Kunden, die ihren Alkoholkonsum nicht mehr fassen können, Schwämme verkauft. Harpo ist ein arabischer Gelegenheitsarbeiter, der in einer griechischen Urne am Rande der Stadt seinen Wohnsitz hat.
Zu Beginn des Films spitzt Porridge, eine frommtuende Eingeborene, Pfeile für die Jagd. Paul Hangover, unser Held, zündet sich fortwährend zwei Zigaretten auf einmal an. Er hat von der Zigarettenknappheit offenbar keine Ahnung.
Es kommen viele prächtige Szenen und ungestüme Streitigkeiten vor, und Color, ein abessinischer Laufbursche, leitet Riot. Riot ist, falls Sie noch nie dort gewesen sind, ein kleines Nachtlokal am Rande der Stadt.
Ich könnte Ihnen noch viel mehr erzählen, aber ich möchte es Ihnen nicht verderben. Das Ganze ist von der Zensur und von den Frauenvereinen gutgeheißen worden, und wenn die Zeit reif ist, kann dieser Film das Eröffnungsfeuer zu einer neuen weltumfassenden Katastrophe werden.

Herzlichst
Groucho Marx

Anstatt sie zu besänftigen, schien dieser Brief sie noch mehr zu verwirren, denn sie schrieben mir zurück und sagten, sie verstünden den Inhalt des Films noch immer nicht, und sie wären mir sehr dankbar, wenn ich ihnen die Story etwas genauer erklärte. Natürlich war ich ihnen mit einer viel klareren Synopsis des ganzen Films gefällig:

Liebe Brüder,
Leider muß ich Ihnen mitteilen, daß bei der Story unseres neuen Films *A Night in Casablanca* seit meinem letzten Schreiben einige Abänderungen

vorgenommen wurden. In der neuen Fassung spiele ich Bordella, die Geliebte von Humphrey Bogart. Harpo und Chico sind wandernde Teppichverkäufer, die es satt haben, Teppiche auszubreiten, und zum Spaß in ein Kloster eintreten. Das ist sehr witzig, da sich in dem Kloster seit fünfzehn Jahren nichts Lustiges mehr ereignet hat.

Gegenüber dem Kloster steht nahe bei einer Mole ein Strandhotel, gerüttelt voll mit rotbackigen Damen, die größtenteils von der Sittenpolizei wegen Belästigungen vor Gericht gebracht worden sind. In der fünften Spule hält Gladstone eine Rede, die das Unterhaus in Aufruhr bringt und den König zu sofortiger Abdankung veranlaßt. Harpo heiratet einen weiblichen Hoteldetektiv, Chico leitet eine Straußenfarm. Humphrey Bogarts Schatz, die Bordella, verbringt ihre letzten Jahre in einem Bacall-Haus.

Dies ist, wie Sie sehen, ein sehr dürres Gerippe der Handlung. Das einzige, das uns vor dem Aussterben bewahren kann, ist eine Fortdauer der Filmknappheit.

Mit freundlichen Grüßen
Groucho Marx

Das genügte. Aber seltsamerweise hörte ich nie wieder etwas von den Brüdern Warner.

Nach Thalbergs Tod ließ mein Interesse am Filmen nach. Ich übernahm zwar weiter Filmrollen, aber mit dem Herzen war ich nicht dabei. Es machte mir keinen Spaß mehr. Ich war wie ein alter Boxer, der routinemäßig alle Bewegungen ausführt, jedoch einzig und allein um des Geldes willen.

Mein Schwanengesang war *A Night in Casablanca*. Dies war eine unabhängige Produktion, und wir sollten am Gewinn beteiligt sein. Der Name des Produzenten ist mir entfallen; aber da es ein sehr netter Mann war, wollen wir ihn Delaney nennen. Um einen guten Film zu machen, genügt es leider nicht, ein netter Mann zu sein. Es mag Zufall gewesen sein, doch kurz nach der Uraufführung des Filmes zog er sich zurück und widmete sich einer weniger auffälligen Arbeit.

Ich weiß, es klingt übertrieben, doch während der Dreharbeit behauptete Harpo, er könne meine Knochen knacken hören, sogar durch den Ton des Dialogs. Eines Tages entschieden wir nach einer besonders stürmischen Belagerung, daß es mit uns zu Ende ging, und daß es höchste Zeit für uns wurde, das Filmen aufzugeben, solange wir noch teilweise am Leben waren.

Es kamen viele Szenen vor, die sich für Akrobaten (ich meine *junge* Akrobaten) besser eigneten als für drei lahme Komiker; aber wir unterwarfen uns sportlich aller Gewalttätigkeit. Wir mußten. Erstens einmal hatten wir den Produzenten gern. Zweitens, und das war noch wichtiger, gehörte uns ein Teil des Filmes. Wenn er durchfiel, konnten wir nicht einmal genügend Geld aufbringen, um einen Knochenschlosser für die Reparatur unseres Gerippes zu bezahlen.

Kein Film ist schwerer zu machen als ein Lustspiel. Wer mir nicht glaubt, der blicke sich einmal um und sehe, wie viele gemacht werden. Sie sind so selten wie Hühnerzähne. (Das ist ein dummer Vergleich, da ja sogar der Hahn weiß, daß das Huhn keine Zähne hat . . . und daß es ihm auch sonst an vielem fehlt.)

Nun will ich einmal einen typischen Tag im Leben des Filmkomikers schildern. Man wird um acht Uhr morgens ins Atelier bestellt, wo man ausgeschlafen und frohgelaunt zu erscheinen hat. Der Zeitpunkt ist unglückselig gewählt. Ja, er wäre sogar um drei Uhr nachmittags unangenehm. Man klettert um sechs Uhr aus dem Bett, nimmt ein nasses Handtuch und schlägt sich damit, bis man wach ist. Nachdem man ein üppiges Frühstück, bestehend aus kaltem Haferbrei und Joghurt, hastig verschlungen hat, fährt man widerstrebend mit Schlitzaugen zum Atelier. Bei jedem roten Licht wirft man einen schnellen Blick auf das Drehbuch, das auf dem Nebensitz liegt. Diese Ablenkung macht es einem manchmal möglich, den Vorderwagen zu treffen. Aber das ist unwesentlich; man trichtert sich auf diese Weise den unsterblichen Dialog ein, der aber bestimmt aus dem Gedächtnis flüchtet, sowie der Regisseur »Wir drehen!« ruft.

Das Tonfilmatelier, in dem man überschäumend lustig sein soll, ist ein trübe erhelltes Lagerhaus, im Stile eines uralten Mausoleums. Auf dem Boden liegen Hunderte von Kabeln und Drähten, alle absichtlich in strategischer Position hingelegt, damit man darüber stolpert, wenn man den müden Körper zur Garderobe schleppt, die von der Putzfrau vergessen worden ist.

Im Tonfilmatelier gibt es keine sanitären Anlagen – in keinem Tonfilmatelier irgendwo auf der Welt. Diese Unterlassungssünde bildete für mich von jeher eine Quelle des Staunens. Wollte man nur sparen, oder müssen wir daraus schließen, daß die Architekten Schauspieler nicht als Menschen betrachten und deshalb keinen Grund für diese Notwendigkeit sehen? Während meiner zwanzigjährigen Filmtätigkeit bin ich bei Wind und auch bei Wetter kilometerweit gewandert, durch künstliche Straßen, durch die Türme von Babylon, am Ufer von Marseille, über Wüstensand auf der Straße nach Mekka, kurz, durch alle möglichen Filmdekorationen, nicht Liebe suchend, sondern nur ein Örtchen.

Gegen Viertel vor neun legen die technischen Arbeiter ihre Spielkarten hin, und die Schauspieler werden aufs Plateau gerufen. Nach drei Proben und siebzehn Schüssen der Einstellung räumt der Regisseur widerstrebend ein, daß er das, was er wünscht, vielleicht »im Kasten« habe. Das hat keineswegs mit dem Fehlen der sanitären Anlage zu tun, von der ich soeben sprach.

Es wird von neun bis sechs gedreht, mit einer kurzen Pause für ein hastiges Mittagessen. Danach kehrt jeder reizbar und streitsüchtig zum Plateau zurück, mit Ausnahme der technischen Arbeiter, die die ganze Produktion als persönliche Einmischung in ihr Kartenspiel betrachten.

Wenn man das Glück hat, in der ersten Einstellung nach dem Essen nicht aufzutreten, geht man in die Garderobe, die noch immer nicht gesäubert worden ist, und frischt den Nachmittagsdialog auf. Beherrscht man ihn endlich, so beschließt man, ein kleines Nickerchen zu machen. Man sinkt in Schlaf und träumt gerade, daß man auf der Insel Bali-Ha'i unter einer Kokospalme liegt und das Vergnügen hat, der einzige Zuschauer zu sein, dem Shirley MacLaine den Liebestanz vortanzt, da platzt der Reklamechef, begleitet von zwei Reportern, in die Kemenate. Sie wünschen lediglich einen vierzigminutigen funkelnden Monolog. Wenn sie ihn bekommen, haben sie genügend Stoff für mehrere Zeitungsartikel, so daß es ihnen freisteht, den Nachmittag in Santa Anita zu verbringen.

Vom Inspizienten erfährt man nun, daß man auf dem Plateau erwartet wird. Der Regisseur verlangt eine Auffrischung des Gesichts. Der Schminker macht sich daraufhin daran, mit einem nassen Schwamm Ohrfeigen zu erteilen. Das ist besonders angenehm an den vielen Tagen, an denen man Temperatur hat.

Der Nachmittag schleppt sich dahin, und gegen sechs Uhr kümmert es keinen Menschen mehr, was und wie gedreht wird. Alle Beteiligten haben keinen anderen Wunsch als hier wegzukommen, nach Hause zu gehen, Abendbrot zu essen und sich mit einer Tablette zu betäuben, um bis zur Dreharbeit des nächsten Tages zu schlafen.

Um sechs Uhr stürzen alle zum Ausgang – alle außer den Hauptdarstellern, dem Produzenten und dem Regisseur. Diese müde Gruppe kriecht über zwei Eisentreppen zu einem Vorführungsraum, um die Szenen anzusehen, die der Regisseur am Vortag gemordet hat. (In der Filmindustrie ist es ein ungeschriebenes Gesetz, daß der Vorführungsraum immer über zwei Treppen zu erreichen ist.) Die erste Einstellung, die wir betrachten, ist nicht allzu schlecht. Sie ist sogar ganz gut. Sie hat nur einen Fehler. Bei Chico fehlt der Kopf. Anscheinend hatte der Kameramann, der Chico aufnahm, einen Kater, und so konnte er seine dicke Brownie nicht auf die Stelle richten, auf die er zielte, nämlich auf Chicos Kopf.

Nach der Vorführung aller Szenen flammt das Licht auf, und jeder blickt jeden anklagend an, außer dem Regisseur, der schon längst heimlich, still und leise weggeschlichen ist, um Pläne für einen Berufswechsel zu schmieden.

Und nun zurück zur Wirklichkeit und zu *A Night in Casablanca*. Es war die letzte Drehwoche. Um die Filmarbeit planmäßig zu beenden (sonst wurde das Budget überzogen, wie man uns sagte), wurde beschlossen, gegen Abend bis zehn Uhr zu drehen. Das machte die technischen Arbeiter sehr glücklich, weil es bedeutete, daß sie nun eine goldene Zeit hatten. Falls der Leser noch nie beim Film gearbeitet hat, »goldene Zeit« heißt, daß die technischen Arbeiter viermal soviel bekommen, wie sie wert sind, statt nur doppelt soviel.

Wir sollten an einem Samstag fertig werden. Man zeigte uns einige geheimnisvolle finanzielle Zahlen, die keiner von uns begriff, und man sagte uns, daß wir ein wahres Vermögen einsparen würden, wenn wir an diesem Tage mit dem Film fertig wären.

Vielleicht sollte ich die letzte Szene lieber erklären. Auf dem Plateau stand ein großes künstliches Flugzeug, wo auf der einen Seite an der Türe eine Leiter hing. Sie schwebte ungefähr sieben Meter über dem Boden. Wir drei Brüder drängten uns auf dieser Leiter und versuchten, in das Flugzeug zu klettern. Drinnen waren drei »schwere Jungen«, die uns daran hindern wollten. Harpo und Chico hatten die Türe erreicht, ich hingegen war noch nicht so weit vorgedrungen und hing immer noch kopfüber an den Knien in der Luft.

Um ein Uhr nachts hatte es mit der Szene noch immer nicht geklappt. Während ich hin und her schaukelte, wobei mich eine große Windmaschine anblies, um die Illusion des Fluges zu schaffen – und um es mir zu erleichtern, auf den Kopf zu fallen –, faßte ich auf gut Glück den Entschluß, der meinen Lebenslauf ändern sollte. Während ich dort wie ein gerupfter Truthahn hing, sagte ich zu mir selbst: ›Groucho, alter Junge – und glaub mir, du bist ein alter Junge –, findest du es nicht ziemlich lächerlich, deine wenigen übrigbleibenden Jahre auf diese Weise zu verbringen?‹

Um zwei Uhr waren wir mit der Dreharbeit fertig, drückten ringsum die Hände, und weder Chico noch Harpo war überrascht, als ich verkündete, daß ich das Filmen aufgeben wollte.

Zwanzigstes Kapitel

Dilemma eines Patienten

Während ich mit dieser Künstlerchronik fortfahre, dämmert es mir allmählich, daß Schreiben eine außerordentlich schwierige Plackerei ist. Im Verlauf meines Daseins habe ich viele angeblich komische Artikel für Zeitungen und Zeitschriften verfaßt, aber es ist etwas Neues für mich, dauernd hintereinander genügend Seiten zu füllen, daß sie ein Buch ergeben. Früher spielte ich jeden Tag sehr schlecht Golf, machte lange Spaziergänge mit zwei kostbaren, von Flöhen geplagten Pudeln und ritt sogar bisweilen aus. Es scheint mir, daß ich jetzt nur noch immerzu schreibe. Und wer jemals geschrieben hat, der weiß, daß Schriftstellerei Denkarbeit erfordert. Und jeder Mensch weiß, daß man den Tag nicht unliebsamer verbringen kann, als wenn man denkt. Aber ich rackere mich weiter ab.

Ich muß gestehen, der Inhalt dieses Buches ist mir nie als das hinreißendste Thema der Welt vorgekommen. Ich bin jetzt einfach gespannt, ob ich die Energie und Willenskraft habe, es bis zum Ende durchzuführen.

Vor einiger Zeit las ich Stefan Zweigs Balzac-Biographie. Balzac hielt seine lebenslängliche Schriftstellerei nur durch, indem er sich abends von seinem Diener an den Bettpfosten ketten und morgens entfesseln ließ. Um sich wachzuhalten, trank er zwanzig bis dreißig Tassen Kaffee. Benzedrin und die anderen noch stärkeren Aufpeitschungsmittel gab es damals noch nicht. Er starb schließlich an Kaffeevergiftung. Es gibt dafür einen medizinischen Ausdruck, aber ich habe ihn vergessen, und ich verzichte lieber darauf, meinen Arzt anzurufen und ihn danach zu fragen. Sonst kreidet er mir das nämlich als Besuch an.

Ich weiß nicht, wie es sich im Hinterland verhält, aber in Beverly Hills ist der alte Landarzt mit seinem Pferdewagen und seiner kleinen schwarzen Tasche den Weg des Pferdes und des Wagens gegangen. Gestern sah ich einen Mann meinen Klub verlassen und in einen El Dorado Cadillac steigen, der von einem Chauffeur gelenkt wurde. Als er abfuhr, fragte ich den Parkwächter, was für einen Beruf dieser Mann habe. Ich wußte, er mußte ein reicher Mann sein, denn ein Cadillac ist in diesen Tagen der buchstäblichen Steuerräuberei ein sehr kostspieliges Fortbewegungsmittel. Der Wächter antwortete, der Herr sei Arzt.

»Arzt!« rief ich. »Und er kann sich einen Cadillac und einen Chauffeur leisten? Ist er irgendein Spezialist?«

»Ja, er ist Allergologe«, erklärte der junge Mann.

Vermutlich wissen die meisten Menschen, was ein Allergologe ist. Wenn nicht, so will ich einen solchen Spezialisten kurz beschreiben. Nehmen wir zum Beispiel an, die Haut eines Menschen wird leicht blau, wenn er Gurken ißt. Da er ein Durchschnittsmensch ist, wacht er eines schönen Morgens friedlich auf, blickt in den Spiegel und stellt fest, daß sein ganzer Körper mit einem blauen Ausschlag bedeckt ist. Ein hübsches Bild, das muß ich sagen.

Natürlich hat er keine Ahnung, was ihm fehlt. Er weiß nur, daß Mutter Natur ihn nicht so geschaffen hat. Erschrocken ruft er in fieberhafter Eile seinen Hausarzt an. Der Arzt ist gerade damit beschäftigt, seine Sprechstundenhilfe zu röntgen, die sich durch einen seltsamen Zufall als ein sehr schönes Mädchen mit genau denselben Maßen wie Sophia Loren entpuppt. Der Erschrockene sagt: »Herr Doktor, was soll ich tun? Ich werde überall ganz blau.«

»Hm«, lautet die Antwort. »So, blau?«

Während des Telephongesprächs fröstelt er in dem kalten Schlafzimmer. Er weiß, daß er sich anziehen sollte, aber der Anblick seines blauen Körpers behext ihn.

Er wiederholt: »Was soll ich tun, Herr Doktor?«

Der Arzt erwidert: »Kommen Sie morgen vorbei.«

»Herr Doktor, Sie haben mich nicht verstanden, Joh sagte Ihnen, daß ich ganz blau werde. Ich muß sofort zu Ihnen kommen. Ich bin in zwanzig Minuten dort. Einverstanden?«

Der Arzt ist über diese Störung nicht entzückt, denn er ist mit dem Röntgen der Krankenschwester noch nicht fertig. Außerdem will er schnell weg, weil seine Frau versprochen hat, an diesem Morgen in die Praxis zu schneien. Der Patient steht immer noch nackt da, und jetzt beginnen die blauen Flecken auch noch anzuschwellen. Allmählich sieht er aus wie eine Reliefkarte von Nordgriechenland. Der Arzt, der darauf erpicht ist, zu seinen Röntgenstrahlen zurückzukehren, hat das Problem seinerseits inzwischen dadurch gelöst, daß er vom Apparat weggegangen ist. Er hat den Hörer nicht einfach aufgehängt, sondern neben den Apparat gelegt.

Der Patient zieht sich schnell an, und nach einem hastigen Frühstück, das aus nichts besteht, rast er zur Praxis des Arztes, inbrünstig hoffend, daß er dort anlange, bevor er ins Gras beißt. Bei seinem Eintritt legt die Krankenschwester gerade den Hörer auf die Gabel. Der Arzt ärgert sich weidlich, daß der Patient so rasch erschienen ist, und die Tatsache, daß der Patient ihm noch vom vorigen Monat her fünfundachtzig Dollar schuldet, hilft den Abgrund zwischen den beiden nicht überbrücken.

»Was fehlt Ihnen?« fragt er unwirsch.

»Ach, nicht viel«, antwortet der Patient sarkastisch. »Ich werde nur überall blau.«

»So, blau? Na, ziehen Sie sich aus, und dann wollen wir Sie einmal ansehen.«

Das »wir« verwirrt den Patienten. Meint er ihn und den Arzt, ihn und die Krankenschwester oder den Arzt und die Krankenschwester?

»Setzen!« befiehlt der Medizinmann. Nachdem er den Patienten einige Minuten beäugt hat, beklopft er ihn scharf mit einem kleinen Hammer. Splitterfasernackt mit niedrigem Blutdruck auf einem kalten Stuhl zu sitzen – das ist nicht die beste Art, sich warm zu halten. »Hm«, sagt er. »Es fehlt Ihnen entschieden etwas. Sie sind ganz blau.«

Das ist wahrhaftig eine Neuigkeit! Das hätte dem Armen der Gärtner (dem er ebenfalls Geld schuldet) auch sagen können.

Mittlerweile ist die Krankenschwester recht ungeduldig geworden, und auf ein Nicken von ihr sagt der Arzt: »Ich will Ihnen nichts vormachen. Ich kann Ihnen nicht helfen. Sie brauchen einen Allergologen.«

»Einen Allergologen? Ich dachte, *Sie* wären Arzt.«

»Ich bin Arzt, aber das ist nicht mein Gebiet. Ich will es Ihnen erklären. Irgend etwas liegt bei Ihnen vor, das Ihnen nicht gut tut.«

»Lassen wir meine Frau aus dem Spiel«, entgegnet der Patient. (Das ist nicht sehr witzig, aber der andere ist ja auch als Arzt nicht gerade überwältigend.)

»Nein.« Der Arzt schüttelt ungeduldig den Kopf. »Ich meine, irgend etwas, das Sie *essen*, bekommt Ihnen nicht. Wir müssen herausfinden, was Sie vermeiden sollten.«

Der Patient denkt im stillen: ›Was ich vermeiden sollte, ist dieser Quacksalber.‹ Aber da er nackt dasteht, ist er offensichtlich nicht in der Lage, sich zu wehren, und so schweigt er taktvoll.

Sowie er die Kleider am Leibe hat, händigt ihm der Arzt eine elegant gestochene Karte aus. Darauf steht: DR. HUGO SCHMALTZ, ALLERGOLOGE.

»Doktor Schmaltz ist führend auf seinem Gebiet«, sagt der Arzt. »Ein guter Mann ... weltberühmt ... aus Wien, müssen Sie wissen. Ach, übrigens, vergessen Sie nicht, ihm zu sagen, daß ich Sie geschickt habe.«

Der Patient weiß, was das bedeutet. Es bedeutet, daß der Arzt von allem, was Schmaltz dem Patienten abknöpft, einen Anteil erhält.

Sophia Loren ruft daraufhin sogleich Dr. Schmaltz an, um den Patienten bei ihm anzumelden.

Zehn Minuten später ist er drüben in Schmaltzens Allergie-Handelszentrum. Der Arzt ist ungefähr eins siebenundfünfzig groß, und sein Adamsapfel hat fast die gleiche Größe wie sein Kopf. Nach seinem Aussehen zu urteilen, ist er in Wien und vielleicht in ganz Europa höchst begehrt. Nicht von seinen früheren Patienten, sondern von der Polizei.

»Nun, Herr Marx«, sagt er, »was führt Sie zu mir?«

Das ist wirklich ein großartiger Anfang für einen weltberühmten Allergologen!

»Wollen Sie sich nicht ausziehen, damit wir Sie einmal anschauen können.« Um die Zeit zu vertreiben, während sich der Patient entkleidet, fragt er: »Woran fehlt's denn?«

»Ach, nichts weiter«, schmunzelt der Patient. »Ich werde nur ganz blau.«

»Blau? Hm.«

Diese Neuigkeit scheint den Allergologen aus dem Gleichgewicht zu bringen. Offenbar hat er mit blauen Patienten einige unglückliche Erfahrungen gemacht. Dann schlägt er dem Patienten ein Schnippchen. Man dachte nämlich, er würde den kleinen Hammer hervorholen. Nicht Schmaltz. Er ist ja aus Wien. Er holt ein Stethoskop hervor. Er benutzt es jedoch nicht, sondern hängt es sich nur um den Hals. Wahrscheinlich findet er, daß er dadurch eher wie ein Arzt aussieht. »Was haben Sie gegessen?« forscht er.

»Also«, beginnt man, »zum Frühstück nichts...«

Er unterbricht: »Wie steht es mit dem gestrigen Abend?«

»Lassen Sie mich überlegen. Norman Krasna und seine Frau waren da, Herr und Frau Nunnally Johnson und die Sheekmans.«

Sein Ton wird schärfer. »Vielleicht habe ich mich nicht klar ausgedrückt. Sagen Sie mir genau, was Sie gestern abend *gegessen* haben.«

»Aha. Also, es gab Spaghetti und Fleischklöße, tiefgekühlte Fischfilets und Gurkensalat.«

»The Big Store« (1941).

»Und wie oft essen Sie Gurkensalat?« fragt er. Doch bevor man antworten kann, beginnt er im Zimmer umherzuwandern, wobei er vor sich hinsummt: »Gurkensalat und Fischfilets. Gurkensalat und Fischfilets.« Wahrscheinlich findet er, das sei kein schlechter Gedanke für einen Calypso-Schlager. Mit einem Ruck fährt er herum. »Wann können Sie wiederkommen?«

»Wann ich wiederkommen kann?« ruft man. »Ich bin ja jetzt hier!«

»Ja«, sagt er. Anscheinend merkt er zum erstenmal, daß der Patient in seinem Sprechzimmer ist.

»Warum können Sie mir nicht sagen, was mir fehlt?« bohrt man. Er sieht den Patienten mitleidig an. »Herr Marx, so schnell geht das nicht. Zuerst einmal werden wir einige Allergieteste vornehmen. Vielleicht müssen Sie einen Monat lang jeden Tag kommen.«

»Jeden Tag! Sagten Sie nicht, es wären die Gurken?«

»Keineswegs«, erwidert er. »Sie sagten, Sie hätten Gurken gegessen; aber das bedeutet nicht, daß Sie durch Gurken blau werden.«

Das leuchtet dem Patienten ein. Jeder weiß, daß Gurken grün sind. Dennoch fährt er hoffnungsfreudig fort: »Gut, dann werde ich die Gurken auslassen.«

»Nein«, entgegnet Schmaltz geduldig. »Sie verstehen nicht. Es könnten die Gurken sein. Andererseits könnten es auch die Fleischklöße sein.« Er lacht herzlich. »Es könnten sogar die Fischfilets sein. So! Sehen Sie nun, womit wir es zu tun haben?«

Es ist immer peinlich, einen Arzt nach seinen Honoraransätzen zu fragen; doch wenn man Herrn Hans Allergie täglich aufsuchen muß, findet man besser heraus, um welchen Betrag er den Patienten zu schröpfen gedenkt. Man beschließt, wenn die Behandlung mehr als fünfundzwanzig Dollar im Tag betragen wird, will man lieber blau bleiben. Im Kopf multipliziert man flink dreißig Tage mal fünfundzwanzig Dollar. Siebenhundertfünfzig Dollar im Monat! Der Preis eines recht guten Okkasionsautos. Man räuspert sich und fragt mit abgewendetem Blick: »Herr Doktor, was bekommen Sie für jeden Besuch?«

»Tja«, antwortet er, »gewöhnlich beträgt mein Honorar fünfzig Dollar, aber da Sie einen Monat lang jeden Tag kommen müssen, wollen wir fünfundzwanzig Dollar sagen.«

»Einen Augenblick«, wirft der Patient ein, »gesetzt den Fall, Sie finden am dritten Tage heraus, was mir fehlt? Warum muß ich einen Monat lang jeden Tag kommen?«

»Keine Sorge«, erwidert er, »es wird schon einen Monat dauern!«

Das erklärt wohl, warum Doktor Schmaltz in einem El Dorado Brougham Cadillac mit Chauffeur gesehen wurde.

Nachdem ich den medizinischen Beruf sauber verrissen habe, möchte ich ihn für eine letzte Untersuchung wieder zusammensetzen. Haben Sie, lieber Leser, die phantastischen Bezeichnungen, die sich die Fachärzte zuzulegen belieben, ebenso satt wie ich?

Freilich, die Ärzte sind keineswegs die einzigen Menschen, die unverständliche Fremdwörter in Gebrauch nehmen. Aber wenn es sich um wirkliche Vernebelung handelt, so versteht es keine Gruppe so gut wie die Mediziner, ihre Tätigkeit im unklaren zu lassen. Aus irgendeinem Grunde haben sie die verständlichen Titel abgelegt. Ich brauchte einige Jahre, um dahinterzukommen, was für einen Arzt ich öfters aufsuchte. Der Pädiater wurde früher Kinderarzt genannt. Der Arzt, welcher kranke Füße heilt, heißt heute Chiropodist (nicht zu verwechseln mit einem Chiropraktiker).

Der Chiropraktiker ist ein Sadist, der dem Patienten eine halbe Stunde lang das Rückgrat verdreht und in der nächsten halben Stunde hofft, es in seine ursprüngliche Lage zurückbringen zu können. Um zur körperlichen Qual auch noch seelische hinzuzufügen, lacht er immerzu, während er den Patienten durchwalkt. Ich weiß nicht genau, ob er über die Verfassung seines Opfers lacht, oder ob er sich so überschwenglich auf das Honorar freut, das er ihm abzuluchsen plant; jedenfalls hat er ein Mordsvergnügen. Anscheinend ist dies eine Berufskrankheit, die sich nicht überwinden läßt. Wenn man die Chiropraktiker deswegen zur Rede stellt, streiten sie es heftig ab und behaupten, sie wären bei ihrer Behandlung so finster wie Freund Hein persönlich.

Falls man eine Auskunft wünscht, die zwar nutzlos ist, aber bei einer Tischgesellschaft (statt des Ketchups) angewendet werden kann, so sei hier gesagt, daß der einzige Unterschied zwischen einem Chiropraktiker und einem Osteopath darin besteht, daß der Titel des Chiropraktikers länger ist. Dadurch ist der Osteopath entschieden im Vorteil. Da er einen kürzeren Namen hat, kann er seine Praxis mit einem Kollegen teilen und auf diese Weise sowohl die Miete als auch das Rückgrat des Patienten halbieren.

Ich gestehe ungern, wie alt ich wurde, bis ich herausfand, daß ein Gynäkologe ein Medizinmann ist, der mit Frauen geheimnisvolle Dinge treibt. (Es gibt auch in anderen Lebensbahnen Leute, die mit Frauen geheimnisvolle Dinge treiben, aber bis jetzt habe ich noch nicht herausgefunden, wie sie offiziell genannt werden.)

Wissen Sie, lieber Leser, was ein Proctologe ist? Nun, ich weiß es. Dieses Thema wollen wir nicht erörtern.

Der Zahnarzt nennt sich jetzt auf seinen Rechnungen Orthodontist. Auch er gehört zur Zunft der Glücklichen, die sich ins Fäustchen lachen. Im Gegensatz zum Chiropraktiker lacht er nicht laut heraus. Er sieht den Patienten nur mit mitleidigem Lächeln an, der da hilflos sitzt, den ganzen Mund voll von Instrumenten, die alle das Fell eines Nashorns durchbohren könnten.

Während er sich fröhlich seinen Weg zum Hinterkopf des Patienten bohrt (mir kommt es immer vor, als suche er eine Abkürzung nach Indien), verzapft er eine ganze Serie von Witzen, die der Dulder bereits kennt, denn er hat sie seinem Quälgeist beim vorigen Mal erzählt. Vor dem Abschied rät er dem Patienten, seinem Beispiel zu folgen und in den nächsten drei Monaten nur noch Vollkornbrot und rohes Gemüse zu essen, damit er einen wohlriechenderen Atem bekomme. Während sich der Patient zum Gehen anschickt, fallen dem Zahnarzt drei Zähne aus.

Wie kommt es nur, daß die Mediziner ihr ehrliches Gewerbe hinter einem verblüffenden Pseudonym verbergen müssen? Warum kehren sie nicht zu ihren ursprünglichen Bezeichnungen zurück? In der guten alten Zeit wußte ich, daß mir die Zehennägel von einem Fußdoktor geschnitten wurden, wenn ich eine Fußpflege brauchte. Vom Fußdoktor zum Thema der Liebe ist es ein ziemlicher Sprung, aber man schaue nur, wie leicht ich ihn im nächsten Kapitel vollführe.

Einundzwanzigstes Kapitel

Warum nennt man es Liebe, wenn man Erotik meint?

Es ist mir unangenehm, von Ehe, Liebe und Hofmachen zu sprechen. (Ich glaube, ich habe die Dinge in falscher Reihenfolge genannt, aber in Wirklichkeit macht es keinen sehr großen Unterschied, wenn man nicht gerade verliebt ist.) Da ich drei Kinder habe, ist es recht und billig anzunehmen, daß ich geheiratet habe – obwohl ich schon von Ausnahmen von dieser Regel hörte.

Ich bin nicht versessen darauf, mich über dieses Thema auszulassen. Es gibt keinen Gegenstand in der Geschichte der Menschheit, der so unermüdlich durchgeackert und zerredet worden ist wie die heiligen Bande, von den unheiligen ganz zu schweigen. Keine Zeitschrift, ihres Herausgebers wert, ist jemals am Kiosk erschienen, ohne mindestens zwei endgültige Artikel über Ehe und Liebe zu enthalten (meistens aus der Feder von Junggesellen oder Jungfrauen). Keine Zeitung kann weiterbestehen ohne einen Briefkasten für verlassene Liebende; neben der Witzseite bildet er den wichtigsten Bestandteil des Blattes. Wenigstens die Hälfte der Filme, die für das breite Publikum gemacht werden, handelt von Begegnungen zwischen Mann und Frau, und das Publikum erwartet unbedingt, daß sich die beiden kriegen. In Amerika treten jetzt am Bildschirm zwei geschiedene Männer auf, beide anerkannte Fachleute, die ein fettes Einkommen dadurch haben, daß sie den Leuten zungenfertig Ratschläge über ihre Eheprobleme geben. Die Fragen, mit denen sie sich herumschlagen, sind vielfältig und schwierig, aber diese elektronischen Salomons schrecken vor nichts zurück.

Ich hingegen gebe gern zu, daß alles, was ich über die Ehe zu sagen habe, wertlos ist. (Rufe »Hört, hört!« vom Leser, Verleger und Lektor.) Ich habe weder das Rüstzeug noch die Erfahrung, um über diesen Gegenstand zu klugschnaken. Wer darüber gründlich, frisch aus dem Ofen, Bescheid wissen will, dem rate ich, in die Bibliothek zu gehen und dort Shakespeare, Ovid, Casanova und Freud auszugraben. Wer aber gar nicht warten kann, der überschlage alle Fachleute und vertiefe sich in Krafft-Ebing.

Meine erste Ehe wurde in Chicago geschlossen. Wir hatten die Bewilligung und zwei Dollar, und wir hätten rasch und unauffällig im Rathaus getraut werden können, aber meine Verlobte wollte unbedingt etwas religiöse Atmosphäre haben. Wer jemals geheiratet hat, der weiß, daß der

Bräutigam in dieser Phase einer Liebesgeschichte vor Verlangen fiebert und in alles einwilligt.

Ich weiß nicht, ob sich Chicago inzwischen gebessert hat, aber wir wurden von fünf Schwarzröcken abgewiesen, bevor wir einen Geistlichen fanden, der bereit war, die Zeremonie vorzunehmen. Die fünf, die uns ablehnten, hatten religiöse Bedenken, weil wir nicht derselben Kirche angehörten. Als sie gar entdeckten, daß wir beide beim Theater waren, steuerten sie uns hastig zur Türe.

Die meisten Menschen sprechen von der Ehe geringschätzig. Auf der Bühne macht man sich gern darüber lustig, und was an Herrenabenden in dieser Beziehung geulkt und gewitzelt wird, das würde sogar eine Dame entsetzen, die Frau Warrens Gewerbe ausübt.

Ich möchte nicht unehrerbietig sein, aber ich glaube, jeder wird mir beistimmen, wenn ich sage, daß sich derjenige, der die Erotik schuf, auf seine Sache verstand. Obwohl jeder wild darauf ist (wer es nicht ist, der ist nicht der Verachtung wert), scheint das Wort an sich, so klein es auch ist, weitaus mehr Menschen zu erschrecken als der Antidisetablissementarianismus, der, wie jedermann weiß, das längste Wort der deutschen Sprache ist. Vor allem Lyriker scheuen dieses hübsche Wörtchen und ersetzen es mit »Liebe«. Kein Sänger (nicht einmal ein Tenor) würde es wagen, zu singen: »Erotik ist eine Himmelsmacht.« Mit dieser Anfangszeile würde das Lied millionenweise verkauft werden, aber der Sänger würde von einem Moralkomitee ins Kittchen geworfen werden. Die Anklage? Aufwiegelung des Publikums zu etwas ganz Natürlichem.

Liebe bezieht sich auf vielfältige Gefühle und Verhaltenweisen. Man kann Gott lieben, ein Kind, den Nächsten (oder seine Frau) und sogar einen Pudel. Aber eheliche Liebe wird nie deutlich erklärt.

Wenn die Leute ein Pärchen Arm in Arm ziellos dahinschlendern sehen, das blind für die ganze übrige Welt ist und so eng aneinandergeschmiegt wie zwei Bananen am gleichen Stiel, rufen sie unweigerlich: »Was für ein reizendes Paar!« oder: »Oh, was für ein entzückendes Liebespaar! Schau nur, wie verliebt sie sind. Ist das nicht wonnig?«

Nun, hier richtet sich der gute alte Groucho, der Fachmann für nichts, zu seiner vollen Größe auf und entblößt einer feindlichen Welt seine Seele. Man nennt es Liebe, aber wenn man ehrlich ist, kann in den meisten Fällen davon keine Rede sein. Es sind nur zwei Menschen, die einander erotisch anziehend finden und hoffen, sich bald in den Armen zu halten. Ich möchte wissen, ob dieser Romeo seiner Julia auch dann zugetan wäre, wenn sie X- oder O-Beine oder einen Busen aus Akron in Ohio hätte. (In Akron im Staat Ohio wird mehr Gummi hergestellt als in irgendeiner anderen Stadt der Welt.) Nehmen wir an, sie hätte Krähenfüße an den Augen, und er hätte Krähenfüße. Ich möchte wissen, wie stark ihre Liebe dann wäre – es sei denn, beide wären zufällig Krähen, in welchem Falle sie unwiderstehlich zueinander hingezogen wären.

Ich will nicht bestreiten, daß auch häßliche Menschen heiraten (man nehme mich zum Beispiel), aber die meisten jungen Leute heiraten, weil sie auf das sublime erotische Erleben versessen sind, das ihnen seit der Volksschule von Freunden, Grammophonplatten, Filmen und billigen Romanen ins Unbewußte geträufelt worden ist.

In *Cat on a Hot Tin Roof* (»Die Katze auf dem heißen Blechdach«) läßt Tennessee Williams die Big Mama auf ein Bett deuten und sagen: »Dort entscheiden sich die Ehen.« Wenn Williams damit meint, es gebe in der Ehe nichts anderes als das Bett, so sollte er das Theaterstück nochmals vornehmen und umschreiben.

Fraglos ist die Erotik die Gewalt, der die Menschheit ihr Fortbestehen verdankt. Wenn es sie nicht gäbe, würde das Leben in einigen Jahrzehnten verschwinden, was vielleicht gar kein schlechter Gedanke wäre. Hingegen glaube ich, daß wahre Liebe erst in Erscheinung tritt, wenn das erste Feuer der Leidenschaft abgekühlt ist und die Kohlen nur noch glimmen. Das ist wahre Liebe. Diese Beziehung steht mit dem Geschlechtlichen nur auf Grußfuß. Ihre wesentlichen Bestandteile sind Geduld, Versöhnlichkeit, gegenseitiges Verstehen und große Nachsicht gegenüber den Fehlern des andern. Das ist meiner Ansicht nach eine weitaus festere Grundlage für die Fortdauer einer glücklichen und guten Ehe. Aber was soll ich mich darüber auslassen? Übergeben wir die ganze Sache Meister G. B. Shaw, der gesagt hat: »Wenn zwei Menschen unter dem Einfluß der heftigsten, unsinnigsten, trügerischsten und vergänglichsten Leidenschaft stehen, fordert man von ihnen den Schwur, fortwährend in diesem aufgepeitschten, anomalen und ermüdenden Zustand zu bleiben, bis der Tod sie scheidet.«

Nachdem Shaw und ich »Liebe« definiert und in ein sauberes Päckchen eingewickelt haben, wollen wir weitergehen. Ich glaube, daß die Einsamkeit mehr Ehen bewirkt als die alte Zugabe, der Erotik. Es gibt viele Biographien, in denen das samtgepolsterte Leben des glücklichen Junggesellen beschrieben wird, aber man glaube sie ja nicht. Ein Freund von mir namens Devlin (ein Blutsbruder von Delaney) sagte mir einmal ziemlich betrübt, daß er niemals geheiratet hätte, wenn es in der Zeit, als er auf Freiersfüßen ging, schon Fernsehen und tiefgekühlte Lebensmittel gegeben hätte. Seine Behauptung enthält gerade das Körnchen Wahrheit, das mich annehmen läßt, er wünschte, er hätte sich niemals einfangen lassen.

So ein dummer Kerl, er macht sich nicht klar, daß er, ganz gleich, wie viele tiefgekühlte Lebensmittel er verschlingen oder wie viele Fernsehgeräte er in seiner Wohnung haben mag, trotzdem einsam wäre. Tiefgekühlte Nahrungsmittel sind eine wunderbare Erfindung, aber sie können kaum eine liebenswerte Frau ersetzen, die hungrige Augen macht. Ich würde es mit einem einzigen Satz so ausdrücken: Das beste Essen der Welt lohnt sich nicht, wenn man es nicht mit einem anderen Menschen teilen kann. Das gilt auch für alle übrigen Erlebnisse. Das halbe Vergnügen beim Fernsehen besteht ja darin, sich an einen Mitmenschen zu wenden und über den Kitsch zu lästern, der da auf dem Bildschirm verzapft wird. Mir ist es zum Beispiel auch höchst zuwider, allein in einem Kino zu sitzen und keinen Gesprächspartner zu haben.

Vielleicht gehöre ich zu den Ausnahmen, aber es ist mir fast unmöglich, einen Film zu sehen, wenn ich meinem Gefährten oder meiner Gefährtin keine Fragen zuschleudern kann wie: »Haben wir diesen Klotz nicht schon voriges Jahr in ›Der verhängnisvolle Kuß‹ genossen?« oder: »Ich vergaß, wer diesen Mist inszeniert hat – wie heißt der Regisseur doch noch?« oder: »Glaubst du, daß sie wirklich schuldig ist?« Ich bin mir darüber klar, daß dieses dumme Geschwätz meinen Gefährten zum Wahnsinn bringen kann, ganz zu schweigen von den Kinobesuchern in unserer Nähe; aber es ist ein Zwang, den ich leider nicht zu unterdrücken vermag. Damit hängt ein schreckliches Erlebnis zusammen.

An einem trüben Wochenende reiste ich abenteuerlustig nach Palm Springs. Bei meiner Ankunft regnete es. Ich hatte mir in einem hervorragenden Tennisklub eine Flucht von einem Zimmer bestellt und war, meiner Gewohnheit getreu, auf der Pirsch nach weiblicher Gesellschaft. Das Wetter war in diesem Jahr ungewöhnlich schlecht gewesen (laut Handelskammer), und in dem Gasthaus gab es kaum Vertreterinnen des schönen Geschlechts. Ich aß allein. Außer meinen tiefen Atemzügen vernahm man in dem großen Speisesaal nur ein abscheuliches Geräusch, das ein alter Herr im fernen Winkel hervorrief. Er zerbrach geröstetes Brot und warf es in seinen Muschelbrei, den er durch diese Beigabe schmackhafter zu machen hoffte.

Nachdem ich mein Essen hinuntergeschlungen hatte, suchte ich die Räume wie von ungefähr nach junger oder auch ganz leicht bejahrter weiblicher Gesellschaft ab. Im Spielzimmer traf ich endlich auf vier ältere Damen (und wenn ich »älter« sage, beziehe ich mich auf Grandma Moses und ihre Zeitgenossinnen), die sich bei Canasta gegenseitig beschummelten. Zum Glück hatte ich ein gutes Buch mitgenommen, und da der Klub nichts Besseres zu bieten hatte, beschloß ich, in mein Zimmer zurückzukehren und zu lesen.

Da es ein feuchter, kühler Abend war, warf ich ein paar Scheite in den Kamin. Anscheinend klappte es mit dem Zug nicht so ganz, denn statt daß warme, lustige Flammen aufwärts zum Schornstein züngelten, füllten sich das ganze Zimmer und ich mit Rauch.

Ich wollte nicht als ein Stück Rauchfleisch enden, sondern zog es vor, ins Kino zu wandern. Ich weiß nicht mehr, was gegeben wurde. Das Kino lockte mich nur, weil auf einem Plakat stand: »Rauchen auf dem Balkon gestattet.«

Bei meinem Eintritt wurde ich von dem Kinobesitzer mit all der Ehrerbietung begrüßt, die einem großen Stern gebührt. Er sagte: »Hallo, Groucho! Es gibt noch viele gute Plätze. Hahaha!« Sein Lachen wurde zu einem Schluchzen, als ich mir den Weg über die dunkle Treppe ertastete.

Der Balkon war menschenleer bis auf einen einsamen älteren Mann, der am Mittelgang saß, tief versunken in die Vorgänge auf der Leinwand. Ich ging schnurstracks auf ihn zu. Da der Film längst angefangen hatte, ahnte ich nicht, wovon er handelte, und wer darin spielte. Deshalb feuerte ich in rascher Folge eine Reihe Fragen ab. Ich erhielt eine Reihe kurzer, kehliger Antworten. Nachdem ich ein paar Minuten gewartet hatte, stellte ich ihm wieder eine Frage. Daraufhin ergriff er geflissentlich seinen Regenmantel und Hut und zog zur entfernten Seite des Balkons um. Da sonst niemand da war, mit dem ich hätte reden können, verließ ich bald das Kino und kehrte in mein rauchiges Schlachthaus zurück.

Schnell öffnete ich alle Fenster und kroch ins Bett. Während ich fröstelnd dalag, kam mir ein entsetzlicher Gedanke. Angenommen, der Mann auf dem Balkon war zum Kinobesitzer gegangen und hatte sich beschwert, von einem verschrobenen Menschen, der hastig verschwunden war, belästigt worden zu sein! Eine schöne Schlagzeile würde das ergeben: GROUCHO MARX VERHAFTET WEGEN BELÄSTIGUNG EINES ÄLTEREN HERRN IM KINO!

Wenn man jung ist und allein auf der Welt steht, kann es wohl höchst vergnüglich sein, ein Stelldichein zu haben. Doch als ich das letztemal allein stand, war ich mittleren Alters und zwischen zwei Ehen. Falls der geneigte Leser noch nie in dieser peinlichen Lage war, kann ich ihm sagen, daß es nicht ganz dasselbe ist.

Ich will ein Beispiel anführen. Eines Tages lernte ich ein reizvolles junges Mädchen kennen. Sie hatte blaue Augen, rotes Haar, weiße Haut, schwarze Strümpfe und war in dem Alter, wo sich alles am richtigen Fleck ausgewachsen hatte. Sie sah aus wie eine Teilnehmerin an einem Schönheitswettbewerb, die den dritten Preis ergattert hat. Nach einigen einleitenden Dialogen, etwas schwerfälliger Leichtfertigkeit und Hokuspokus trafen wir eine Verabredung für den Abend. »Paßt Ihnen halb acht?« fragte ich.

Sie sagte: »Das wäre schnuckig.«

Ich hoffte, daß ihre gewählte Antwort kein Vorbote dessen wäre, was der Abend zu bieten hatte; aber ich sagte nichts und wartete ab.

Da ich mein Leben lang beim Theater war, hegte ich stets ehrfürchtige

Achtung vor der Uhr und der Tugend der Pünktlichkeit. Trotz dem Gerede vom lustigen Künstlervölkchen muß man beim Theater pünktlich da sein, wenn der Beginn der Vorstellung eingeklingelt wird, und wenn man beim Varieté nicht zur Zeit da ist, läuft die Vorstellung ohne den Fehlbaren ab. Überdies wird in einem solchen Falle häufig festgestellt, daß die Vorstellung erheblich besser ist als sonst. Da sich die besagte junge Dame mit mir auf halb acht geeinigt hatte, war ich also pünktlich zur Stelle, nach einer »Herrenlotion« duftend. (Laut Reklame sollte diese Lotion bei einmaliger Anwendung eine weibliche Statue in eine reißende Tigerin verwandeln. Das ist für einen Dollar fünfundzwanzig nicht schlecht. Ich habe schon bis zu fünf Dollar bezahlt, ohne diese Wirkung erzielen zu können.)

Eine sehr, sehr dicke, sehr, sehr alte Dame führte mich, der innerlich vor unmoralischen Absichten brodelte, jedoch äußerlich ruhig blieb, ins Wohnzimmer. Sie trug ein Kleid, das während des Burenkrieges letzter Schrei gewesen war, und stellte sich rasch als »Margrits Mutter« vor, was endgültig bewies, daß Margrit ein Dummerchen war. Ein gescheites Mädchen, das gern heiraten möchte, ist gewöhnlich klug genug, seine alte Dame zu verstecken, bis es Zeit gehabt hat, seinem zukünftigen Opfer einen Buick und einen Verlobungsring abzuluchsen.

Ich weiß nicht, woher sie die Möbel hatten, aber ein Innenarchitekt würde sie dem Zeitalter der Frühscheußlichkeit zuschreiben. Es waren lauter große Stücke, mit Plüsch gepolstert und teilweise von geblümter Kretonne verdeckt. Man wäre gar nicht erstaunt gewesen, wenn man beim Eintreten General Grant in einem der Sessel entdeckt hätte.

Die Wohnung war von einem besonderen Geruch durchdrungen, den ich auf meiner Suche nach Liebesabenteuern häufig angetroffen habe. Er läßt sich schwer beschreiben, am ehesten scheint er ein Gemisch von Verzweiflung, schlechtem Alkohol und gebratenen Speisen zu sein.

Margrits Mutter wies mir ein Plüschungeheuer an und ging dann ihre Tochter benachrichtigen. Einige Minuten später kehrte sie zurück und gurrte, Margrit werde »im Nu« kommen. Sie setzte mir, offenbar in Ermangelung von etwas Besserem, eine Flasche Bier vor, die ich tatsächlich leerte, da aus dem »Nu« geschlagene drei Viertelstunden wurden. Endlich erschien meine Auserkorene. Sie sah hinreißend aus, und als ihr Parfüm mit meinem Duftwasser zusammentraf, flogen Funken. In diesem Augenblick bedauerte ich, daß ich dreißig Jahre älter war als sie. (Ich bedauerte überhaupt, daß ich dreißig Jahre älter war als irgendein anderer Mensch, aber für Reue war jetzt keine Zeit.)

Als wir zur Türe gingen, gab die Frau Mama meiner Begleiterin noch eine letzte Ermahnung. »Nimm dich vor ihm in acht, Margrit. Du weißt ja, was für einen schlechten Ruf Theaterleute haben!«

Sowie wir im Lokal Platz genommen hatten, bestellte Margrit, bevor der Kellner einen Gruß äußern konnte, reinen Whisky für sich – ohne Eis, ohne Wasser, ohne Soda, ohne einen Tropfen Zitrone, nur Whisky. »Einen doppelten«, fügte sie hinzu. Nach dem zweiten doppelten Whisky wurde meine reizende Gefährtin gesprächig und erzählte mir ihre Lebensgeschichte. Sie stammte aus Moline im Staat Illinois. Nach der Ankunft in Hollywood hatte sie in einem Drive-in als Kellnerin gearbeitet, war aber in der dritten Woche vom Besitzer hinausgesetzt worden.

»Er sagte mir, ich trüge so enge Fischerhosen, daß die männlichen Kunden alles Interesse an seinen Käsebrötchen verlören«, erklärte sie.

Danach betätigte sie sich in zwei anderen Drive-ins, aber weil sie von ihren Fischerhosen nicht lassen wollte, wurde sie immer hinausgesetzt. Schließlich entschied sie, daß es nur einen Beruf gab, bei dem sich niemand darum kümmerte, was für Hosen man trug, und das war das Gebiet der Bühne und des Films. Sie kannte sich darin anscheinend besser aus als ich.

Sie erzählte weiter: »Vor kurzem lernte ich den Hilfsregisseur eines großen Ateliers kennen. Das war ein sehr netter Mann. Auf der Fahrt zum Motel sagte er zu mir, wenn ich nur ein klein wenig Ausbildung hätte, könnte ich eine zweite Kim Novak werden.« Sie richtete ihre großen blauen Lichter auf mich, strich sich eine Locke aus der Stirn und fragte: »Sagen Sie mir ehrlich, was hat Kim Novak mir eigentlich voraus?«

»Offen gestanden, ich weiß es nicht«, antwortete ich. »Aber ich verspreche Ihnen etwas. Wenn ich einmal mit Kim Novak ausgehe, will ich es feststellen, und dann gebe ich Ihnen Bescheid. Passen Sie nun auf, Sie sagen, Sie möchten gern zum Film. Haben Sie schon jemals gespielt?«

»Eigentlich nicht«, erwiderte sie, »das heißt, noch nicht beruflich.« Dann lächelte sie strahlend. »Aber als ich noch in die Volksschule ging, spielte ich zwei Jahre hintereinander im ›Rumpelstilzchen‹ die Hauptrolle!«

Ich muß ihr wohl einen Blick zugeworfen haben, denn sie fügte hastig hinzu: »Oh, ich weiß, man muß mehr Ausbildung haben, um ein großer Stern zu werden. Immerhin ist es ein Anfang, das müssen Sie zugeben. Außerdem sagt mir jeder, ich brauchte nur ein bißchen Protektion.« Sie lehnte sich zu mir vor. »Und wenn Sie sich für mich einsetzen, könnte ich die Ware liefern.«

Darauf hätte es viele Antworten gegeben, aber ich zog es vor, den Mund zu halten. Ich saß stumm da, ganz benommen von der lähmenden Wirkung ihres kindischen Geplappers. Während sie weiterschnatterte, ertappte ich mich bei dem Gedanken: ›Wieso höre ich mir all das an, wenn ich doch im Hause eines Freundes Poker spielen, einer Sportveranstaltung zusehen oder gar in White Sulphur Springs ein Schlammbad nehmen könnte? Wozu muß ich mich in meinem Alter in diese unhaltbare Lage bringen?‹

Die Zeit verging langsam. Ach, wie langsam! Sie schleppte sich mit bleiernen Füßen dahin und kroch schließlich auf allen vieren. Ich war kein Jüngling mehr, und nach dem zweiten Glas wurde ich müde. Ganz gleich, welches Thema ich sorgsam aufgriff, Margrit brauchte nur ein paar Minuten, um die Unterhaltung auf ihre Laufbahn umzuschalten. Wer hat nicht schon von Haydns Variationen über ein Thema gehört? Nun, dieses Mädchen ersann Variationen, die sich Haydn niemals hätte träumen lassen.

Drei lange, tödliche Stunden verstrichen, während meine Trommelfelle allmählich versteinerten. Vielleicht bildete ich es mir nur ein, aber es schien mir, daß sogar Margrits Aussehen zu verblassen begann. Ihr Gesicht wurde ebenso langweilig wie ihre Dialogführung, und soweit es mich betraf, hatte die Erotik Urlaub genommen . . . einen langen Urlaub. Ich dachte an nichts anderes mehr als ans Zubettgehen. Ich meine, nicht mit ihr, nein, ganz allein. Margrit hatte einen Rekord aufgestellt, der einige Zeit nicht übertroffen werden konnte. In drei Stunden hatte sie mich zu einem Anhänger des Zölibats gemacht.

Man glaube ja nicht, daß diese Episode mit Margrit ein ungewöhnliches Erlebnis war. Die ganze Zeit erging es mir so. Andere Männer lernten guterzogene junge Mädchen kennen, deren Vater ein Warenhaus, eine Ölquelle oder eine Fabrik besaß. Die Töchter aus reichem Hause hatten anscheinend kein Interesse an einer Filmlaufbahn. Sie wünschten sich nur einen Ehemann, Kinder und eine angemessene Beteiligung am Einkommen ihres Vaters. Doch was mich anbelangt, so pflückte ich stets die Margriten.

Zweiundzwanzigstes Kapitel

Melinda und ich

Seit ich diese analphabetische Chronologie angefangen habe, werde ich immer wieder von meinem Verleger (einem bekannten Sadisten) gedrängt (gedrängt? angepeitscht!), einige intime Einzelheiten aus meinem Privatleben zu enthüllen. »Schauen Sie«, sagte er, »bis jetzt haben Sie achtzigtausend Wörter geschrieben.« (Das gibt dem Leser eine Vorstellung von der Oberflächlichkeit dieses Mannes – er zählt jedes und jedes Wort, als ob es Perlen wären.) »Und trotzdem«, fuhr er fort, den Gegenstand weidlich ausschlachtend, »wissen Ihre Leser noch immer nicht das geringste von Ihnen.« Um allen jenen Lesern, die unbedingt Einblick in mein Privatleben nehmen möchten, zu Gefallen zu sein, will ich folgendes bekennen. Ich bin mit einer schwarzhaarigen, braunäugigen, reizenden Frau namens Eden verheiratet, und ich habe drei Kinder. Zwei sind erwachsen. Das dritte ist ein kleines Mädchen namens Melinda, dreizehn Jahre alt, dessen Wort Gesetz ist.

Vor einigen Wochen ließ mich Melinda in ihr Zimmer kommen und sagte: »Pappi« (so nennt sie mich, wenn ich in Hörweite bin), »ich muß eine Gesellschaft geben.«
»Gut«, willigte ich ein, »lade irgendwann einmal zwei Kinder ein.«
»Nein«, entgegnete sie, »du verstehst nicht, ich muß eine richtige Gesellschaft geben.«
»Gut, dann lade vier Kinder ein«, sagte ich großmütig.
Sie schüttelte den Kopf. »Vier Kinder taugen nichts.«
»Melinda«, erwiderte ich, »Kinder taugen nie etwas. Aber sag mir, was hast du im Sinn?«
»Also, Pappi, ich möchte nächsten Freitag zweiundzwanzig Kinder einladen, und du mußt in deinem Zimmer bleiben, bis sie alle nach Hause gehen.«
»Langsam, langsam, nicht alles auf einmal. Erster Punkt: Warum mußt du zweiundzwanzig Kinder in mein Haus einladen?«
»In unser Haus«, verbesserte sie.
»Was hast du denn gegen vier Kinder? Und möchtest du nicht so gut sein und das Radio abstellen, bevor ich den Apparat zertrümmere?« (Während dieser Diskussion machte Melinda ihre Schulaufgaben, das Radio lief auf vollen Touren, und sie streichelte ein Kätzchen, das soeben Tinte auf ihrem neuen und teuren Teppich ausgegossen hatte.)

»Pappi!« Sie sah mich gekränkt an. »Du weißt doch, ich kann keine Schularbeiten machen, wenn das Radio nicht an ist.«

»Melinda«, gab ich zurück, »du kannst keine Schularbeiten machen, wenn das Radio an ist – aber darüber wollen wir später reden. Also, warum mußt du zweiundzwanzig Kinder einladen?«

»Weil ich seit mehr als einem Monat nicht mehr eingeladen worden bin.«

»Ich auch nicht«, antwortete ich, »aber ich kann es verschmerzen. Also, warum bist du seit mehr als einem Monat zu keiner Gesellschaft eingeladen worden? Will man in der Schule nichts von dir wissen? Hast du dich unbeliebt gemacht?«

»Ach, Pappi, du weißt doch, daß ich nicht unbeliebt bin. Es ist eben so, wenn man selbst nicht ab und zu eine Gesellschaft gibt, wird man von den andern Kindern nicht zu ihren Gesellschaften eingeladen.«

Das rührte mich denn doch. »Was brauchst du denn für diese Gesellschaft?« fragte ich.

»So gut wie nichts.« Sie lächelte strahlend. »Nur ein paar alte Kartoffelchips, Coca-Cola und Limonade.«

Bei der Aufzählung der Speisekarte bekam ich eine belegte Zunge. »Einverstanden«, sagte ich, »darauf lasse ich mich ein.«

Als Melinda am folgenden Tage aus der Schule kam, rief sie: »Pappi, kannst du mitkommen? Wir müssen jetzt ins Spielwarengeschäft gehen.«

»Spielwarengeschäft? Warum müssen wir ins Spielwarengeschäft gehen?«

»Um Sachen für die Gesellschaft zu besorgen«, erklärte sie geduldig.

»Melinda«, sagte ich, »es ist mir klar, daß du erst dreizehn Jahre bist, aber du solltest doch schon wissen, daß man Chips, Coca-Cola und Limonade nicht in einem Spielwarengeschäft kauft.«

»Oh, das weiß ich, Pappi, aber wir müssen Fähnchen und Girlanden besorgen, sonst wird die Gesellschaft öde. Und danach müssen wir die Eßwaren holen.«

»Eßwaren? Wieso das?«

»Na ja, ich stelle mir vor, daß wir alle nach dem Tanzen Hunger haben werden. Aber sorg dich nicht, es soll ganz einfach werden – nur warme Würstchen und belegte Brote und eine Eistorte und Obst.«

»Augenblick«, fiel ich ein, »du hast die Zigaretten vergessen.«

»O nein, aber wir brauchen nicht viele. Nur sehr wenige von den Kindern rauchen.«

»Das wär's wohl?« fragte ich hoffnungsfreudig.

»Pappi!« rief sie vorwurfsvoll. »Wir müssen auch Platten haben.«

»Du hast doch das ganze Zimmer voller Platten«, widersprach ich. »Erst vorige Woche habe ich dir die zehn beliebtesten mitgebracht.«

»Das sind uralte Platten. Alle Kinder kennen sie schon. Jede Woche kommt eine neue Liste heraus, und die Kinder wollen nur nach den allerneuesten Platten tanzen.«

Als wir die Musikalienhandlung verließen, halb erstickt von der dumpfen Luft in der kleinen Kabine, wo wir in den vergangenen zwei Stunden eingesperrt gewesen waren, ging mir plötzlich auf, daß ich jetzt über vierzig Dollar in eine Kindergesellschaft gesteckt hatte, bei der es nur ein paar alte Chips, Coca-Cola und Limonade geben sollte.

Der Tag, an dem die Gesellschaft stattfand, zog hell und klar herauf. Meine Frau, ein schlaues Köpfchen, verließ das Haus um sieben Uhr abends und rief mir eilig zu, sie müsse zu einem Elternabend. Eine halbe Stunde bevor die Halbbanditen uns heimsuchen sollten, kam Melinda in mein Zimmer und fragte: »Pappi, wie sehe ich aus?«

»Du siehst großartig aus«, antwortete ich. »Vergiß aber nicht, um halb elf ist Schluß.«

»Klar.« Sie nickte. Dann musterte sie mich nachdenklich. »Ich glaube, ich sagte es dir schon, aber bitte bleib in deinem Zimmer, Pappi, bis alle Kinder weg sind.«

»Was hast du denn?« gab ich zurück. »Schämst du dich deines guten alten Vaters?« Leicht gekränkt zitierte ich eine Zeile aus *Iolanthe*: »Du weißt es vielleicht nicht, aber ich werde allgemein bewundert.«

Melinda schüttelte den Kopf. »Natürlich schäme ich mich nicht meines Vaters, aber wenn die Kinder wissen, daß Erwachsene im Hause sind, geht es auf der Gesellschaft langweilig zu.«

»Wenn ich dich recht verstehe«, sagte ich, »soll ich also in meinem eigenen Hause in mein Zimmer eingesperrt werden, nur damit zweiundzwanzig Wildlinge die teuren Dinge verschlingen können, die ich bezahlt habe?«

Sie trat zu mir und gab mir einen festen Kuß. Das ist immer ihre Antwort, wenn sie keine Antwort weiß. Als sie sich zum Gehen anschickte, fragte ich: »Würden sich deine Gäste nicht sicherer fühlen, wenn ich in eine Zwangsjacke schlüpfe?«

»O nein, das ist nicht nötig, Pappi«, erwiderte sie.

Als Mensch mit literarischen Interessen ergriff ich das Börsenblatt. Kaum hatte ich den Artikel über die drohende Inflation gelesen, da begannen meine beiden fast stubenreinen Pudel zu bellen, womit sie die Ankunft der ersten Gäste meldeten. Dann herrschte angenehme Ruhe. Ich freute mich bei dem Gedanken, daß mein Töchterchen im Mittelpunkt eines gesellschaftlichen Ereignisses stand.

Auf einmal schmetterte der Plattenspieler mit einer Lautstärke los, die man außerhalb von Cap Canaveral selten zu hören bekommt. Darein mischten sich Kindergeschrei und dumpfe Ringkampfgeräusche. Ich stopfte mir Watte in die Ohren und nahm ein Buch, fest entschlossen, die zweiundzwanzig Elefanten in meinem Porzellanladen nicht zu beachten.

Der Radau wurde immer lauter und wilder. Als ich merkte, daß ich ein und denselben Absatz viermal gelesen hatte, warf ich das Buch auf den Schreibtisch, stand auf, schlüpfte aus meinem Gefängnis und schlich durch den Flur zum Wohnzimmer. Ich kam gerade beizeiten an. Drei größere Jungen trugen soeben einen kleineren zum Kamin hinüber, anscheinend mit der Absicht, ihn zu rösten. Ich rettete das Opfer und ließ dann eine kurze, ernste Rede vom Stapel, in der ich darauf hinwies, daß das Interieur eines kostspielig ausgestatteten Wohnzimmers kaum der ideale Ort sei, um die letzten Tage der Jungfrau von Orleans aufzuführen.

Melinda kam zu mir gelaufen und flüsterte mir zu: »Geh in dein Zimmer, Pappi! Die Kinder nehmen es übel, wenn du hier bist.«

»Ich nehme es auch übel, daß sie hier sind«, erwiderte ich. »Und wenn ich noch einmal ein solches Getobe höre, werfe ich sie alle hinaus!«

Damit kehrte ich in mein Zimmer zurück und las Kafkas Buch über Camus (oder vielleicht umgekehrt, in dieser Stunde bedeutete es wirklich keinen großen Unterschied). Ab und zu spähte ich durchs Schlüsselloch ins Wohnzimmer und versuchte, ein Bild von den Vorgängen zu gewinnen. Meine ernste Ansprache hatte der jugendlichen Mafia anscheinend großen Eindruck gemacht, denn plötzlich war alles still.

Gegen halb zehn ging mir die verhältnismäßige Stille auf die Nerven. Ich schlich mich wieder hinaus, um nachzusehen, was die Jugend trieb. Auf der einen Seite des Zimmers tanzten die Mädchen miteinander. Auf der andern Seite befaßten sich die Buben mit einem höchst fesselnden Wettbewerb. Sie warfen brennende Streichhölzer unter das Sofa. Anscheinend durfte derjenige, dessen Streichholz am längsten brannte, von jedem Verlierer zehn Cent einsammeln. Vielleicht gab es einen besonderen Preis für denjenigen, der das Sofa in Brand setzte. Wieder erhob ich die Stimme und hielt ungefähr die gleiche Standpauke wie zuvor. Aber diesmal war ich schlauer. Ich überredete den Rädelsführer, mit mir in die Diele hinauszukommen, und versprach ihm eine Kiste Zigarren für seinen Vater, wenn er die Zügel in die Hand nähme und die Orgie unter Kontrolle hielte. Hierauf kehrte ich wiederum in mein Zimmer zurück, setzte mich und starrte die Uhr an. Als sie halb elf schlug, stürzte ich hinaus und rief: »Schluß mit der Gesellschaft! Hinaus mit euch allen!«

Ein paar höflichere Kinder bedankten sich bei mir für den schönen Abend. Zwei Buben traten mich ans Schienbein, als sie gingen. Bald herrschte wieder Ruhe im Haus, und Melinda war in ihrem Zimmer. Ich ging zu ihr.

»Melinda«, begann ich abbittend, »es tut mir leid, daß ich mein Versprechen gebrochen und mich in deine Gesellschaft eingemischt habe. Hoffentlich war keiner deiner Gäste gekränkt.«

Sie lächelte mich strahlend an. »O nein, Pappi. Sie haben es nicht übelgenommen. Sie kennen dich alle vom Fernsehen her und wissen, daß du immer Spaß machst. Es war eine wundervolle Gesellschaft, und ich weiß jetzt, daß ich viele Einladungen bekommen werde.« Sie trat zu mir und umarmte mich innig. »Pappi, darf ich nächstes Jahr wieder eine Gesellschaft geben? Gar keine Umstände . . . nur Chips, Coca-Cola und Limonade.«

»Einverstanden«, sagte ich. »Putz dir nun die Zähne und geh schlafen. Und träume süß von vielen, vielen Gesellschaften.«

Dreiundzwanzigstes Kapitel

Mein persönlicher Zehnkampf

Die gesellschaftliche Seite meines Lebens (soweit vorhanden) ist nicht besonders erwähnenswert. Vielleicht ist das ganz gut. Mein Privatleben hat nichts von dem Glanz und der Spannung, die Elsa Maxwell, Grace Kelly und Rubirosa zu bieten haben. Um eine solche Berühmtheit zu erlangen, muß man entweder sehr reich sein oder von Vorfahren abstammen, welche die Schlacht von Lexington mitgemacht haben (auf welcher Seite, ist gleich), ein siegreicher Polospieler mit eigenem Gestüt sein oder gelegentlich aus dem Stork Club oder dem El Morocco hinausgeworfen werden. Wird man aus anderen Lokalen hinausgesetzt, so ist man noch lange kein Gesellschaftslöwe.

In meiner Jugend dachte ich, ich würde meinen Weg als einer der hervorragendsten Sportsleute Amerikas machen, nämlich als Kraftmensch wie Jim Thorpe und Bob Mathias. Da ich ohne Kleider nur hundertzwanzig Pfund wog, zog ich meine Sachen wieder an und gab diesen Gedanken auf.

Zuerst versuchte ich es mit dem Schwimmen. Ich meine nicht den Kanal zwischen England und Frankreich oder den Hellespont, den Leander durchschwommen hat. Tatsache ist, daß ich bis zu meinem zwölften Lebensjahr überhaupt nicht schwimmen konnte. Ich konnte mich stundenlang treiben lassen, aber sowie ich mich auf die andere Seite drehte, ging ich unter. Als ich siebzehn Jahre alt war, traten wir in Bridgeport in Poli's Theater auf, und dort lernte ich im Christlichen Verein Junger Männer schwimmen. Sowie ich diese Kunst beherrschte, konnte ich mich aus irgendeinem sonderbaren Grunde nicht mehr treiben lassen. Immer wenn ich mich auf den Rücken drehte, drohte mir wieder der Untergang.

Ich habe jetzt ein Schwimmbecken und auch eine kleine Tochter, die sich darin tummelt. Wenn Melindas Freunde und Freundinnen zu uns kommen, sehe ich ihren Kunststücken im Wasser zu. Es ist erschreckend! Sie schwimmen, wie mir scheint, Stunden und Stunden unter Wasser. Sie vollführen Kopfsprünge rückwärts und vorwärts vom Sprungbrett und machen im Wasser den Kopfstand. Manchmal sieht man zehn Minuten hintereinander nichts außer Füßen. Sie treiben es so toll, daß ich mich schäme, überhaupt ins Wasser zu gehen.

Ich bin immer noch ein schlichter Brustschwimmer. Ich kann nichts dafür; das hat man mir in Bridgeport beigebracht. Ich muß gestehen, es ist kein sehr rascher Schwimmstil. Mein Schwimmbad ist fünfzehn Meter lang,

»The Big Store«.

und neulich stoppte ich meine Zeit ab. Ich brauchte drei Minuten, um vom einen Ende zum anderen zu gelangen. Das war mit Höchstgeschwindigkeit. Ich war von dieser Anstrengung so erschöpft, daß es der vereinten Kraft von Gärtner, Briefträger und Zimmermädchen bedurfte, um mich aus dem Schwimmbecken zu ziehen.

Als mein Sohn Arthur (der jetzt gegen achtzig ist) zwölf Jahre alt war, nahm ich ihn nach Forest Hills mit, um Tilden gegen Cochet spielen zu sehen. Am folgenden Tage zwang er mich, ihm einen Tennisschläger zu kaufen. Im Nu war er imstande, den Durchschnittsgegner zu schlagen. Eine Zeitlang war er der fünfzehntbeste Spieler Amerikas, und in den zwei Jahren, wo er in Forest Hills spielte, stellte er manch einen glanzvollen Tennisspieler in den Schatten. Wenn er auch niemals so gut wurde wie Vines, Tilden, Budge und Kramer, war er doch der einzige Sportsmann, der unsere Familie jemals hervorbrachte, und wir waren alle sehr stolz auf ihn.
Als Arthur in großem Stile Tennis spielte, verschaffte ich mir auch einen Schläger zum Einkaufspreis. Ich fand, daß ich ihm mit dieser Waffe mehr Zeit widmen konnte. Man weiß ja, gleiche Interessen und so weiter. Übrigens dient diese lange Vorrede nur als Einleitung zum folgenden.
Als Dreizehnjähriger spielte Arthur immer im Doppel mit einem anderen

194

Knaben, der ungefähr ebenso viel konnte. Ich spielte oft gegen sie mit irgendeinem Partner, der sich im Klub auftreiben ließ. Es gab dort einige recht gute Spieler, aber mit wem ich mich auch zusammentat, wir verloren immer. Damals war Ellsworth Vines der amerikanische Meister, und Fred Perry war der britische Meister. Eines Tages sagte ich zu Perry: »Fred, ich würde alles dafür geben, die beiden Buben zu schlagen. Die zwei sind zu frech. Würdest du einmal mit mir gegen sie spielen?« Da er erst kürzlich in Wimbledon gewonnen hatte, hielt ich die Sache für einfach. Nun, die Buben schlugen uns in ungebrochenen Sätzen. Ich raste zum Netz, und dann beförderten sie den Ball über meinen Kopf weg. Wo ich auch stehen mochte, dort war der Ball nicht. Ihre Taktik war einfach, aber wirksam. Sie stellten alles auf mich ab. Fred Perry jagte hin und her, konnte jedoch nicht den ganzen Platz decken.

Ich wollte die Niederlage noch immer nicht hinnehmen und entschied, daß Fred Perry die Sache nicht richtig anpackte, um mir zum Sieg über diese Buben zu verhelfen. Da ich wußte, daß Vines einen härteren Schlag hatte und stärker servierte, setzte ich ihm ein paar Tage später meinen Kummer auseinander, und er willigte ein, mit mir gegen die Jungen zu spielen. Wir machten unsere Sache etwas besser; aber Arthur und sein Freund hatten inzwischen aufgeholt. Sie wandten die gleiche Taktik wie gegen Perry an. Sie spielten einfach die ganze Zeit gegen mich. Noch nie sah ich so viele Tennisbälle vorbeiflitzen. Sie erledigten uns sauber und rasch.

Ich hatte nun sowohl den amerikanischen als auch den britischen Meister als Partner gehabt und mit beiden verloren. Sehr bald darauf gab ich es auf und zog mich vom Tennisspiel zurück. Ich spielte nur noch bei einem einzigen Wettkampf mit – Charlie Chaplin und Fred Perry gegen die amerikanische Mannschaft Ellsworth Vines und Groucho Marx. Die Neuigkeit von diesem Wettkampf hatte sich herumgesprochen, und eine ziemlich große Menschenmenge erschien. Chaplin spielte auf seinem eigenen Platz recht gut Tennis, aber er war es nicht gewöhnt, vor Zuschauern zu spielen. Außerdem machte ich immerzu anstachelnde Bemerkungen zu ihm hinüber, bis er sich schließlich, vollkommen aus dem Geleise gebracht, auf seiner Seite des Netzes auf den Boden setzte. Da ich die internationalen Beziehungen nicht gefährden wollte, setzte ich mich auf meiner Seite des Netzes nieder, und wir schauten zu, wie Perry und Vines den Kampf zwischen sich ausfochten. Ich erinnere mich nicht mehr, wer gewann.

Das waren meine Tennisjahre.

Dann kam das Golfspiel. Eigentlich ist Golf gar kein Sport. Abgesehen davon, daß es ein Fluch ist, ist es eine Lebensweise. Golf hat schon mehr Ehen zerstört als die berühmte »andere«. Wahrscheinlich ist es der einzige Zeitvertreib, den eine Ehefrau als einleuchtende Entschuldigung für die Abwesenheit des Gatten vom häuslichen Herd gelten läßt.

Wenn man schwimmen geht, nimmt man gewöhnlich die Familie mit. In einer Stunde kann man drei Sätze Tennis spielen. Wenn man aber beim Golf achtzehn Löcher spielt statt neun Löcher, kann ein Ehemann es so einrichten, daß er den größten Teil des Tages außerhalb des Hauses verbringt. Und wenn er zu den vielen Stümpern gehört, kann er den größten Teil des Tages im Gebüsch verbringen, wo seine Frau ihn unmöglich zu finden vermag.

Aber das Golfspielen hat nicht nur den Vorteil, daß man dem eigenen Heim fernbleiben kann. Das ist nicht einmal die Hauptsache. Die Garderobe ist der Ort, wo das Spiel in Wirklichkeit beginnt. Hier zechen die Männer, weit entfernt vom wachsamen Späherauge des Weibes. Hier brüsten sie sich ihrer Siege, prahlen mit ihren amourösen Eroberungen, erzählen unanständige (und gewöhnlich sehr alte) Witze und schließen Geschäfte ab. Ich habe keine Zahlen, um es zu beweisen, doch ich wette, daß beim Geräusch der Duschen mehr Verträge besprochen und mit festem Händedruck besiegelt werden als in irgendeinem der Stahl- und Aluminium-Geschäftshäuser, die sich über das ganze Land erstrecken.

Aber auf der kurzgeschnittenen Grasbahn wird der Mann wirklich wieder ein Kind. Hier trägt er alle die fröhlichbunten Weihnachtspullover, ulkigen Mützen und verrückten Hosen, die er sonst nirgends in der Öffentlichkeit anzuziehen wagt.

Meinen ersten Versuch mit dem Golfspiel machte ich an einem Sonntagmorgen in New York im Van Cortlandt-Park. Ich hatte damals noch genügend Zeit, um sie totzuschlagen. Man hatte mir geraten, sehr früh am Morgen anzutreten, wenn ich überhaupt spielen wollte, da starker Andrang herrschte. Ich kam um fünf Uhr an. Nachdem ich sechs Stunden Schlange gestanden hatte, konnte ich endlich um elf den Ball abschlagen. Nie sah ich ein solches Gedränge. An jedem Loch scharten sich mindestens fünfhundert Spieler.

Meine Punktzahl fürs erste Loch war recht gut. Vier Golfbälle flitzten an mir vorbei, und zwei trafen mich. Der eine prallte gegen meine Magengrube, und der andere riß mir die Mütze vom Kopf. Ich spielte das eine Loch zu Ende und flüchtete. Ich hatte von der Schlacht in Flandern während des Ersten Weltkrieges gelesen, aber mir nie klargemacht, was das bedeutete, bis ich das eine Loch im Van Cortlandt-Park spielte.

Etliche Jahre später beschloß ich, mich ernsthaft dem Golf zu widmen. Ich kaufte mir Okkasionsschläger, einen Sack und drei Bälle. Wir traten damals in San Franzisko im Orpheum-Theater auf. Zum Programm gehörte ein Sänger namens Frank Crummit. Er ging auf die mittleren Siebzig zu, und eines Tages forderte er mich auf, mit ihm zu spielen. Da wir in keinem

Klub waren, begaben wir uns zum Volksplatz im Lincoln-Park. Für die ersten sechs Löcher brauchte ich vierundsechzig Schläge. Wir nahmen dann das siebente in Angriff. Der Abschlag für dieses Loch liegt hoch auf einem Hügel, und das Loch selbst ist vollständig von mörderischen Fallen umgeben. Es ging hundertvierundfünfzig Meter in die Tiefe, und Crummit riet mir, einen Fünferschläger zu benützen. Ich schlug den Ball ab. Er traf das Gelände und rollte ins Loch.

Am folgenden Morgen brachten die Zeitungen von San Franzisko im Sportteil mein Bild. Eigentlich waren es drei Bilder. Auf der einen Seite von mir war ein Photo mit Bobby Jones, auf der anderen Seite eins von Walter Hagen. Die Unterschrift war die Schlichtheit selbst: GROUCHO MARX GESELLT SICH ZU DEN UNSTERBLICHEN.

Die meisten Menschen neigen zu der Ansicht, daß sie nichts dafür können, wenn sie etwas schlecht machen. Das trifft besonders aufs Golfspiel zu. Man neigt dazu, allem möglichen die Schuld zuzuschieben, der Ausrüstung, einem unfähigen Caddie, der Schwiegermutter (die für einen Tag zu Besuch kam und drei Monate blieb) oder der Tatsache, daß die Schläger krumm sind, oder daß der Geländewärter das Gras nicht genügend gedüngt hat.

Ich spiele jetzt seit schlecht dreißig Jahren Golf. Mit Mogelei bringe ich es gewöhnlich auf fünfundneunzig. Wenn aber mein Gegner so schlau ist, meine Schläge zu zählen, sind es unweigerlich hundertundeins. Das ist mir rätselhaft. Ich sehe auf dem Golfplatz alte Knacker, die von Arthritis so geplagt sind, daß man ihre Knochen einen vollen Schlag entfernt knacken hört, regelmäßig etwas unter oder über achtzig Punkte machen.

Man glaube ja nicht, ich hätte es versäumt, Unterricht zu fünf Dollar für die halbe Stunde zu nehmen. Das habe ich getan. Ich habe auf Übungsfeldern gestanden und Bälle abgeschlagen, bis mir alles zu den Zehen weh tat. Manchmal wurde ich angewiesen, mein Gewicht auf den linken Fuß zu verlegen, manchmal, auf meinen rechten Fuß, dann wieder, mich wie Ben Hogan zu kauern, das Kinn an die linke Schulter zu drücken, den Kopf zu senken, mit dem linken Knie aufs rechte zu zielen. Was diese Unterrichtsstunden so interessant (und verwirrend) gestaltet, das ist die Tatsache, daß jeder Golflehrer seine eigene Methode hat. Trotzdem ist mein Spiel, sobald ich das Übungsfeld verlasse und mit dem Ernst beginne, genau das gleiche wie an dem Tage, ehe ich die fünf Dollar verschwendete.

Eines meiner Büchergestelle, das ein Meter achtzig hoch ist, enthält nur Golfbücher. Durch diese Bücher haben mich Henry Cotton, Sam Sneade, Walter Hagen, Ben Hogan und alle übrigen Größen belehrt, beraten und unterwiesen. Tommy Armour schreibt zum Beispiel (mit ungebührlicher Vertraulichkeit): »He, du! Vergiß die linke Hand. Pack den Schläger fest mit der rechten Hand und schwing ihn!« MacDonald Smith rät geduldig:

»Schwing den Schläger – tu so, als ob überhaupt kein Ball da wäre.«
Henry Cotton versichert, daß die rechte Hand beim Golf nichts zu suchen
hat. »Man muß sich einbilden, die rechte Hand zu Hause gelassen zu haben. Man schwinge ganz weich nur mit der linken.« Ernest Jones sagt:
»Man muß so tun, als hätte man eine lange Schnur mit einem angeknüpf-
ten Stein, die man hin und her schwingt, als ob es ein Pendel wäre.«
Mein Klubtrainer verriet mir, mein Spiel lasse deshalb zu wünschen übrig,
weil ich nicht die richtigen Schläger benutzte. »Ich mache alle meine
Schläger selbst«, rühmte er sich. »Ich beschaffe mir das Holz eines selte-
nen Dornbuschs, der nur im Norden von Schottland wächst. Ich rate Ihnen folgendes. Kaufen Sie sich einen Satz von diesem Holz und außerdem
meine besonderen Eisen, die ich mir in Manchester schmieden lasse, und
dann werden Sie zehn Schläge von Ihrem Spiel abziehen, ehe Sie Piep sagen können.« Erst am Ende des Monats stellt man fest, daß diese neuen
Eisen auch fünfhundertfünfzig Dollar vom Bankkonto abgezogen haben.

Alles in allem macht es keinen Unterschied, wo ich spiele, und was für
eine Ausrüstung ich benutze. Nach achtzehn Löchern ist meine Punktzahl
immer und ewig hundertundeins.

Vierundzwanzigstes Kapitel

Schiff ahoi!

Für das Leben auf See bin ich nicht geschaffen. Erstens einmal verstehe ich die Theorie von der Seekrankheit nicht. Wodurch wird sie hervorgerufen? Ist es eine Verrenkung im Mittelohr? Rührt das unselige Gefühl von gebratenen Speisen und unreifem Obst her? Ich weiß nur, daß ich von diesem Fluch heimgesucht werde, seit ich zum erstenmal in einer Badewanne ein Boot schwimmen ließ.

Ich bin über alle Vereinigten Staaten und über ganz Europa geflogen. Ich flog mit der ersten dreimotorigen Ford, die unsicher übers Land hinkte. Ich flog mit Militärmaschinen im offenen Cockpit. Dabei wurde ich nie krank. Aber sowie ich einem Ding begegne, das auf dem Wasser schwimmt, ist es aus mit mir.

Ich wurde auf einem Frachter seekrank, der eine Ladung Baumwolle von Jacksonville nach New York brachte. Ich wurde seekrank auf der »Mauretania«, der »Paris«, der »Cedric«, der »Europa« und auf dem Nachtdampfer nach Albanien. Oh, war das eine Nacht!

Jedes Schiff, das die sieben Meere und ihre Zuflüsse befährt, bringt mein Inneres durcheinander. Ich habe es mit Dramamin versucht, mit Codein, Aspirin, Bonamin, Sekt und rohen Eiern. Ich habe es mit all dem getrennt und zusammen versucht. Alle die berühmten Heilmittel gehen bei mir zum einen Ohr herein und zum andern hinaus. Ich habe es versucht, die ganze Reise im Bett zu verbringen, auf einem Stuhl, mit flottem Marsch rings um das Deck, mit tief atmen und gar nicht atmen. Meine Bemühungen, die See zu überlisten, sind vergeblich und tragisch.

Mein letztes Turnier mit Neptun fand auf der »Malola« statt, die nach dem sonnigen Hawaii fuhr. Der Mann im Reisebüro (der Jüngling, der uns zu der Reise verführte) riet uns, mindestens zwei Stunden vor Abfahrt des Schiffes in Wilmington zu sein. (Nicht in der Stadt gleichen Namens in Delaware, sondern in Kalifornien.) Ich erinnere mich an seine genauen Worte.

»Ich verspreche Ihnen, Herr Marx, dort wird es einen Mordsspaß geben. Sowie Sie den Fuß auf dieses Traumboot setzen, lösen sich all Ihre Beschwerden und Nöte in nichts auf. Dort gibt es Musik und Papierschlangen und Konfetti. Nirgends können Sie eine fröhlichere Menschenmenge sehen. Die Freunde und Verwandten, die ihre Lieben zum Kai begleiten, haben fast so viel Vergnügen wie die glücklichen Neunhundert, die in die untergehende Sonne segeln. Übrigens, Herr Marx«, fuhr er fort, »nicht nur bei der Abfahrt gibt es ein Gaudium, sondern es hört nie auf. Jede Minute ist etwas los.« Er rückte seinen Stuhl näher heran und flüsterte vertraulich: »Von allen Schiffen war die ›Malola‹ immer mein Lieblingsdampfer. Man sagt, daß das Essen auf dem Schiff ebenso gut ist wie im Tour d'Argent in Paris. Besonders stolz sind wir auf unser Smörgasbord. Die ›Malola‹ ist das einzige Schiff auf dem Stillen Ozean, auf dem man sechzehn verschiedene Arten von kaltem Hering vorgesetzt bekommt!«

Obwohl ich noch auf dem trockenen war, rief der Gedanke an sechzehn Arten von kaltem Hering auf einem Schiff antiperistaltische Bewegungen in mir hervor.

Der Mann im Reisebüro schwärmte weiter: »Warten Sie nur, bis Sie von dem geräucherten Aal kosten! Stellen Sie sich vor, bei meiner letzten Fahrt auf der ›Malola‹ aß ich so viel geräucherten Aal, daß meine Frau sagte, bald würde ich wie ein Aal aussehen.«

Seine Frau irrte sich. Er sah schon jetzt wie ein Aal aus. Da es sich jedoch nicht lohnte, darüber zu diskutieren, bezahlte ich die Fahrkarten und ging, solange ich noch zur Seefahrt imstande war.

Als ich gerade aus dem Reisebüro wanken wollte, fragte er: »Ach übrigens, haben Sie jemals den Fastnachtsdienstag in New Orleans erlebt?« Diese Frage verwirrte mich ein wenig, da ich keinen Zusammenhang zwischen New Orleans und einem geräucherten Aal sah. Argwöhnisch antwortete ich: »Ja, ich habe dort oft gespielt.«

»Na, lassen Sie das ruhen«, erklärte er. »Der Fastnachtsdienstag ist nichts im Vergleich zu einer Reise auf der ›Malola‹.«

»Haben Sie ihn schon erlebt?« erkundigte ich mich.

»Das nicht«, erwiderte er, »aber ich habe ihn schon oft in der Wochenschau gesehen, und ich kann Ihnen sagen, auf der ›Malola‹ geht es lustiger zu als in New Orleans am Fastnachtsdienstag. Es ist auch viel gesünder, weil Sie ja von morgens bis abends die kräftige Salzluft in die Lungen bekommen.«

Obwohl er uns geraten hatte, schon um acht Uhr am Kai zu sein, kamen wir erst um elf an. Wir planten diese Reise nämlich schon seit drei Monaten, und das Datum der Abfahrt bedeutete für meine Frau eine vollständige Überraschung. Sie brauchte drei Stunden, um sich anzuziehen, zu frisieren, sich zu maniküren, sich die Zehennägel zu lackieren und zu packen, bis sie endlich verkündete, sie sei fertig. Daraufhin stopfte ich in meinen einzigen Koffer all das Zeug, das sie in zwei Überseekoffern und drei Taschen nicht unterbringen konnte, und ehe ich mich's versah, fuhren wir stumm nach Wilmington und nach dem Paradies.

Wir trafen ungefähr eine Stunde vor Abfahrt des Schiffes ein, und alles, was der Mann im Reisebüro uns gesagt hatte, entsprach der Wahrheit. Es war wirklich ein Gaudium. Der Kai war bevölkert mit Freunden und Verwandten, der Lärm ohrenbetäubend. Die meisten Fahrgäste reihten sich auf der einen Seite des Promenadendecks an der Reling. Papierschlangen und Konfetti flogen durch die Luft. Gelächter und fröhliche Ermahnungen wurden hin und her geschleudert. Zu meiner Erleichterung war das Meer spiegelglatt, und das gute Schiff lag treu und fest vor Anker. Schließlich tutete die Sirene zum letztenmal, und die Kapelle stimmte *Aloha* an. Als der Anker gelichtet wurde, stand auf der anderen Seite des Promenadendecks eine einsame Gestalt, elegant bekleidet mit einem Kamelhaarmantel und einer gelben Mütze. Diese Gestalt war ich; ich lehnte über die Reling und opferte wieder einmal Neptun.

Da ich gerade von der Seekrankheit spreche (wie es meine Gewohnheit ist), ich kannte ein Original, das seine Laufbahn als Straßenbahnschaffner antrat. Dieser Mann manövrierte sich schließlich, indem er das Fahrgeld meistens in die eigene Tasche steckte, in die Stellung des höchsten Tiers in einem größeren Filmatelier. Als Oberhaupt eines Ateliers fand er es richtig, eine Jacht zu besitzen. J. P. Morgan besaß eine. Vanderbilt besaß eine. Sir Thomas Lipton besaß eine. Sogar Kolumbus hatte eine besessen – und er verfügte entschieden über mehr Geld als Kolumbus. Ja, wenn Königin Isabella nicht gewesen wäre, hätte Kolumbus gar nichts machen können. (Manchmal frage ich mich, wie die Beziehung zwischen Kolumbus und Isabella in Wirklichkeit gewesen sein mag. Demnächst werde ich mir die Wahrheit von Hedda und Louella erzählen lassen. Die beiden wissen ja immer alles.)
Nun zurück zu unserem Freund, dem Oberhaupt des Ateliers. Kurz nachdem er diesen Entschluß gefaßt hatte, wurde er der stolze Besitzer einer großen Jacht und einer großen Besatzung. Er hatte jetzt dreihunderttausend Dollar weniger auf der Bank; aber das betrübte ihn nicht weiter, weil er über viele Millionen verfügte. Er trug seinem Schneider auf, eine vollständige Garderobe für die Seefahrt anzufertigen – weiße Anzüge, blaue Anzüge, Uniformen für alle Gelegenheiten und alle mit Goldtressen.
Er war noch nie zuvor auf einem Schiff gewesen. Seine Jungfernfahrt wollte er, angetan mit einer Uniform, die Admiral Dewey Ehre gemacht hätte, von Los Angeles nach San Diego machen. Das Schiff war voll ausgerüstet mit erstklassigen Weinen, Likören, Kaviar und zwei Filmsternchen (falls er nichs zu lesen finden konnte).
Zwei Stunden nach Verlassen des heimatlichen Hafens begann er die Fische zu füttern. Als sie in den Hafen von San Diego steuerten, war dieses große Tier ein sehr krankes Tier, womit ich nicht etwa ein Wassertier meine. Er begab sich in ein Hotel, wo er achtundvierzig Stunden im Bett blieb. Dann wurde ihm von seinem Kapitän mitgeteilt, daß die See wieder ruhig sei, und er kehrte zur Jacht zurück.

Das Schiff lag im Hafen von San Diego friedlich vor Anker, und unser Freund schwor sich, diese dumme Seekrankheit zu überwinden, fest entschlossen, ein echter Jachtbesitzer zu sein. In den nächsten sieben Tagen schritt er auf dem Deck wie ein wahrer Seemann einher, ebenso würdevoll wie Charles Laughton in dem Film »Meuterei auf der Bounty«. Am siebenten Tage erhielt er einen dringenden Funkspruch aus seinem Atelier. Eine seiner Hauptdarstellerinnen hatte bei einem Kostümfest zu tief ins Glas geguckt, hatte einem Photoreporter die wertvolle Kamera aus den Händen geschlagen, hatte ihm dann alle ihre Kleider ins Gesicht geworfen und war ins Schwimmbecken gesprungen. Unserem Helden wurde gesagt, daß ihm eine gewaltige Anklage drohte, er solle lieber schleunigst nach Hollywood zurückkehren und die Sache beilegen.

Er befahl: »Volldampf voraus!«, ohne recht zu wissen, was das bedeutete; aber er kannte den Ausdruck von einem der Piratenfilme her, die sein Atelier gemacht hatte. Eine Viertelstunde nach der Abfahrt von San Diego legte er sich wieder zu Bett und blieb dort, sein Schicksal verwünschend, bis zur Ankunft in Los Angeles, wo er in tiefer Benommenheit – er hatte eine Überdosis an Dramamin-Tabletten genommen – vom Schiff getragen werden mußte. Offensichtlich war er für das Leben auf dem Ozean nicht geschaffen.

Die Jacht wurde nun zu einem Problem. Er liebte seinen seefahrenden weißen Elefanten, und er liebte die Admiralsuniformen; doch anscheinend konnte er nur auf dem Schiff bleiben, wenn es in einem Hafen vor Anker lag. Ein schönes Dilemma! Er hatte dreihunderttausend Dollar in die Jacht gesteckt und weitere zweitausend in die Uniformen. Er hatte nie eine Stellung von Rang eingenommen, aber als Besitzer einer Jacht fing er gerade an, etwas gesellschaftliche Bedeutung zu gewinnen. Doch der Gedanke an eine zweite Fahrt auf diesem Nachen erfüllte ihn mit Entsetzen.

Als findiger Kopf löste er schließlich sein Problem, wenn auch nicht ganz zu seiner Befriedigung. Er ging einen Vergleich ein, aber besteht das Leben nicht aus lauter Vergleichen?

Er wies seinen Kapitän an, die Jacht abermals nach San Diego zu bringen. Dann ließ sich Lord Nelson der Zweite in einem Marinekostüm von seinem Chauffeur dorthin fahren. Nach der Ankunft wurde ihm an Bord mit Ehrerbietung gehuldigt. Während das Schiff vor Anker lag, schritt er auf dem Deck auf und ab, und blickte mit finsterem Groll in den Wind spähte durch den Feldstecher, als wollte er die gesamte japanische Flotte in eine Schlacht verwickeln.

Als er diese maritime Eintönigkeit endlich satt hatte, gab er Befehl, mit dem Schiff zum Heimathafen zurückzukehren. Als es über den Horizont schlüpfte, sank er in seinen Rolls Royce und befahl in vollem Staat seinem Chauffeur, ihn nach Beverley Hills zurückzufahren.

Da er es schließlich müde wurde, San Diego zu betrachten, verkaufte er seine Uniformen einem Kostümverleihgeschäft, hängte irgendeinem Dummkopf die Jacht an, erstand einen Wohnwagen und verbrachte den Rest seiner Tage damit, nach Palm Springs zu reisen.

Fünfundzwanzigstes Kapitel

Petriheil

Beim Fischen denkt man immer an den einstigen amerikanischen Präsidenten Hoover, wie er tief im Herzen der Wildnis auf einem friedlichen See in einem kleinen Ruderboot sitzt, oder an Hemingway, der im Heck einer zwanzig Meter langen Barkasse an einen Bürostuhl angeschnallt ist und einen Makaira sperrt.

Fischen ist ein großes Geschäft. Ich las einmal irgendwo, daß man mit der Geldsumme, die für diesen Zeitvertreib verschwendet wird, in einer vernünftigen Zeitspanne die Staatsschulden tilgen könnte. Es soll gut für die Nerven sein – der murmelnde Fluß, der Bergbach und der malerische Wasserfall (den die rivalisierenden Elektrizitätswerke vielerorts unbedingt in ihre Hände zu bekommen trachten).

Die Gelehrten sind sich jetzt darin einig, daß der Mensch ursprünglich aus dem Ozean aufgetaucht ist, verkleidet als Amöbe, einbeiniger Frosch oder eine ähnliche widerliche Spezies niedrigen Lebens. Ich stimme mit dieser Hypothese überein. Ich persönlich bin ebenso erpicht darauf wie meine Ahnen, aus dem Wasser hinauszukommen und aufs trockene Land zu geraten.

Ich verstehe die Angelleidenschaft nicht. Zu meiner Zeit habe auch ich mich damit befaßt. Ich habe in Atlantic City vom Kai aus mit einer Schnur geangelt, an deren Ende ein verfluchtes Stückchen Fleisch hing. Ich schaudere noch jetzt, wenn ich an die widerlich aussehenden Dinge zurückdenke, die ich mit diesem Köder heraufzog.

Ich habe in Bergbächen gefischt, angetan mit hohen Gummistiefeln, einer gelben Mütze, vier Pullovern und einer Windjacke. Bei dieser Angelart braucht man gar keinen Köder. Man befestigt einfach einen kreiselnden toten Gegenstand am Ende der Rolle, macht die Augen zu und wirft. Werfen heißt die Leine in den fließenden Bach hinausschleudern – wo sich der Haken sogleich im Hosenboden des Gastgebers festsetzt. Um es kurz zu sagen, zwischen unseren schuppigen Freunden und mir ist sehr wenig Liebe verloren.

Ich habe eine Theorie über Männer, die aufs Angeln versessen sind, die gleiche Theorie wie über leidenschaftliche Golfspieler. Das Angeln gehört zu den wenigen wertvollen Vorwänden, die dem Manne zur Verfügung stehen, wenn er von Weib und Kind weg will. So vermute ich, daß ein überbegeisterter Freund von mir (sicherheitshalber wollen wir ihn Delaney nennen, obwohl er zufällig Irving Brecher heißt) über irgend etwas unglücklich ist und sein Problem zu vergessen sucht, indem er an weit entlegenen Plätzen angelt. Er nagelte mich eines Tages mit den Worten fest: »Groucho, ich weiß, du hast fürs Angeln nichts übrig, aber Angeln und Angeln ist zweierlei.«

»Da hast du durchaus recht«, nickte ich, während ich vor ihm zurückwich.

Aber Delaney ist ein sehr beredsamer, hartnäckiger Mensch und läßt sich nicht so leicht unter den Tisch wischen. »Wie würde es dir gefallen, eine Forelle zu fangen, so lang wie dein Arm?« fuhr er fort.

»Forellen mag ich nicht«, entgegnete ich. »Ich mag nicht einmal meinen Arm. Worauf ich versessen bin, das ist ein großes Steak mit Kartoffelbrei, Apfelmus und einem großen Stück Käse – und wenn die Kellnerin hübsch ist, hätte ich auch gern ihren Zivilstand und ihre Telephonnummer.«

Betrübt schüttelte er den Kopf. »Daß du Forellen nicht magst, ist mir unverständlich. Du könntest sie räuchern und für den ganzen Winter genug haben.«

»Wenn schon Rauch«, erwiderte ich, »dann ziehe ich eine gute Zigarre vor.«

Er hielt es für angebracht, diesen schwachen Witz zu überhören, und sprach weiter: »Wir wollen noch zwei Freunde von mir mitnehmen, beide von fürstlichem Geblüt. Wir mieten einen Wagen und fahren nach Jackson Hole in Wyoming. Ein Indianerführer erzählte einem Bekannten von mir, daß dort oben ein See ist, der noch nie befischt wurde, und er sagte, die Luft wäre wie Sekt. Es wird ein unvergeßliches Erlebnis werden. Etwas, das du deinen Enkelkindern beschreiben kannst.«

Später versuchte ich diese Geschichte meinen Enkelkindern zu erzählen, aber vergeblich. Sowie sie mich erspähen, rennen sie nämlich immer weg, und leider kann ich nicht schnell genug laufen, um sie zu fangen.

Doch kehren wir zu meinem Freunde Delaney zurück. »Wie wär's also?« drang er in mich. »Kommst du mit? Wir packen Schnaps, Bier und belegte Brote ein – und, Groucho, ich verspreche dir eine Million Lachsalven.«

Das war vor einigen Jahren. Er schuldet mir immer noch 999 999 Lachsalven.

Ein weiterer vertrackter Punkt beim Fischen ist die starre Regel, daß man bei Tagesanbruch aufstehen muß. Das gehört zu den dummen Sagen, die wohl ewig leben werden. Wenn um fünf Uhr morgens in einem See oder Bach Fische sind, werden sie doch wohl, falls sie im Verlauf des Tages nicht gefangen werden, auch um fünf Uhr nachmittags noch da sein. Wo wären sie sonst hin? Woher wissen sie außerdem, wann es fünf Uhr morgens ist?

Jedenfalls schleppten wir uns alle an einem grimmigen, nebligen Morgen zum Wagen, bewaffnet mit doppeltkohlensaurem Natron, Alkohol, Taschenapotheken, Zigarren und komischen Kleidern. Nach zweistündiger Fahrt von Los Angeles, meilenweit entfernt von einer Tankstelle, entdeckten wir, daß wir kein Benzin mehr hatten. Wir versuchten andere Autos anzuhalten, aber nach einem einzigen Blick auf uns drückten die Fahrer noch stärker auf den Gashebel. Je nun, das kennt jeder. Es geschieht immerzu. Einer von uns wurde auserwählt, fünf Kilometer zu einer Tankstelle zu laufen und mit einem Kanister voller Benzin zurückzukehren. Da ich der älteste in der Gruppe war und überhaupt kaum laufen konnte, fiel mir diese Auszeichnung zu.

Da Herr Delaney, der angebliche Gastgeber, beschlossen hatte, seinen kostspieligen Wagen nicht durch eine Fahrt durch die Wildnis aufs Spiel zu setzen, hatten wir uns auf seinen Vorschlag hin alle zusammengetan und einen alten Buick gemietet. (Ich stellte später fest, daß er dieses Wrack von seinem Onkel gemietet hatte, der sich schon seit zwei Jahren bemühte, es gegen einen Chevrolet Jahrgang 1937 einzutauschen.) Wenn man glaubt, der Buick sei alt gewesen, so hätte man die Reifen sehen müssen. Nach vierstündiger Fahrt hatten wir einen Plattfuß. Das Loch in dem Reifen war so groß, daß man einen zusammengeschrumpften Schädel der Kopfjäger hätte hineinstecken können. Zum Glück waren wir diesmal nur einen knappen Kilometer von einer Garage entfernt, und in weniger Zeit, als es sich erzählen läßt (in drei Stunden, um genau zu sein), entschied der Mechaniker, daß sich dieses alte Stück Gummi nicht mehr instand setzen ließ. Daraufhin forderte uns der Gastgeber mit seiner gewohnten Großzügigkeit auf, uns alle zusammenzutun und einen neuen Reifen zu erstehen.

Auf dieser Fahrt hatten wir noch viele andere lustige Abenteuer. Bei Sonnenuntergang wurde einer von Delaneys Freunden durch das Geholper und Geratter der uralten Limousine auf den buckligen Straßen autokrank und fiel in Ohnmacht. Wir trugen ihn hinaus, legten ihn behutsam neben einem verseuchten Bach auf den Boden und spritzten ihm Wasser ins Gesicht, bis er zu sich kam. Anscheinend genoß er diese Aufmerksamkeit, denn danach wurde er alle paar Stunden autokrank, und durch dieses fortwährende Hin- und Hertragen wurden wir erheblich aufgehalten. Schließlich dachten wir allen Ernstes daran, ihn am Straßenrand zu begraben; aber da lösten wir gerade Kreuzworträtsel, und wir konnten ihn nicht entbehren. Er war als einziger von uns imstande, Wörter mit mehr als vier Lettern richtig zu buchstabieren.

Einige Tage später kamen wir in Jackson Hole an, nicht besonders mitgenommen, außer daß wir dank dem begrenzten Platz im Buick kaum mehr zu gehen vermochten. Wir suchten den Indianerführer auf, den Delaney angestellt hatte, und er ermahnte uns sofort, stets geradeaus zu blicken

und ja nicht nach den hiesigen Frauen zu schielen. »Männer hier oben wirklich Männer«, knurrte er. »Nicht lieben Fremde aus Hollywood.«
Um jedwelche Ungelegenheiten zu vermeiden, aßen wir im Gasthaus in einem Privatspeiseraum. Dann rannten wir hastig zu unseren Schlafzimmern, wo wir uns bis zum folgenden Morgen einschlossen. Da ich nichts zu lesen hatte außer einer alten Nummer der *Confidential*, beschloß ich, früh schlafen zu gehen und eine gute Nachtruhe zu genießen. Nachdem ich drei Schlafmittel eingenommen hatte, kam der Sandmann in weniger als drei Stunden zu mir, und ich schlummerte friedlich ein.

Eine Viertelstunde später – wenigstens kam es mir so vor – hämmerte der Indianer an meine Tür und rief: »Sie fertig? Fische nicht warten. Wir jetzt gehen!«

Da ich von den Schlaftabletten immer noch benommen war, schluckte ich schnell eine Handvoll Thyroid-Pillen, um dem mörderischen Ausflug gewachsen zu sein.

In der Dunkelheit stolperten wir übereinander, als wir in den uralten Buick kletterten. Sogleich begannen wir wieder mit den Kreuzworträtseln. Bis jetzt hatte ich noch kein Wort gefunden, aber meine Bildung nahm erstaunlich zu.

Nach einer Fahrt von neunzig Kilometer hielt unser Führer. Ein paar Schritte entfernt standen vier gesattelte Pferde, die viel munterer als wir waren. Offenbar hatten sie eine gute Nacht hinter sich, denn sie tänzelten, bäumten sich und wieherten höchst vergnügt.

Der Indianer half uns allen in den Sattel, versetzte dann den Pferden einen Klaps auf die Kruppe und rief: »Los!« Angstzitternd legten wir die nächsten zwanzig Kilometer im Galopp zurück. Dann wurde der Pfad unzugänglich. Der Führer befahl uns, abzusitzen, und erklärte uns, warum die Pferde nicht weiter konnten. »Sumpf dort. Pferde einsinken. Nicht mehr hinauskommen.«

Vor uns dräute, soweit das Auge sehen konnte, grünlichgrauer Schlamm. Außer meinen Toilettensachen wurde ich jetzt noch mit einer Bratpfanne, einer Angelrute, einem zehnpfündigen Sack Buchweizenmehl und einer Köderbüchse beladen. Alle andern waren ähnlich befrachtet, nur unser Führer trug nichts.

Es war jetzt fünf Uhr, und wie üblich trat die Sonne in Erscheinung. Ich hatte noch keine hundert Meter zurückgelegt, als ich schon fast bis zu den Knien in dem Schlamm einsank. Meine drei Kameraden zogen mich hinaus, und der Führer warnte uns, aufzupassen, wohin wir traten.

»Einer hinter der andere«, sagte er. »Folgen Führer!« Er war ein recht guter Gesellschafter. Ohne den geringsten Schmuck einer Ausrüstung machte er lange, schnelle, zuversichtliche Schritte. Hinter ihm torkelten

die vier lustigen Fischer durch den Matsch, wobei sie immer wieder aus-
rutschten.

Als wir dem See zutaumelten, begegneten wir einem neuen Ungemach.
Der Führer sagte, es wären Hirschfliegen. Das war ein passender Name
für sie, denn sie hatten ungefähr die Größe eines kleinen Hirsches. Sie
griffen uns an wie Heuschrecken, die ein Kornfeld verwüsten, und da wir
so viel Zeug zu schleppen hatten, war es buchstäblich unmöglich, sie abzuwehren. Binnen zehn Minuten sah mein Gesicht aus wie ein Stück ver-
schmähtes Fleisch in einer mexikanischen Metzgerei, und zu meiner
Freude stellte ich fest, daß meine drei Gefährten im gleichen Zustand waren. Auf dem Indianer saß keine einzige Fliege.

Vier Stunden später kamen wir, verziert mit Stichen, Schwellungen und
Pflastern, am See an. Fürs Abendbrot war es noch zu früh und fürs Mittagessen schon zu spät. Außer ein paar Hirschfliegen hatte ich den ganzen
Tag nichts gegessen. Erleichtert sanken wir zu Boden und entledigten uns
unseres Zubehörs. Unser hypochondrischer Freund, der schwindlige Da-
vid, der unterwegs dauernd autokrank geworden war, fand diesen Augenblick für eine Ohnmacht besonders geeignet. Ehe wir's uns versahen,
lag er ausgestreckt da. Nachdem der Führer ihm mit fachmännischem Ge-
knuffe das Bewußtsein wiedergegeben hatte, sagte er uns, wo wir die
Zelte aufschlagen konnten. Wir sollten in Schlafsäcken, je zwei in einem
Zelt, die Nacht verbringen.

Der See funkelte in der Abendsonne, und abgesehen von dem Wissen,
daß uns der gleiche Rückweg bevorstand, war uns allen recht wohl zumute. Der Indianer befahl uns, Reisig und Holz zu sammeln, und in weniger
als zwei Stunden hatte er ein flackerndes Feuer in Gang gebracht. Ich hielt
das für ein Zeichen, daß es Abendbrot geben sollte; doch als wir immer
mehr Holz anschleppen mußten, fragte ich ihn schließlich, wozu er denn
ein so großes Feuer brauche.

»Berglöwen. Wölfe. Nicht lieben Feuer«, brummte er.

Das war entschieden ein vergnüglicher Anfang des Abends. Es bestand also alle Aussicht, von einem wilden Tier gefressen zu werden – genau das,
was ich mir ganz und gar nicht wünschte. Ich hatte immer gehofft, im Bett
den Geist aufzugeben, umringt von meinen Angehörigen und Freunden,
und dabei ein erschütterndes letztes Wort zu äußern, das am folgenden
Tage in allen Zeitungen von sich reden machen sollte. Jetzt stimmte mich
der Gedanke, als Hors d'œuvre eines Berglöwen zu enden, sehr besorgt.
Es wurde kalt. Was sage ich, kalt, es wurde eisig. Es muß wohl die unge-
wohnte körperliche Bewegung gewesen sein, jedenfalls waren wir alle inzwischen geradezu ausgehungert. Endlich erstarb das Feuer zu Glut, und
unser Freund, die Rothaut (in Wirklichkeit war er weißer als Delaney),
machte sich an die Zubereitung des Essens. Er legte eine Pfanne auf die
Glut, und in die Pfanne tat er ein sonderbar aussehendes Fett. Ich weiß

nicht, was für ein Fett es war, aber es roch, als hätte er es aus dem Innern des Buicks gezapft. Trotzdem sahen wir gierig zu, wie er einige Würste in das heiße Fett legte. Sobald sie knusprig schwarz waren, goß er ein gelbliches Gebräu in die Pfanne, das sich zu meiner Überraschung (wahrscheinlich auch zu seiner) in Eierkuchen verwandelte. Wir waren heißhungrig und wir verzehrten die Eierkuchen und Würste, so schnell er sie aufzutischen vermochte.

In den Wildwestfilmen sitzen die Cowboys nach dem Essen ums Lagerfeuer, zupfen an einer Gitarre und singen *Buffalo Gal, Home on the Range* und *Git Along, Li'l Dogie*. Wir hatten keine Gitarre, und keiner von uns konnte singen. So beschlossen wir, überladen von dem schweren Essen und einer des andern überdrüssig, schlafen zu gehen.

Delaney (geborener Brecher), der Wicht, der mich in diese unangenehme Lage gebracht hatte, war mein Zeltgenosse. Rasch zogen wir uns in der kalten Luft aus, behielten nur die Unterhose an und krochen so in unsere Schlafsäcke. Vermutlich kreisten noch immer Teile der Schlaftabletten, die ich am vergangenen Abend eingenommen hatte, in meinem Innern, denn ich schlief fast sofort ein. Das war gegen elf Uhr.
Zwei Stunden später wachte ich auf. Mein Magen tanzte auf und ab und rumpelte wie eine wildgewordene Waschmaschine. Es leuchtete mir ein, daß ich nicht daran gewöhnt war, kurz vor dem Zubettgehen Eierkuchen und fettige Würste zu essen, aber so hatte ich mich noch nie gefühlt. Später stellte ich fest, daß es nicht nur am Essen lag. Da erfuhr ich nämlich, daß Sitzender Büffel, unser Indianerführer, mit plötzlich erwachten mütterlichen Instinkten leise in unsere Zelte gekrochen war und als erfahrener Waldbewohner sämtliche Schlafsäcke mit Kreosot beschmiert hatte, um die Hirschfliegen abzuwehren. Na ja, das Kreosot einerseits und das kürzlich verzehrte fettige Zeug brachten mich in eine großartige Verfassung. Inzwischen fror es wirklich, und meines Wissens kauerte ein Berglöwe im Gebüsch, der sich die Lippen leckte und auf sein Futter wartete. Mir war es gleich. Mein Magen mußte sich befreien, oder ich wäre gestorben. Delaney, mein lieber Gastgeber, schlief wie ein Indianerkind und rührte sich nicht.
Der See war nur sieben Meter entfernt, und ich stand dort in meiner Unterhose in der bitterkalten Nachtluft. Nachdem ich mich befreit hatte, rannte ich zum Zelt zurück. Hier bekam ich wieder etwas von dem Kreosot in die Nase, und hastig sprang ich abermals zum See. Das fortwährende Hin und Her weckte Delaney schließlich. Er blinzelte, richtete sich auf und fragte: »Gehst du schon angeln?«
»Angeln!« stöhnte ich. »Ich bin todkrank!«
»Du hast wahrscheinlich Hunger«, meinte er. »Warum bittest du nicht den Führer, dir Eierkuchen und Würste zu geben?«

A Night in Casablanca« (1946).

»Eierkuchen und Würste! Ich sage dir, ich bin am Sterben!«
»Reg dich nicht auf«, beschwichtigte er. »Laß dir vom guten Doktor Delaney etwas geben. In zehn Minuten wirst du ein neuer Mensch sein.«
Augenblicklich war ich ein sehr alter Mensch, aber nicht in der Verfassung, mich in einen Wortstreit einzulassen.

Delaney zog eine große Flasche hervor, die irgendein Salz enthielt, und die er anscheinend immer mit zu Bett nahm, schüttelte eine großzügig bemessene Menge in eine Aluminiumtasse und sagte: »Da, nimm diese Tasse zum See. Füll sie mit dem kühlen, klaren Bergwasser und trink das. Bald wirst du dann die Kraft von zehn Männern haben.« Er wünschte mir noch Gück und schlief gleich wieder fest.

Ich hatte in dieser Nacht schon viele Gänge zum See gemacht, aber diesmal trug ich eine Tasse. Frostzitternd schluckte ich rasch das Heilmittel und kroch zu unserem Iglu zurück.

Gerade als ich die Augen schloß, rüttelte Sitzender Büffel an unseren Schlafsäcken und verkündete: »Schnell, schnell, Fische beißen jetzt!« Taumelig zog ich mich an. Unser Indianerfreund begann das Frühstück zu machen, und als ich sah, daß er die gleiche gelbe Mixtur in die Pfanne goß, und daß auch die Würste darauf warteten, gebraten zu werden, beschloß ich, diesen Gang für immer zu unterschlagen und mich von etwas Leichtem wie Hirschfliegen und Kreosot zu ernähren.

Der geneigte Leser wird sich wohl erinnern, daß mir mein Zeltgenosse in der Nacht eine üppige Menge Salz zugesteckt hatte. Mutter Natur verlangte nun ihr Recht.

Um mich fein auszudrücken, fragte ich unseren Führer: »Wohin geht ein Mann, wenn er gehen muß?«

Sitzender Büffel wies mit einem frommen Lächeln himmelwärts. »Weißer Mann geht gleichen Ort wie Indianer. Ewige Jagdgründe.«

»Augenblicklich wäre das unpraktisch«, entgegnete ich. »Es ist ein weiter Weg, und offen gestanden, es ist mir unmöglich, so lange zu warten.«

Ich konnte nicht einmal seine Antwort abwarten. Ich raste in den Wald und bezog mein Quartier. In diesem Augenblick winkte mir jemand zu. Es war ein sonderbares Winken. Ich konnte es nicht deutlich erkennen, weil ich in meiner Hast meine Brille im Zelt gelassen hatte. Wieder winkte er. Seine Hände sahen merkwürdig aus. Offenbar trug er Handschuhe, andernfalls waren es entschieden die behaartesten Finger seit dem Neandertaler.

Jeder, der mich kennt, wird bezeugen, daß ich stets bereit bin, einem freundlichen Geschöpf entgegenzugehen, und so winkte ich zurück, als er mir winkte. Als er näher kam, bemerkte ich plötzlich, daß er vollständig mit einem Fell bedeckt war. Da hörte ich auf zu winken und begann zu rennen.

Es ist sehr schwer, zu rennen, wenn die Kleider auf halbmast sind. Außerdem war ich barfuß. Ich erreichte mein Zelt um Nasenlänge vor dem Bären und tauchte kopfvoran in die erste Öffnung, die ich sah – in meinen Schlafsack. Wenn er mich zum Frühstück verzehren wollte, mußte er mit meinen Füßen anfangen, die als einziges hervorragten.

Er steckte den behaarten Kopf in das Zelt, und ob es an mir lag oder an dem Kreosot, weiß ich nicht, aber er schnupperte nur ein einziges Mal, wandte sich ab und trottete davon.

Ja, das wäre ungefähr alles, was es von dem großen Angelausflug zu berichten gibt. Ich weiß jetzt, warum Delaney gehört hatte, der See sei noch nie zuvor befischt worden. Es waren überhaupt keine Fische darin. Meine Freunde angelten unverdrossen drei Tage lang, während ich mit Sitzendem Büffel Canasta spielte. Meine Gefährten fingen keinen Fisch, und als Gipfel des Ganzen schröpfte mich Sitzender Büffel um dreiundachtzig Dollar. Auf dem Rückweg durch den Sumpf bekannte der Indianer, er sei früher in Las Vegas Croupier gewesen.

Unser zartbesaiteter Gefährte fiel nur noch einmal in Ohnmacht. Das war, als wir wohlgeborgen in Los Angeles waren und Delaney ihm die Rechnung präsentierte, die seinen Anteil an der Expedition und der Miete des Buicks aufwies.

Sechsundzwanzigstes Kapitel

Was kostet Pumpernickel?

Als ich Erfolge einheimste, wurde ich fortwährend von der Angst behext, im Alter zu verarmen. Ich weiß, das ist keine ungewöhnliche Angst, aber in meinem Falle war sie so tief in der Psyche verankert, daß kein Tag verging, ohne daß mir allein bei dem Gedanken, mittellos dastehen zu können, eiskalt wurde.

Meine Brüder und ich waren auf der Bühne und im Film Sterne erster Größe gewesen, und im Verlauf der Jahre hatten wir wahrscheinlich viel mehr eingenommen, als wir wert waren. Aber ich vergaß nie die Unsicherheit unseres Berufs und dachte stets daran, wie schnell, von einigen Auserwählten abgesehen, berühmte Namen erschienen und verschwanden.

Seit vielen Jahren kannte ich keine Armut mehr, und ich glaube, wenn man nie Geld gehabt hat, ist es weniger schlimm, mittellos zu sterben. Wenn man hingegen einige Jahrzehnte in Luxus geschwelgt hat, kann man wirklich bei dem Gedanken schaudern, daß man im Alter auf alle die schönen Dinge vielleicht verzichten muß, die man schätzen gelernt hat.

In der Jugend kein Geld zu haben, ist keine große Tragödie. Die meisten von uns haben das erlebt. Aber wenn das Interesse an der holden Weiblichkeit von einer monatlichen Untersuchung durch den Arzt abgelöst wird, ist ein großes, saftiges Bankkonto ein herrlich bequemes Bollwerk gegen die schnellschreitende Zeit und die lahmen Glieder, die man allmählich erwirbt.

Hoffentlich klingt das nicht, als ob ich den Mammon auf Kosten anderer Lebenswerte zu hoch einschätze; aber denjenigen, die nie Geld besessen haben, kann ich gar nicht beschreiben, wie tröstlich es unter Umständen ist. Ich habe allzu oft gesehen, wie Bühnengrößen damit endeten, daß sie von ihrer Genossenschaft unterstützt werden oder beim Film statieren mußten, als daß ich über die Annehmlichkeiten eines gesunden Bankkontos schnöden könnte.

Im Jahre 1936 drehten wir einen Film mit dem Titel *A Day at the Races*, und eines Vormittags kam eine Szene an die Reihe, die im Salon eines blühenden Sanatoriums spielte. An strategischen Punkten waren vierzehn Frauen mittleren Alters eingesetzt, die als Patientinnen statierten. Zwischen zwei Einstellungen kam Sam Wood, der Regisseur, zu mir herüber und sagte: »Groucho, siehst du die Damen da drüben? Na ja, vor zehn Jahren waren zwölf von ihnen so groß, daß jede als Diva tausendfünfhundert Dollar in der Woche verdiente. Heute sind sie Statistinnen und verdienen zehneinhalb Dollar. Ein Jammer, nicht?«

Nach dieser Mitteilung zitterte ich so sehr vor Nervosität, daß ich die nächste Szene kaum zu spielen vermochte. Ich weiß nicht, ob ich es laut heraussagte, aber ich wurde den beklemmenden Gedanken nicht los, daß es auch mir so ergehen könnte. Als die Dreharbeit beendigt war, eilte ich nach Hause und rief, ohne meine Angehörigen auch nur zu begrüßen, meinen Versicherungsagenten an.

»Gesetzt den Fall, ich wäre erledigt und engagementslos«, fragte ich, »wieviel Geld würde ich dann wöchentlich brauchen, um mich und meine Familie durchzubringen?«

»Bestimmt ein Minimum von achtzig Dollar«, antwortete er.

»Und wie hoch ist die Versicherungssumme, wenn ich achtzig Dollar wöchentlich beziehen will?« fragte ich weiter.

Er sagte: »Wenn Sie fünfundzwanzigtausend Dollar bar bezahlen und die Summe zwölf Jahre lang stehen lassen, können Sie für den Rest Ihres Lebens jede Woche achtzig Dollar beziehen.«

»Gut«, sagte ich, »schicken Sie mir die Police. Ich lasse Ihnen den Scheck noch heute zugehen.«

Ich bin mir darüber klar, daß achtzig Dollar wöchentlich heute nicht als großes Einkommen erscheinen; aber man darf nicht vergessen, das war vor vierundzwanzig Jahren, und damals konnte man ein Päckchen Pumpernickel für acht Cent bekommen. Nun glaube man ja nicht, daß meine Familie ausschließlich von Pumpernickel lebte. Es gab bei uns noch viele andere Dinge. Wir besaßen sogar einen Flügel. Zufällig beurteilte ich die allgemeine finanzielle Lage immer nach dem Preis des Pumpernickels. Wie gesagt, damals kostete ein Päckchen acht Cent; heute muß man dafür dreiundzwanzig Cent erlegen. Wenn der Preis jemals auf fünfzig klettert, wird die Sache brenzlig.

Das Glück wollte es, daß ich meine Versicherungsrente nie benötigte. Aber in psychologischer Hinsicht war es eine wunderbare Anlage, die bei mir Wunder wirkte. Erstens einmal milderte sie meine Schlaflosigkeit, und wenn ich in geschäftliche Verhandlungen eintrat, genügte schon der Gedanke an diese Hilfsquelle von achtzig Dollar, den Wabbelpudding von meinem Rückgrat abzuschütteln und durch Beton zu ersetzen. Ich habe es noch nie einem Menschen gestanden, aber im tiefsten Innern war ich immer ein Feigling.

Manchmal bedaure ich meine langjährigen Erfolge, denn wenn ich wieder in verhältnismäßige Armut abgeglitten wäre, hätte ich den Genuß dieser Lebensrente gehabt, worauf ich mich von Anfang an gefreut hatte. Leider ließ mich das Glück nie im Stich. Und jetzt, in der Abenddämmerung meines Lebens, sieht es nicht so aus, als ob sich mir jemals die Möglichkeit böte, die Erträgnisse dieser psychologischen Krücke zu ernten, auf die ich mich in all den Jahren gestützt habe.

Dank der Tapferkeit und Tollkühnheit, die mir meine Achtzig-Dollar-Sparkasse verlieh, konnte ich auch auf andere Zweige der Unterhaltungsindustrie klettern. Zum Beispiel versuchte ich es mehrmals mit dem Rundfunk. Ich meine nicht, daß ich zuhörte; ich meine das Auftreten. Zuerst mit Chico für die Standard Oil von New Jersey. Irgend jemand hatte die Firma überredet, an jedem Wochentag eine andere Serie zu bringen. Wir waren einer der glücklichen fünf.

Chico und ich spielten die unsterblichen Rollen zweier Advokaten; die Anwaltsfirma hieß Flywheel, Shyster und Flywheel. Der ursprüngliche Name lautete Beagle, Shyster und Beagle, aber irgendein Rechtsanwalt beschwerte sich über die Benutzung seines Namens und teilte unserem Arbeitgeber mit, wenn die Standard Oil nicht in einen saftigen Prozeß verwickelt werden wolle, solle sie lieber den Namen Beagle aufgeben, und zwar schleunigst. Er behauptete, er würde fortwährend von fremden Leuten angerufen, die fragten: »Ist dort Herr Beagle?« Wenn er bejahte, pflegte der Anrufer zu sagen: »Wie geht es Ihrem Sozius Shyster?« Danach hängte der Spaßmacher auf. Beagle beschwerte sich, daß dadurch nicht nur seine Gesundheit, sondern auch seine Praxis zugrunde gerichtet würde. Daher Flywheel, Shyster und Flywheel.

Wir fanden, daß wir unsere Sache als komische Anwälte recht gut machten; doch eines Tages entschieden ein paar Länder im Mittleren Osten, daß sie eine größere Beteiligung an den Ölgewinnen brauchen könnten. Als sich diese Neuigkeit verbreitete, sank der Benzinpreis nervös auf einen halben Cent für den Liter, und Chico und ich wurden zusammen mit den vier anderen Seriensendungen sanft und höflich aus dem Äther verbannt.

Danach wurden wir in rascher Folge von der American Oil Company und von Kellog's Cornflakes beschäftigt. Wenn man eines Morgens Hunger hat, kann man diese Kombination einmal versuchen.

Nachdem ich mit Chico zusammen einen eklatanten Mißerfolg erlitten hatte (woran er ganz unschuldig war, beeile ich mich hinzuzufügen, denn wir brachten zusammen sehr lustige Sendungen zustande), beschloß ich, mich selbständig zu machen. Das schien nichts zu nützen, denn ich wurde weiterhin hinausgesetzt. Die letzte Entlassung wurde mir von der Delaney-Brauerei zuteil. Ich bin immer noch der Meinung, daß die Sendung, die ich für sie auf die Beine stellte, recht gut war; doch leider spiegelte sich meine Ansicht nicht in den Abrechnungen. Ob sie stimmten oder nicht, bleibe dahingestellt, jedenfalls schienen sie den Leiter der Firma nicht glücklich zu machen. Nach einem Jahr ersetzte man mich durch einen anderen Komiker namens Delaney. Er schnitt noch schlechter ab als ich.

Ich hatte so eine Ahnung, daß mich die Delaney-Brauerei verabschieden wollte, denn zwei Wochen vor dem Gnadenstoß erhielt ich eine gestochene Einladung zur Feier ihres hundertjährigen Bestehens. Es war ein richtiges Galafest, und ich muß sagen, ich machte edle Figur, als der Präsident und ich Kuchenmesser kreuzten und den größeren und kleineren Angestellten dieser prächtigen Brauerei große Stücke köstlichen Kuchens austeilten.

Als ich die wunderbare Torte anschnitt, schwante mir, daß mir Unheil drohte. Ich hegte auf einmal ein verwandtschaftliches Gefühl für diesen einstmals so schönen Kuchen, während das scharfe Messer unermüdlich durch seine Eingeweide schnitt. Da wußte ich sogar, daß meine Tage gezählt waren und daß es nur noch eine Frage der Zeit sein konnte, bis mir ein ähnliches Messer die Berufskehle durchschneiden würde.

Ich sage das keineswegs im Groll. Mein Arbeitgeber war ein sehr netter, liebenswürdiger Mensch. Aber ach, er war auch ein praktischer Geschäftsmann. Er brachte das Geld auf, und er hatte gewiß das Recht, zu kaufen, was er wollte. Es war mein Pech, daß er mich nicht wollte.

Es bekam meinem Selbstbewußtsein nicht sehr, alljährlich beim Rundfunk einen Mißerfolg zu erleiden. Ich hörte mir sorgfältig alle laufenden Sendungen an, und ich konnte sie nicht viel besser als meine finden. Es ging mir nicht um das Geld (ich hatte ja immer noch meine Versicherungspolice), sondern es handelte sich um meinen Stolz und um den Wunsch, ein Gebiet zu erobern, das sich mir jahrelang verschlossen hatte.

Oh, ich wurde oft für eine Einzelsendung engagiert, und ich durfte häufig mein Sprüchlein als Staffage eines Prominenten hersagen; aber es wurmte mich, daß ich nur gelegentlich geholt wurde, beispielsweise an Weihnachten, wenn mindestens fünfzehn verschiedene Sender fünfzehn verschiedene Sendungen von Charles Dickens' »Weihnachtsabend« bringen. Mir tun die Kinder immer leid, die das über sich ergehen lassen müssen.

Da ich gerade von Kindern spreche – beim Fernsehen scheinen sich die sogenannten »Familienserien« großer Beliebtheit zu erfreuen. Einige sind sehr gut geschrieben und bringen fast so viel ein wie Wildwestfilme; aber in den meisten Fällen läßt der Verfasser die Kinder sprechen, als ob sie vierzig Jahre alt wären. Da entfaltet ein Dreikäsehoch einen Witzdialog, der George S. Kaufman, Sid Perelman, Mark Twain und G. B. Shaw Ehre machen würde.

Wie man weiß, habe ich drei Kinder aufgezogen, doch ich kann jedem versichern, daß ein derartiger spritziger Dialog in meinem Hause nie gehört wurde. Ich erinnere mich nur an zwei ulkige Äußerungen, die im Verlauf von fünfunddreißig Jahren von drei Kindern hervorgebracht wurden, und das ist kaum ein denkwürdiger Durchschnitt. Als mein Sohn Arthur zehn Jahre alt war, wünschte er sich ein Luftgewehr. Ich spielte den strengen

Vater und entgegnete ihm, er könne es nicht bekommen. »Wozu willst du es überhaupt haben?« fragte ich.

»Ich möchte damit Flaschen vom Gartenzaun schießen«, antwortete er.

»Großartig!« sagte ich. »Angenommen, du zielst daneben und triffst ein Kind ins Auge, so daß es blind wird?«

»Ich werde sehr vorsichtig sein«, beharrte er, »ich werde nur auf Flaschen schießen.«

»Tut mir leid, Arthur, aber das ist zu gefährlich«, entgegnete ich.

Wie alle Kinder bettelte und flehte er, bis ich schließlich verzweifelt erklärte: »Nein, mein Junge, solange ich der Herr im Hause bin, wirst du kein Gewehr bekommen!«

Er blickte mir ins Auge und sagte: »Papa, wenn ich ein Gewehr bekomme, wirst du nicht mehr der Herr im Hause sein.«

Der andere unsterbliche Ausspruch stammt von meinem Töchterchen Melinda, das damals den Kindergarten besuchte. Melinda ging jeden Morgen um acht aus dem Haus und kehrte um drei Uhr nachmittags zurück. Von unbezwinglicher Neugier geplagt, fragte ich Melinda jeden Tag nach der Rückkehr, was sie im Kindergarten getrieben habe. Sie zuckte unweigerlich die Schultern und antwortete: »Nichts, Pappi.« Schließlich wurde mir die Sache zu bunt, und eines Tages fuhr ich sie an: »Ich bitte dich, Melinda, du verbringst jeden Tag sieben Stunden im Kindergarten. Was macht ihr dort eigentlich?«

»Ach, Pappi«, antwortete sie ungeduldig, »wir malen und gehen auf die Toilette.«

Meines Erachtens kommen die meisten Fernseh-Autoren nicht mit vielen Kindern in Berührung. Oder vielleicht vermeiden die Kinder die Berührung mit den Fernseh-Autoren. Jedenfalls scheinen sie zwei durchaus verschiedenen Welten anzugehören.

Doch um zu meiner eigenen etwas reiferen Welt zurückzukehren – die Uhr schlug 1947, und der Rundfunk und ich ließen noch immer nicht durch irgendwelche Anzeichen erkennen, füreinander geschaffen zu sein. Dann griff einer jener unvorhersehbaren Zufälle mit langem Arm in mein Leben ein und wedelte mit einem Mikrophon vor meiner Nase.

Ein sehr netter Mann, der aus irgendeinem seltsamen Grunde mir verpflichtet zu sein glaubte (nein, Delaney war es nicht), pflegte eine Sendung für die Walgreen Drug Company zu produzieren. Diese Sendung wurde nur dreimal im Jahr gemacht, und es schien der Firma gleichgültig zu sein, wieviel Geld dafür ausgegeben wurde. Infolgedessen engagierte mich dieser Freund jedes Jahr für einen fünfminütigen Dialog, wofür ich eine fette Gage bekam. In diesem Jahr nun entpuppte sich Bob Hope als mein Partner. Wir trieben beide unseren Spaß mit dem Dialog, improvisierten und richteten uns ganz allgemein nicht nach dem Manuskript.

Wie es manchmal so kommt, gerieten wir aus unerfindlichen Gründen in Schwung, und der Erfolg beim Publikum im Rundfunkhaus war durchschlagend. Als ich die Bühne verließ, schlüpfte ein untersetzter, zweifelhaft aussehender Mann zu mir und fragte mich, ob ich Interesse hätte, eine Quiz-Sendung zu machen.

»Eine Quiz-Sendung?« wiederholte ich geringschätzig. »Ich will Ihnen etwas sagen. Quiz-Sendungen sind die niedrigste Form des Tierlebens. Wissen Sie denn nicht, daß gerade in dieser Minute über fünfzig auf allen Wellenlängen im Radio zu hören sind und das Publikum beschwindeln?«

Beschämt senkte er den Kopf. Ich erfuhr später, daß drei dieser Sendungen von ihm veranstaltet wurden.

Da hatte ich gerade mit einem der größten Komiker Amerikas einen glänzenden Dialog vom Stapel gelassen, und vor mir stand dieser kleine Geist und bot mir eine goldene Gelegenheit, für immer vom Theater zu verschwinden. Stolz drehte ich ihm den Rücken und stakste in meine Garderobe.

Er war ein hartnäckiger Mensch und anscheinend immun gegen Beleidigungen. Im Nu holte er mich ein und sagte abbittend: »Ich wollte Sie nicht kränken, Herr Marx. Ich weiß, ›Quiz‹ klingt abgeklappert, aber es handelt sich ja gar nicht um eine übliche Quiz-Sendung. Sie müssen wissen, der Quizteil soll Ihnen nur Gelegenheit geben, lauter fremde Menschen in ein Gespräch zu verwickeln und sie über ihr Lieben und Leben zu befragen. Ich sah Sie nämlich mit Bob Hope improvisieren, und genau das sollen Sie in meiner Sendung tun.«

Ich schaute ihn argwöhnisch an und fragte: »Haben Sie einen Auftraggeber?«

»Groucho«, antwortete er (diese Vertraulichkeit ärgerte mich, aber da ich eine gute Kinderstube gehabt hatte, beließ ich es dabei), »machen Sie sich deswegen keine Sorgen. Lassen Sie mich die Sache zusammenschustern, und ich prophezeie Ihnen, in einem Jahr wird die Sendung ein voller Erfolg sein.«

Trotz seiner zweifelhaften Erscheinung entpuppte er sich als ein recht guter Prophet. Wir traten zuerst im Rundfunk auf, und abgesehen vom kommerziellen Erfolg beeindruckten wir die Kritik so stark, daß wir den Peabody-Preis erhielten, eine der wenigen Ritterwürden beim amerikanischen Theater. Im folgenden Jahr zogen wir zum Fernsehen um. Das war vor elf Jahren, und wenn der Auftraggeber nicht eines Abends vor dem Bildschirm sitzt und meine Sendung sieht, bin ich darauf gefaßt, mich öffentlich zur Schau zu stellen, bis ich auseinanderfalle. (Wenn dies geschieht, sende man bitte allen Klebstoff, den man entbehren kann, an Groucho Marx, Adresse National Broadcasting Company, Amerika.)

Der Erfolg der Sendung beweist, was ich von jeher behauptet habe. Ta-

»Love Happy« (1949).

lent genügt nicht; es ist bestenfalls kein Hinderungsgrund. Man muß auch Glück haben. Ich glaube, wenn ich das eine oder andere wählen müßte, ich würde das Glück wählen. Ich hatte das Glück, diesen geheimnisvollen Mann kennenzulernen, der übrigens nicht Delaney heißt, sondern John Guedel, und der meine anfängliche unfreundliche Einstellung wirklich nicht verdient hat. Und ich hatte das Glück, in eine Sendung zu geraten, die sich gerade für mein besonderes Talent eignet, so klein oder groß es sein mag. Einige unserer Teilnehmer haben Karriere gemacht. Die meisten sind in Vergessenheit geraten. Wir hatten Wissenschaftler, Musiker, Sänger, Akrobaten, einen Liftjungen, der drei Lieder in Sanskrit sang, eine Frau, die ein Hotel für Katzen leitete, einen Mann, der einen großen Autoreifen aufblies und dann just in dem Augenblick, wo das Quiz anfing, in Ohnmacht fiel, eine italienische Witwe, die wir absichtlich drei Wochen hintereinander auf dem Bildschirm erscheinen ließen, in der Hoffnung, daß sie einen Mann umgarnen könnte, und eine Frau, die ohne Halt nach Catalina und zurück schwamm. Wir hatten Admiräle, Generäle, Bürgermeister, Staatsmänner und Landstreicher. (Die Landstreicher waren sehr interessant.) Hier seien ein paar Wettbewerbsteilnehmer erwähnt, die in der Sendung *You Bet My Life* aufgetreten sind. Anna Badovinac, geboren und aufgewachsen in Jugoslawien in der Stadt Badovinac. Fast alle Leute, die dort leben, heißen Badovinac. Sie heiratete Peter Badovinac, der sie verließ und nach Amerika ging. Sie kam dann auch nach Amerika und suchte ihn. Sie fand ihn nie. Aber sie fand Jim Badovinac und heiratete ihn! Er starb, sie machte bei der Sendung mit, weil sie einen neuen Badovinac suchte.

Prinz Monolulu, selbsternannter Fürst von Äthiopien. Monny war eigentlich ein wohlbekannter Tipgeber bei Pferderennen in England. Ein schöner Mann, eins fünfundachtzig groß, machte er ziemlichen Eindruck, wie er da mit seinem Kopfschmuck aus Straußenfedern, seinem Halsband aus Löwenklauen und seinen rot-blau-silbernen Hosen vor der Kamera stand.

Aly Wassil, ein unoffizieller Gesandter aus Pakistan, ein sehr kluger und witziger Student, der eine Vortragstournee machte. Sein Turban erregte beträchtliches Aufsehen. Er erzählte, eine Dame, die seinem Vortrag in Beverly Hills beiwohnte, fragte ihn einmal, was er unter seinem Hut hätte. »Eine Kobra«, antwortete er. »Macht Ihnen das keine Sorgen?« wollte sie wissen. Alys Erwiderung lautete: »Nein, ich sorge mich gar nicht – sie ist nämlich versichert.«

Wir hatten ein Ehepaar Story aus Bakersfield, glückliche Eltern von dreiundzwanzig Kindern. Wir hatten auch sämtliche Sprößlinge. Wir hatten auch eine Frau, die achtundsiebzig Katzen besaß (und alle achtundsiebzig Katzen waren auch auf dem Bildschirm zu sehen).

Billy Pearson, der Jockey, der Quiz-Weltruhm erntete, begann seine intellektuelle Laufbahn bei unserer Sendung. Wir hatten eine Frau, die von den

Spechten in ihren Kokospalmen erzählte, einen Mann, der in selbstgebastelten Schwimmschuhen fünfunddreißig Kilometer übers Meer »ging«.(Ungefähr zwanzig Meter vom Ausgangspunkt mußte er gerettet werden.)
Pedro Gonzalez-Gonzalez war unser größter Erfolg. Er war ein kleiner, spirliger mexikanischer Komiker, der etwas Herausforderndes und viel Talent hatte. Er war sehr ulkig, und zum Schluß sagte ich zu ihm: »Sie sind ein richtiger Spaßvogel, Pedro; wir beide sollten zusammen eine Nummer machen. Wie wollen wir uns nennen?«
Worauf Pedro antwortete: »Wir könnten uns Gonzalez-Gonzalez und Marx nennen.«
»Fünfunddreißig Jahre beim Theater«, rief ich, »und nun soll ich als dritte Geige nach zwei Namen auf dem Plakat erscheinen!«
Niemand trat verärgert von der Kamera weg, auch diejenigen Teilnehmer nicht, die kein Geld gewannen. Sie bedankten sich immer bei mir und sagten, es sei ein herrliches Erlebnis gewesen. Im ganzen sahen wir eine Parade von mehr als zweitausendfünfhundert Wettbewerbs-Teilnehmern. Die Liste ist endlos. Einige gaben ihren Gewinn für wohltätige Zwecke her; die meisten brauchten das Geld und behielten es. Es waren zwölf wundervolle Jahre, und ich habe jede einzelne Minute genossen.

Wenn man bedenkt, wie viele Sendungen vom Fernsehen täglich ausgestrahlt werden, muß man zugeben, daß es ein beachtliches Medium ist. Wer zu kritisieren hat, lasse bitte Gnade walten. Freilich, manch eine Sendung ist langweilig oder albern, aber trotz allen Einschränkungen und Begrenzungen vermittelt die Television dem Publikum viele schöne, befriedigende Stunden. Manchmal ist sie sogar belehrend.
Für den amerikanischen Schauspieler ist sie das Paradies. Keine Reisen, keine armseligen Gasthöfe, keine Züge ins Hinterland, die im Schnee steckenbleiben, keine Theateragenten, die mit der Gage durchgehen. Die Bezahlung ist gut (soweit man das Geld nicht ausgibt), und was dem Schauspieler noch mehr am Herzen liegt – man wird von Millionen Menschen bewundert und geliebt.
Ich glaube, ich kann es am besten zusammenfassen, wenn ich erzähle, was ich kürzlich erlebt habe. Ich ging in Chicago die State Street entlang, und auf einmal wurde ich von einem Ehepaar mittleren Alters eingeholt, das mich umkreiste. Die beiden gingen zwei-, dreimal um mich herum und musterten mich, als wäre ich ein Wesen aus dem Weltraum. Dann trat die Frau zaudernd näher und fragte: »Sie sind es doch, nicht wahr? Sie sind Groucho?«
Ich nickte.
Da faßte sie mich schüchtern am Arm und sagte: »Bitte sterben Sie nicht. Bleiben Sie am Leben.«
Was könnte man mehr verlangen?

Liebe Filmfreaks und Sammler,

wißt Ihr eigentlich, daß
… im Arche Verlag, Zürich,
schon Anfang der fünfziger Jahre
Filmbücher erschienen?

Zum Beispiel: **Serge Eisenstein,
Erinnerungen.**

**Groucho Marx,
Schule des Lächelns.**

Und: **Kurt Pinthus,
Das Kinobuch.**

… die »Galerie Sanssouci«
Biographisches über Filmstars enthält?

Über **Marlene Dietrich** zum Beispiel

oder über **Charlie Chaplin**
von **Serge Eisenstein.**

… diese Bücher noch zu haben sind?
Solange der Vorrat reicht und
mit den alten Schutzumschlägen.
Zu bestellen über die Buchhandlung.
Manchmal nur noch im Antiquariat.

Notfalls direkt beim Arche Verlag,
Postfach, 8024 Zürich.

R C H E

Fischer Cinema

Eine Auswahl

Georges Sadoul
**Geschichte der
Filmkunst**
Band 3677

Christoph Klimke
**Kraft der
Vergangenheit**
Zu Motiven
der Filme von
Pier Paolo Pasolini
Band 4473

Louise Brooks
**Lulu in Berlin
und Hollywood**
Band 4465

Marilyn Monroe
Meine Story
Band 3663

Groucho Marx
Schule des Lächelns
Band 3667

Die Groucho-Letters
Briefe von und an
Groucho Marx
Band 3693

Charles Chaplin
**Die Geschichte
meines Lebens**
Band 4460

Lotte H. Eisner
**Die dämonische
Leinwand**
Band 3660

André Bazin
Jean Renoir
Band 3662

Paul Werner
Film noir
Band 4452
**Die Skandal-
chronik des
deutschen Films
1900 bis heute**
Band 4463

Hans-Jürgen Kubiak
Die Oscar-Filme
Band 4451

Manfred Schneider
Die Kinder des Olymp
Band 4461

Wolfram Schütte (Hg.)
Klassenverhältnisse
Von Danièle Huillet
und Jean-Marie Straub
Band 4455

Eric Rohmer
**Meine Nacht
bei Maud**
Band 4466

Gabriele Seitz (Hg.)
Der Zauberberg
Band 3676

Michael Verhoeven /
Mario Krebs
Die Weiße Rose
Band 3678

Fischer Taschenbuch Verlag